150 Jahre Soennecken

Im Wandel der Büro- und Arbeitswelten

Impressum

In Zusammenarbeit mit der
Gesellschaft für Unternehmensgeschichte (GUG)
www.unternehmensgeschichte.de

1. Auflage

Societäts-Verlag
Hedderichstraße 49
60594 Frankfurt am Main
vertrieb@societaets-verlag.de

Gestaltung und Satz: Bruno Dorn, Societäts-Verlag
Umschlaggestaltung: Bruno Dorn, Societäts-Verlag
Druck und Verarbeitung: Finidr Printing House
Printed in EU 2025
ISBN 978-3-95542-528-9

Besuchen Sie uns im Internet:
www.societaets-verlag.de

Gesellschaft für Unternehmensgeschichte (Hg.)

150 Jahre Soennecken

Im Wandel der Büro- und Arbeitswelten

Inhalt

Vorwort ... 9
Einleitung ... 13
Konzept ... 13
Themen und Fragestellungen ... 14
Forschungsstand und Quellenlage ... 15

Im Kaiserreich: Erfindungen Soenneckens für Schule und Büro ... 20
KAI BALAZS-BARTESCH

Das Unternehmen F. Soennecken von der Gründung bis zum Ende des Ersten Weltkriegs 1875–1918 ... 22
Caspar Franz. Schreibunterricht am Ende des 19. Jahrhunderts – aus dem (Schul-)Alltag eines Quintaners ... 26
Grundlage des Erfolgs – die Rundschrift und die Rundschrifthefte ... 34
Von Gänsekielen und Stahlfedern – die Entwicklung der Schreibfeder ... 37
Qualität und Marketing – der Schriftzug „F. Soennecken“ wird zur Marke ... 42
Grete Holtstein. Ausschnitt aus dem Büroalltag einer Sekretärin vor dem Ersten Weltkrieg ... 46
Effiziente Büroausstattung – Bürowelten im Wandel ... 53
Niederlassungen und internationale Perspektiven ... 61
Debatten um die Schrift – Friedrich Soenneckens Kritik an der Frakturschrift ... 65
Das Unternehmen Soennecken während des Ersten Weltkriegs 1914–1918 ... 67

Zwischen Krisen und Konsolidierung: Soennecken in der Weimarer Republik 74
RAPHAEL HENNECKE

Ida Köhler. Eine Bankangestellte in der Weimarer Republik und ihre Arbeitswelt 88

Hohe Gewinne und politische Verstrickung: Soennecken im Nationalsozialismus 98
RAPHAEL HENNECKE

Erich Kurth. Ein Arbeitsleben zur NS-Zeit 123

Nachkriegszeit, Wirtschaftswunder und das Ende des Familienunternehmens 138
RONJA KIEFFER

Belastet oder nicht? Die Entnazifizierung Alfred Soenneckens 140
Zwischen Tradition und Veränderung – Nachkriegszeit und Wirtschaftswunder 144
Soennecken wird überholt – Die frühen 60er Jahre 154
Hans Stempel. Büroeinrichtung im Wandel 163
„Und dann ging die Sonne unter über dem Hause Soennecken" – Das Ende des Familienunternehmens 172

Soennecken im Wandel 178
RONJA KIEFFER

Das (vorläufige) Ende der Firma Soennecken 180
Die Wiederbelebung der Marke Soennecken 184
Aus der gdb wird Soennecken 191
Paul Schmitz. Eine Branche im Wandel 194
Die 90er Jahre als Jahrzehnt der Krisen und Umbrüche 199
INTERVIEW: Wolfgang Römer 204
Ein neues Geschäftsmodell für die Zukunft 207
Rückkehr zu einem großen Namen der Branche 212
Bettina Fischer. Der Wandel vom klassischen Büro zur digitalen Arbeitswelt 215

Rückblick: Von der Schreibmaschine zum Bildschirmarbeitsplatz 219

Internet, E-Mail und Smartphone erobern die Bürowelt – vom Bildschirmarbeitsplatz zum Homeoffice 229

Homeoffice und die digitale Arbeitswelt lösen das klassische Büro ab 236

Anhang 246

Literatur- und Quellenverzeichnis 248

Archive 248

Literatur 248

Bildnachweis 253

Autorinnen und Autoren 254

Vorwort

Die Soennecken eG ist heute die mit weitem Abstand größte und modernste Genossenschaft und Handelskooperation für Produkte und Dienstleistungen rund um die Welt der Arbeit. Ihre Wurzeln hat die heutige Soennecken eG in der 1926 gegründeten Großeinkaufsvereinigung Kölner Bürobedarfsgeschäfte, die später in gdb – Großeinkaufsvereinigung Deutscher Bürobedarfsgeschäfte – umbenannt wurde. Diese gdb hat im Jahr 1983 die Rechte an dem Markennamen Soennecken erworben. Zunächst wurden Eigenmarkenprodukte der Genossenschaft unter dem Namen Soennecken ins Sortiment aufgenommen, später wurde das Unternehmen selbst in Soennecken eG umbenannt.
Die heutige Soennecken eG ist also nicht identisch mit dem 1875 in Bonn gegründeten Unternehmen Soennecken und auch nicht dessen Rechtsnachfolgerin. Warum erzählen wir in diesem Buch dennoch die Geschichte des bekannten Traditionsunternehmens Soennecken und feiern das 150-jährige Gründungsjubiläum?
Die Antwort liegt im ständigen Wandel der Arbeitswelt und der Rolle, die Unternehmen wie Soennecken darin einnehmen. Die Welt der Arbeit ist enormen Veränderungen unterworfen. Damit verändern sich auch die im Büro verwendeten Produkte. Und infolgedessen verändern sich auch die Sortimente derjenigen, die Unternehmen und private Kunden mit den Produkten versorgen, die sie benötigen, um ihrer Arbeit gut, effizient und mit Freude nachgehen zu können. Digitalisierung und Homeoffice sind die Treiber eines im Vergleich zu der Zeit vor der Covid-19-Pandemie beschleunigten Wandels.
Dieser Wandel ist disruptiver und grundlegender als alle Veränderungen zuvor. In der Vergangenheit führte der technische Fortschritt in aller Regel dazu, dass ein Produkt durch ein anderes ersetzt wurde. Die Stahlfeder ersetzte den Federkiel. Diese wiederum wurde durch den Füllfederhalter abgelöst. Die Handschrift und damit der Füllfederhalter wurden durch die Einführung der Schreibmaschine in den privaten Bereich verdrängt. Die Schreibmaschine wiederum verschwand nach und nach mit dem Einzug des Personal Computers. Doch was immer blieb, war die Notwendigkeit, Papier zu beschreiben und die Dokumente für eine spätere Verwendung so zu ordnen und abzulegen, dass sie schnell wiedergefunden werden konnten. Der Gesetzgeber leistete durch umfangreiche Dokumen-

tations- und Archivierungspflichten einen erheblichen Beitrag dazu, dass Papier, Produkte zum Bedrucken oder Beschriften von Papier, Registraturmittel und allerlei Möbelsysteme zur Ablage dieser Aktenberge Handel und Industrie über Jahrzehnte sehr auskömmliche Geschäfte bescherten.

Der Wandel der Büroarbeit und der für sie benötigten Produkte war also schon immer dadurch gekennzeichnet, dass ein neues Produkt ein altes ersetzt. Die Aufgabe von Handel und Industrie bestand deshalb in der Vergangenheit vornehmlich darin, das Sortiment den Erfordernissen und dem Bedarf der Kunden anzupassen. Es änderten sich also die Produkte, nicht aber die Kernaufgabe des Handels – nämlich ein Sortiment zu bilden, Produkte einzukaufen und vorrätig zu halten, dieses Sortiment zu verpreisen, zu verkaufen und schließlich an den Ort der Verwendung zu bringen.

Doch diesmal ist es grundlegend anders. Spätestens während der Covid-19-Pandemie in den Jahren 2020 bis 2023 wurde das papierlose Büro vielerorts Wirklichkeit. Bereits seit Anfang der 2000er war der Begriff in aller Munde. Doch für mehr als eine Dekade war es vor allem eine Idee technikaffiner Menschen und keine Realität im Arbeitsalltag. Mit der Covid-19-Pandemie änderte sich das plötzlich und nachhaltig. Die Angst vor einer Ansteckung mit dem Coronavirus führte dazu, dass das Büro in das private Zuhause verlegt wurde. Aus dem Office wurde das Homeoffice. Menschen gewöhnten sich in dieser Zeit gezwungenermaßen daran, über Videokonferenzen miteinander zu sprechen und Dokumente gemeinsam elektronisch zu bearbeiten und abzulegen. Die technischen Möglichkeiten dafür gab es schon länger. Doch erst mit der Covid-19-Pandemie gelang ihnen der Durchbruch.

Damit wurde das papierlose Büro von einer Utopie zur weltweiten Realität. Dokumente „verschwanden" aus den Ordnern und Aktenschränken in die Cloud – und Besprechungen aus Konferenzzonen in den digitalen Raum. Für die produzierende Industrie und den Handel bedeutete dies, dass erstmals physische Produkte nicht durch andere Produkte ersetzt wurden, sondern einfach verschwanden beziehungsweise deutlich weniger nachgefragt wurden.

Wie sich diese Veränderung der Arbeitswelt in der weiteren Zukunft darstellen wird, ist offen. Erst in diesen Jahren wird sichtbar, dass diese Entwicklung auch erhebliche Nachteile mit sich bringen kann. Unternehmen klagen darüber, dass Kreativität und Zusammenarbeitskultur leiden, wenn Menschen nur von Bildschirm zu Bildschirm miteinander sprechen, und beordern sie zurück ins Büro.[1] Und auch viele Mitarbeiterinnen und Mitarbeiter realisieren, dass das Arbeiten zu Hause nicht nur mit einem Zugewinn an persönlicher Flexibilität, sondern auch mit einer sozialen Isolierung und Vereinsamung verbunden sein kann.[2] Nicht alles, was sich kurzfristig gut

anfühlt, ist mittel- und langfristig auch gesund – dies gilt sowohl für Arbeitnehmer als auch für Arbeitgeber.
Damit stehen auch die Soennecken eG und ihre Mitgliedsunternehmen vor großen Herausforderungen; und diese Herausforderungen gehen weit über die Frage hinaus, was eine Genossenschaft für ihre Mitglieder tun kann. Es geht um die Frage, wie die sogenannte Wissensarbeit[3] in Zukunft vonstattengeht, wo und wie Menschen arbeiten und vor allem, welche Produkte und Dienstleistungen benötigt werden, damit Menschen einerseits produktiv und erfolgreich und andererseits zufrieden und gesund arbeiten können.
Genau diese Frage veranlasste Friedrich Soennecken zur Gründung des Unternehmens, um das es in diesem Buch gehen soll. Seine Ausgangsfrage ist damit aktueller denn je, auch wenn sich die Umstände des Arbeitens und damit die Antworten auf diese Frage grundlegend verändert haben. Aber im Kern geht es stets um dasselbe: Wie arbeiten Menschen in Büros, wie kann diese Arbeit besser gestaltet werden und welche Produkte und Dienstleistungen werden dafür benötigt?
Damit sieht sich die heutige Soennecken eG in der Nachfolge des Gründers der Firma Soennecken. Auch uns beschäftigt heute die Frage, wie wir das Arbeiten lebenswerter machen können. Und dafür braucht es immer noch vielfältige Produkte, die allerdings immer weniger aus unserer angestammten Welt rund um das Papier kommen. Büros werden mehr und mehr zu Orten der Begegnung; Raumatmosphäre und Gestaltung, Snacks, Kaffee und Getränke, aber auch die Themen Hygiene, Sicherheit und Dekoration werden immer wichtiger.
Aus der Beschäftigung mit der unternehmerischen Tätigkeit Friedrich Soenneckens und seiner Nachfolger können wir viel lernen. Bei der Lektüre des Buches fällt auf, dass Innovationskraft und der unbedingte Erfolgswille des Unternehmers unersetzlich sind. Wir können lernen, dass es nicht immer einfach ist, ihm nachzufolgen. Wir können lernen, dass ein Unternehmen immer Produkt seiner Zeit ist und sich mit ihr verändern und wandeln muss. Und wir können lernen, dass in jedem Wandel Chance und Risiko stecken; es kommt darauf an, wie wir ihm begegnen.
Doch es gibt einen kleinen, aber feinen Unterschied zwischen der unternehmerischen Rolle Friedrich Soenneckens und der Aufgabe, vor der wir als Vorstände einer Genossenschaft stehen. Friedrich Soennecken hat sich stets gefragt: „Wie kann ich die Welt der Arbeit verbessern?“ Unsere Frage lautet: „Wie können wir Arbeit lebenswerter machen?“ Der Unterschied manifestiert sich in der Verschiebung des „Ich“ zum „Wir“. Das „Wir“ ist zentrales Element unserer genossenschaftlichen Identität. Die Genossenschaft und ihre Mitgliedsfirmen sind untrennbar miteinander verbunden; das eine ist ohne das andere nicht denkbar. So wird das „Ich“ zum „Wir“.

Soennecken wandelt sich vom Anbieter innovativer Produkte rund um das Büro zum umfassenden Dienstleister für alle, die sich in ihrem beruflichen Alltag mit der Frage befassen, wie Arbeit lebenswerter gestaltet werden kann. Soennecken ist heute Dienstleister, Großhändler, Logistiker, Financier und vieles mehr. Zu unseren Mitgliedern zählen u.a. kleine und große Bürobedarfsfachhändler, Schreibwarengeschäfte und Papeterien, Einrichtungsspezialisten, IT-Systemhäuser. Unsere Gemeinschaft wird stetig größer und vielfältiger.
Dieses Buch widmet sich aber der Geschichte von Friedrich Soennecken und seinem Unternehmen. Dabei muss leider Vieles, insbesondere nach der Übernahme der Markenrechte durch die damalige gdb, unerzählt bleiben. Die Betrachtung der Entwicklungen ab 1983 bleibt daher kursorisch und unvollständig. Es würde sich lohnen, dieses Kapitel zu einem späteren Zeitpunkt ausführlicher zu erzählen.
Der Auftrag der Soennecken eG und der Mitgliedsunternehmen wandelt sich, aber er wird bleiben. Menschen brauchen Arbeit nicht nur, um ihren Lebensunterhalt zu bestreiten; ein erfülltes Erwerbsleben ist in der Regel Grundlage einer erfolgreichen Lebensgestaltung. Wir sind überzeugt, dass sich daran auch in der Zukunft nichts ändern wird und dass wir gemeinsam einen wesentlichen Beitrag leisten können, Arbeit lebenswerter zu machen.

Dr. Benedikt Erdmann
Georg Mersmann

Einleitung

Soennecken ist eine der bekanntesten Marken der deutschen Büroartikelbranche. Wer heute in einem Büro arbeitet, hat das charakteristische Logo mit den zwei ineinandergreifenden Ringen mit großer Wahrscheinlichkeit schon einmal auf einem Locher, einem Paket Druckerpapier oder einem anderen regelmäßig im Büroalltag genutzten Gegenstand wahrgenommen. Das Markenzeichen verweist auf die Erfindung eines Mannes, mit dem die Geschichte von Soennecken vor 150 Jahren begonnen hat: Die zwei Ringe erinnern an das Ringbuch, eine der wichtigsten Erfindungen von Friedrich Soennecken, der 1875 mit der Gründung seines Verlags den Grundstein für Unternehmen und Marke legte und mit seinem visionären Blick und seinen innovativen Ideen die Büro- und Arbeitswelt nachhaltig geprägt hat.
Anlässlich des 150-jährigen Jubiläums ist die Geschichte hinter den zwei Ringen nun erstmals wissenschaftlich aufgearbeitet worden. Dabei hat sich gezeigt, dass es im Fall von Soennecken wenig sinnvoll ist, nur die institutionelle Entwicklung des Unternehmens nachzuzeichnen. Soennecken ist nicht nur ein Unternehmen, sondern auch eine Marke, die alle institutionellen Veränderungen und unternehmerischen Krisen unbeschadet überstanden hat. Entsprechend liegt der Fokus der Darstellung besonders auf der Beziehung zwischen Unternehmen und Marke. Auch die disparate Quellenlage lässt es nicht zu, sich ausschließlich auf die institutionelle und ökonomische Entwicklung zu konzentrieren. Zwar liegen für fast alle Phasen der Geschichte des Unternehmens historische Quellen vor, diese unterscheiden sich aber zum Teil stark in ihrer Aussagekraft und chronologischen Dichte.

Konzept

Die Geschichte von Soennecken wird nachfolgend in die gesellschaftlichen, politischen, kulturellen und wirtschaftlichen Entwicklungen der vergangenen 150 Jahre eingebettet und in ihrer engen Wechselwirkung mit dem Wandel der Arbeitswelten erzählt. So wie das Ringbuch haben zahlreiche weitere Erfindungen des Firmengründers Friedrich Soennecken die Arbeits- und Bürowelt über

Jahrzehnte geprägt und tun dies bis heute. Auf der anderen Seite war die Anpassung an den Wandel, der die Arbeitswelt spätestens in den 60er Jahren mit voller Wucht erfasste, eine Herausforderung, der das ursprüngliche Unternehmen nicht gewachsen war. Heute prägt der Name Soennecken wiederum die moderne Arbeitswelt genauso mit, wie deren anhaltende und mitunter rasante Veränderung andersherum die Entwicklungen der Genossenschaft und ihrer Mitglieder beeinflusst.
Um diese Wechselwirkungen zwischen dem Unternehmen und den Arbeitswelten ihrer Mitarbeiterinnen und Mitarbeiter sichtbar zu machen, wird hier die Methode der „Doku-Fiktion" genutzt: Im Laufe der Darstellung wechselt mehrfach die Perspektive. Der Blick verlässt dabei immer wieder die Betrachtungsebene des Unternehmens und wendet sich den verschiedenen Arbeits- und Bürowelten zu, die aus der Perspektive der in ihnen agierenden Personen beschrieben werden. Diese Personen sind „Avatare", fiktive Protagonistinnen und Protagonisten, die für dieses Buch zum Leben erweckt wurden, um die historische Realität für die Leserinnen und Leser greifbar zu machen. Sie sind nicht frei erfunden, sondern basieren auf realen Vorbildern aus den historischen Quellen und der Forschungsliteratur. Sie sind das Ergebnis einer Verbindung von wissenschaftlicher Empirie und literarischer Fiktion; in ihnen verdichten sich also historische Ereignisse, Fakten und Personen.[4] Durch diese Verdichtung unterschiedlicher realer Vorbilder zu einer Kunstfigur schließt die Fiktionalisierung Lücken in der Quellenüberlieferung, die nicht vollständig genug ist, als dass sie eine so nahe Dokumentation zulassen würde.[5] In jedem Zeitabschnitt kommen ein oder mehrere Avatare zu Wort und nehmen die Leserinnen und Leser mit in ihre Arbeitswelten.

Themen und Fragestellungen

Inhaltlich konzentriert sich die Darstellung auf drei Themenschwerpunkte. Da wären zunächst einmal das *Unternehmen*, seine Entwicklung und die handelnden Personen: Wie wurde Soennecken vom kleinen Verlag zu einem der größten deutschen Schreibwaren- und Büromittelhersteller? Wie verhielten sich die Führungspersonen vor dem Hintergrund der beiden Weltkriege und insbesondere im Nationalsozialismus? War Soennecken in die Kriegsproduktion eingebunden? Dabei steht der Name Soennecken für den Aufstieg und den Wandel eines Familienunternehmens. Die generationenübergreifende Präsenz der Eigentümerfamilie in der Leitung „ihres" Unternehmens ist von zahlreichen Voraussetzungen abhängig. Die wichtigste Bedingung sind Nachfahren, die sich mit dem Lebenswerk der Gründerfamilie identifizieren, die bereit sind, ihren Lebenslauf gleichfalls in den Dienst des Unternehmens zu stellen und die genügend unternehmerische Kompetenz mitbringen. Überdies müssen die Interessen der Familie und die Belange des Unternehmens, vor allem bei der Suche nach geeigneten Nachfolgeregelungen, über einen langen Zeitraum in Einklang gebracht werden.[6] Wie für eigentümergeführte Unternehmen fast schon typisch, stießen auch bei Soennecken die familiären Ressourcen, um den Familieneinfluss auf das operative Geschäft auf Dauer zu sichern, in der dritten Generation an ihre Grenzen. Welche Gründe führten das Familienunternehmen in den 1960er Jahren zunehmend in die Krise und schließlich in den Konkurs? Und was veranlasste die gdb als Einkaufsgenossenschaft für Händler später zur Wiederbelebung des Namens Soennecken?

Ein weiteres Thema, das sich durch die gesamte Darstellung zieht, sind die *Produkte*: Welche Soennecken-Produkte setzten sich durch und prägten das Arbeitsleben langfristig? Welche Erfindungen konnten sich wiederum nicht behaupten? Setzte sich die Innovationsfreude des Gründers Friedrich Soennecken in den folgenden Generationen fort?

Und schließlich stehen, wie bereits im Titel des Buchs angedeutet, die *Arbeitswelten* im Fokus der Darstellung: Wie und warum veränderten sich die Büro- und Arbeitswelten in Deutschland von 1875 bis heute?[7] Welche politischen, gesellschaftlichen und wirtschaftlichen Hintergründe spielten dabei eine Rolle? Welche Wechselwirkungen bestanden zwischen der Entwicklung des Unternehmens und den sich wandelnden Arbeitswelten?

Forschungsstand und Quellenlage

Der Wandel der Büro- und Arbeitswelten seit dem späten 19. Jahrhundert wird in der Forschung aus verschiedenen Blickwinkeln betrachtet. Nachhaltige Auswirkungen auf die Entwicklung der Büros hatten die großen sozial- und wirtschaftshistorischen Trends seit etwa Mitte des 19. Jahrhunderts, die mittlerweile gut aufgearbeitet worden sind: die Industrialisierung und das Wachstum von Großunternehmen, die Ausdifferenzierung der betrieblichen Abteilungen und die rasch wachsende Nachfrage nach kaufmännischen und technischen Angestellten, die fortschreitende Alphabetisierung und die Expansion der staatlichen Bürokratie. Und schließlich die „Feminisierung der Berufe“, die vielfach thematisierte Frauenerwerbstätigkeit in Bürojobs.[8] Seit etwa 1900 arbeitete eine wachsende Zahl junger Frauen im Büro – unter anderem als Stenotypistinnen, (Privat-)Sekretärinnen und Buchhalterinnen –, was wiederum Rückwirkungen auf die Büroartikelbranche hatte, die von dem steigenden Bedarf an entsprechender Büroausstattung profitierte. Der in den 50er Jahren einsetzende und sich in den folgenden Jahrzehnten weiter beschleunigende Strukturwandel von der Industrie- zur Dienst-

leistungsgesellschaft führte erneut zu einem starken Anstieg der Büroarbeit und der Nachfrage nach Büroartikeln.[9]
Ein zentrales Thema ist ferner die Modernisierung der Büroarbeit, namentlich die Entwicklung der Bürotechnik von der Schreibmaschine zum Computer und darüber hinaus.[10] Eng damit verbunden ist der Themenkomplex der digitalen Transformation, der zahlreiche verschiedene Aspekte umfasst: Technischer Fortschritt spielt hier eine ebenso wichtige Rolle wie die konkrete Organisation hybrider Arbeitskonzepte und deren Auswirkung für Unternehmen und Arbeitnehmende.[11] Aufgrund der COVID-19-Pandemie hat die Arbeit im Homeoffice seit 2020 deutlich zugenommen. In diesem Zusammenhang haben sich deutlich die infrastrukturellen Herausforderungen der in Deutschland bereits seit den 80er Jahren praktizierten Telearbeit gezeigt, und es sind nicht zuletzt Fragen diskutiert worden, die das Büro als Arbeits- und Lebensraum betreffen. Dessen historische Entwicklung ist in der Forschung vor allem aus arbeitssoziologischer Perspektive betrachtet worden. Hier interessiert etwa der Zusammenhang zwischen der räumlichen Ausgestaltung eines Büroraums und seiner Funktion auch im Hinblick auf soziale Aspekte.[12]
Noch äußerst spärlich erforscht sind die ehemaligen wie aktuellen „Player“ der im letzten Jahrhundert äußerst schnelllebigen deutschen Büroartikelbranche. 1950 wurde zum 75-jährigen Jubiläum von Soennecken eine Festschrift verfasst, die allerdings heutigen wissenschaftlichen Ansprüchen nicht genügt.[13] Darüber hinaus ist vor allem das Wirken des Firmengründers Friedrich Soennecken als Reformer der Schrift thematisiert worden.[14] Abgesehen davon liegt bis heute nur für die Firma Louis Leitz eine Studie vor, die wissenschaftlichen Ansprüchen genügt.[15] Die hier wissenschaftlich aufgearbeitete und aus verschiedenen Perspektiven erzählte Geschichte von Soennecken vor dem Hintergrund der und im Wechselspiel mit den sich wandelnden Arbeitswelten ist somit eine Ausnahmeerscheinung.
Die historische Überlieferung zur Unternehmensgeschichte von Soennecken ist zweigeteilt: Es gibt einen umfangreichen Altbestand der Firma Soennecken, den der Bonner Sammler Christian Kleist in einem Keller der Universität Bonn entdeckt hat. Der Bestand befindet sich im privaten Besitz von Herrn Kleist und ist durch das Heimatmuseum Bonn-Poppelsdorf zur Nutzung für das Projekt zur Verfügung gestellt worden. Die in diesem Bestand enthaltenen Archivalien umfassen den Zeitraum von der Gründung des Verlags F. Soennecken im Jahr 1875 bis in die späten 1960er Jahre.
Im Firmenarchiv am Unternehmenssitz der Soennecken eG in Overath werden neben einer umfangreichen Produktsammlung mit den zugehörigen Werbematerialien vor allem Akten der Vorgängerunternehmen aufbewahrt, die seit den 50er Jahren entstanden sind. Die Überlieferung zur heutigen Soennecken eG selbst setzt hier

in den frühen 80er Jahren ein, als die damalige Großeinkaufsvereinigung Deutscher Bürobedarfsgeschäfte (gdb) die Soennecken-Markenrechte übernahm. Das ehemalige Familienunternehmen existierte zu diesem Zeitpunkt bereits seit rund zehn Jahren nicht mehr. Die zeitliche Lücke zwischen den beiden Überlieferungen konnte teilweise durch Archivalien aus dem im Wirtschaftsarchiv Baden-Württemberg befindlichen Bestand der Firma Louis Leitz geschlossen werden, die von 1967 bis 1971 eine Beteiligung am damaligen Unternehmen Soennecken hielt. Leider bricht die Überlieferung nach dem Ausscheiden von Leitz bei Soennecken für ein Jahrzehnt vollständig ab. Alle Versuche, historische Dokumente für diesen Zeitraum ausfindig zu machen, sind bedauerlicherweise gescheitert. Das Jahrzehnt zwischen dem Ende der Soennecken KG 1973 und der Übernahme der Soennecken-Markenrechte durch die gdb 1983 liegt daher im Dunkeln.

Das ist allerdings die Ausnahme. Für die übrigen Zeitabschnitte konnten da, wo die interne Überlieferung lückenhaft war, Archivalien aus Stadt- und Landesarchiven sowie dem Bundesarchiv herangezogen werden. Allen Mitarbeitenden der im Lauf der Recherche kontaktierten oder besuchten Archive sei an dieser Stelle für ihre Unterstützung gedankt. Ein besonderer Dank gebührt Christian Kleist und dem Heimatmuseum Poppelsdorf, die den umfangreichen und für die wissenschaftliche Aufarbeitung unerlässlichen Altbestand dauerhaft für die Forschung zugänglich gemacht haben. Ausdrücklich zu danken ist auch Christian-Titus Klaiber, dem Geschäftsführer der Louis Leitz Family Office GmbH & Co. KG, sowie Dr. Britta Leise und ihren Mitarbeiterinnen und Mitarbeitern im Wirtschaftsarchiv Baden-Württemberg für die Möglichkeit zur Einsicht in den Leitz-Bestand. Herzlichen Dank außerdem an Wolfgang Römer für die Bereitschaft, seine Erinnerungen an eine bewegte Zeit zu teilen. Und nicht zuletzt: Vielen Dank an Dr. Benedikt Erdmann, Stefanie Willutzki, Kai Holtkamp und Margit Becker von der Soennecken eG für den Zugang zum Unternehmensarchiv in Overath, die engagierte Unterstützung bei der Recherche und die freundliche und konstruktive Zusammenarbeit.

ANMERKUNGEN

1 *Google zwingt Angestellte zurück ins Büro*, in: Der Spiegel, 9.6.2023, www.spiegel.de/karriere/google-zwingt-angestellte-zurueck-ins-buero-schluss-mit-homeoffice-a-438c1b16-4516-4768-973c-67e49c6a1fab [letzter Zugriff 27.1.2025].

2 BARMER, *Social health@work: Wie Unternehmen und Mitarbeitende von hybrider Arbeit profitieren*, www.barmer.de/firmenkunden/tools-downloads/medien-und-magazine/social-health-at-work-gesund-digital-arbeiten [letzter Zugriff 27.1.2025].

3 Institut für Wissensmedien, *Der Mensch im Fokus: Wissensarbeit mit digitalen Medien*, wissensdurst.iwm-tuebingen.de/wissensarbeit.html [letzter Zugriff 27.1.2025].

4 Thomas Etzemüller, *Die Realität ist fast schon der Roman… Aber warum dichten Wissenschaftler dann eigentlich nicht selber? Das Beispiel einer Doku-Fiktion*, in: Werkstatt Geschichte 2 (2022), 103–114. Ders., *Was wahr sein könnte. Plädoyer für eine fiktionale Empirie*, in: Merkur 835 (2018), 17–28.

5 Etzemüller, *Realität*, 109.

6 Arist von Schlippe u.a., *Die beiden Seiten der Unternehmerfamilie. Familienstrategie über Generationen*, Göttingen 2017.

7 Für die Zeit zwischen 1945 und 1990 beschränkt sich die Darstellung auf Westdeutschland bzw. die Bundesrepublik Deutschland.

8 Karin Gottschall, *Frauenarbeit und Bürorationalisierung. Zur Entstehung geschlechtsspezifischer Trennungslinien in großbetrieblichen Verwaltungen*, Frankfurt a. M. 1990; Ute Frevert, *Vom Klavier zur Schreibmaschine – Weiblicher Arbeitsmarkt und Rollenzuweisungen am Beispiel der weiblichen Angestellten in der Weimarer Republik*, in: Annette Kuhn/Gerhard Schneider (Hrsg.), Frauen in der Geschichte. Frauenrechte und die gesellschaftliche Arbeit der Frauen, Düsseldorf 1979, 82–112; Günther Schulz, *Die Angestellten seit dem 19. Jahrhundert*, München 2000, 7.

9 Axel Schildt, *Die Sozialgeschichte der Bundesrepublik Deutschland bis 1989/90*, München 2007; Morten Reitmayer/Thomas Schlemmer (Hrsg.), *Die Anfänge der Gegenwart. Umbrüche in Westeuropa nach dem Boom*, München 2014.

10 Delphine Gardey, *Schreiben, Rechnen, Ablegen. Wie eine Revolution des Bürolebens unsere Gesellschaft verändert hat*, Göttingen 2018; Frank Bösch (Hg.), *Wege in die digitale Gesellschaft. Computernutzung in der Bundesrepublik 1955–1990*, Göttingen 2018; Martin Campbell-Kelly/William Aspray, *Computer. A History of the Information Machine*, New York 1996.

11 Martin Repschlaeger, *Mobile Büros, Technik, Organisation, Controlling, Wirtschaftlichkeit*, Berlin 1995; Frank Roebers/Manfred Leisenberg, *Web 2.0 im Unternehmen*, Hamburg 2010.

12 Gianenrico Bernasconi/Stefan Nellen (Hrsg.), *Das Büro. Zur Rationalisierung des Interieurs, 1880–1960*, Bielefeld 2019; Sebastian Wörwag/Christian Reutlinger (Hrsg.), *Arbeitsräume. Geschichte – Modelle – Visionen*, Wiesbaden 2021.

13 Paul C. Ettighoffer, *75 Jahre F.* Soennecken, *Bonn: 1875–1950*, Heppenheim a.d.B. 1950.

14 Robert Hellbeck, *Friedrich* Soennecken, *sein Leben und Werk*, [o.O.] 1925.

15 Wilfried Feldenkirchen/Susanne Hilger, *Louis Leitz*, München 2000.

Im Kaiserreich: Erfindungen Soenneckens für Schule und Büro

Kai Balazs-Bartesch

BROCK
HAUS

Das Unternehmen F. Soennecken von der Gründung bis zum Ende des Ersten Weltkriegs 1875–1918

Die Welt nicht so zu betrachten, wie sie ist, sondern so, wie sie sein könnte, ist eine Fähigkeit, die wir Visionären und Erfindern zuschreiben. Am 20. September 1848 wurde Friedrich Soennecken geboren, ein Visionär, der mit seinen Erfindungen nicht nur die Schreibtechnik verbesserte und den Weg für spätere Schreibreformen öffnete, sondern auch einen erheblichen Beitrag zur modernen Büroorganisation leistete.

Soennecken, Friedrich, Unternehmer

Als sechstes von zwölf Kindern eines Schmiedes aus dem sauerländischen Dröschede wurde Friedrich Soennecken in eine Zeit bedeutender politischer, sozialer und technischer Veränderungen geboren. Er besuchte die Elementarschule in Iserlohn, wo er laut einiger anekdotischer Berichte bereits ein sehr eifriger Schreiber und Zeichner wurde. Glaubhaft erscheint, dass sich sein ausgeprägtes Interesse für das Schreiben und die dafür notwendigen Werkzeuge schon in seinen jungen Jahren zeigte. Seine Faszination für die Form der Schrift entdeckte er im Kalligrafie-Unterricht während seiner Grundbildung.[1]

Nachdem Friedrich Soennecken die Elementarschule mit 14 Jahren erfolgreich verlassen hatte, kam er an die Rektoratsschule nach Iserlohn, die ihn auf ein späteres Theologiestudium vorbereiten sollte. Doch sein Bildungsweg nahm schnell einen gänzlich anderen Verlauf. Auf Anraten seines Gönners, des Fabrikanten Heinrich Sudhaus, trat er 1864 als kaufmännischer Lehrling in die Firma Aurand & Sudhaus ein, eine Fabrik für Reit- und Wagengeschirrbeschläge. Dass der junge Friedrich die Kaufmannslehre einem Studium vorzog, hatte unter anderem den Grund, seine Eltern zeitnah finanziell unterstützen zu können, statt ihnen über viele Jahre hohe Kosten aufzubürden.[2]

Charakteristisch für die Industrialisierung im 19. Jahrhundert war, gerade im Hinblick auf die kaufmännische Lehre, eine große Bandbreite des Lehrangebots, die zu einer Aufteilung der Ausbildung in verschiedene kaufmännische Berufszweige führte. Obwohl sich diese Entwicklung Ende des 19. Jahrhunderts allmählich verfestig-

S. 23: Soennecken Katalog No. 500, Soennecken's Tintenfässer, ca. 1910

Soennecken's Tintenfässer

Halbe natürliche Grösse

D·R·G·M

D·R·G·M

*

Diese Abbildungen sollen hauptsächlich die Grössen-Abstufung der Tintenfässer veranschaulichen

*

*

Diese Tintenfässer werden in den auf Seite 69—77 abgebildeten und bezeichneten Ausführungen geliefert

*

Nr 1035 F (siehe Seite 70)

Nr 1036 F (siehe Seite 70)

Nr 1037 F (siehe Seite 70)

te, waren zu der Zeit, als Friedrich Soennecken seine Ausbildung erfuhr, einheitliche Anforderungen an Lehrinhalte fast gänzlich unbekannt oder nahmen erst langsam Gestalt an. Eine Gemeinsamkeit hatten die kaufmännischen Berufe jedoch alle, und diese hob sie schon früh von Handwerksberufen ab: **Wer Kaufmann werden wollte, musste flüssig lesen und sauber schreiben können.**[3]

Für den Kaufmannslehrling galt im 19. Jahrhundert, händisch Buchstaben und Zahlen auf Papier zu übertragen. Es gab Papier und Schreibfeder für die Korrespondenz, und es gab die Kopien der Korrespondenz, die in Registern abgelegt wurden. Für die Buchhaltung und Kontoführung standen gebundene Bücher zur Verfügung. Auf der Ebene der Schriftlichkeit existierten im 19. Jahrhundert im deutschsprachigen Raum zwei Schreibalternativen: zum einen die lateinische Schrift, die seit 1953 allgemeiner Standard an deutschen Schulen ist, in den 1850er Jahren jedoch zumeist nur für fremdsprachige Texte genutzt wurde. Gängiger hingegen war die Verwendung der deutschen Kurrentschrift als Gebrauchsschrift. Diese gehört zu den sogenannten gebrochenen Schriften (Fraktur), die wesentlich mehr spitze Winkel hat als die runderen lateinischen Typen. Aufgrund dessen war die Frakturschrift oder die „Deutsche Schrift“, wie sie damals auch genannt wurde, schwerer zu erlernen und zu beherrschen. Gegner und Befürworter der Frakturschrift führten im Laufe des 19. und frühen 20. Jahrhunderts langanhaltende öffentliche Debatten über die richtige Erziehung zur Schriftlichkeit und die dafür geeignete Schriftart.[4]

Die Auswahl an Schreibgeräten war zu dieser Zeit überschaubar, üblich war lange Zeit der Gänsekiel. Nicht nur Lehrlinge und Kontoristen, sondern auch Schulkinder bemühten sich, mit Tinte und Feder sauber und gut lesbar zu schreiben. Das Tintenfass war also ein fester Bestandteil der damaligen Schreibutensilien; und wo ein Tintenfass stand, waren Tintenflecke selten zu vermeiden. Generationen von Schülern und Lehrlingen, aber auch Dichter und Denker waren im Laufe der Zeit mit dem Malheur eines umgefallenen Tintenfasses konfrontiert. Selbst Johann Wolfgang von Goethe hat sich mit dem Thema befasst und dem Tintenklecks einen Vierzeiler gewidmet.[5]

Eine häufig zitierte Anekdote besagt, dem Lehrling Friedrich Soennecken sei beim Beschreiben eines Hauptbuches das Tintenfass umgefallen und das Buch sei ruiniert gewesen. Dies hatte eine schlimme Schelte des ausbildenden Kaufmanns zur Folge. Vielleicht war ihm dieses Missgeschick nicht nur einmal widerfahren, bevor sein erfinderischer Geist nach einer Lösung für das Problem suchte. Diese offenbarte sich ihm in Form eines simplen Holzgefäßes, das dem Tintenfass die Stabilität bot, die es vor dem Umfallen bewahrte. Der Boden dieses Gefäßes war so gestaltet, dass es dem Fass nicht mehr möglich war, ohne Weiteres aus der Halterung herauszufallen. Wahrscheinlich stammt die Geschichte vom ruinierten Hauptbuch aus dem Bereich der Legenden, die sich um die Person Friedrich Soennecken ranken. Fakt ist, dass der junge Friedrich das Holzfass tatsächlich erfunden hat. Womöglich reifte in ihm schon zu diesem Zeitpunkt der Gedanke, ein Unternehmen zu gründen; doch es sollten noch einige Jahre vergehen, bevor die Idee umgesetzt werden konnte. Das Tintenfass jedenfalls wurde ein fester Bestandteil der Produktpalette des späteren Unternehmens, das Jahrzehnte nach seiner Gründung die Fässer immer noch vertrieb.[6]

Der spätere Erfolg im Vertrieb von Schreibwaren hing aber nicht nur mit Friedrich Soenneckens Erfindungsreichtum zusammen, auch die Umstände waren in dieser Zeit günstig. Das 19. Jahrhundert brachte Synergien hervor zwischen dem wirtschaftlichen Aufschwung, der Bildungsexpansion und der sich konsequent erhöhenden Bildungsbeteiligung der breiten Masse. Eine der wenigen Quellen zum Nachweis der Alphabetisierung, die preußische Volkszählung von 1871, liefert uns hier Aufschluss. Wegen starker regionaler Unterschiede haben nationale Durchschnittswerte zwar nur beschränkte Aussagekraft, dennoch bestätigen die Daten der Volkszählung den Vorsprung Preußens gegenüber anderen europäischen Ländern: **Nur 10,8 Prozent der männlichen und 16,4 Prozent der weiblichen Bevölkerung im Alter von mindestens zehn Jahren konnten zu diesem Zeitpunkt weder lesen noch schreiben.** Im Vergleich dazu hatte die Volkszählung von 1872 in Frankreich eine Analphabetenrate von 27,15 Prozent der männlichen bzw. 33,81 Prozent der weiblichen Bevölkerung über sechs Jahre ausgewiesen. Die preußische Volkszählung ist durchaus nicht in allen Einzelheiten mit der französischen vergleichbar, weil sie Alphabetisierungsraten für die deutsche Bevölkerung ab einem Alter von zehn Jahren berechnet, während in Frankreich die Grenze bei einem Alter von sechs Jahren gesetzt wurde.[7] Dennoch decken sich die Ergebnisse mit den Angaben der amtlichen Statistik über den Schulbesuch, die seit Beginn des 19. Jahrhunderts ergeben hatten, dass Preußen einen Vorsprung von einer Generation gegenüber Frankreich hatte. Diese Zahlen lassen den Schluss zu, dass am Ende des 19. Jahrhunderts dem Schreibenlernen und der Vereinfachung der noch gängigen Frakturschrift im Deutschen Reich zunehmend mehr Aufmerksamkeit geschenkt wurde.[8]

Vor diesem Hintergrund wird der rapide Aufstieg des Unternehmens Soennecken Ende des 19. Jahrhunderts leicht begreiflich: Hier mischten sich Einfalls- und Erfindungsreichtum eines Schreibbegeisterten mit einem ständig steigenden Bedarf an Schreibutensilien.

Caspar Franz. Schreibunterricht am Ende des 19. Jahrhunderts – aus dem (Schul-)Alltag eines Quintaners

Kai Balazs-Bartesch

Caspar sitzt in seiner Schulbank und unterdrückt ein Gähnen. Sein Lehrer, Herr Pult, marschiert durch die Bankreihen und gibt ab und zu tadelnde Geräusche von sich, wenn er sich über die Schulhefte seiner Zöglinge beugt. Ausgerechnet heute hat Caspar sein Löschpapier vergessen. Sein Tintenfinger ist schon ganz blau von dem unzähligen Eintauchen der Feder in die Tinte. Ein Glück nur, dass das Tintenfass stabil in seinem Holzgefäß auf dem Rand der Bank steht.

Caspar ist jetzt in der Quinta und erinnert sich noch sehr gut an den Schreibunterricht in der ersten Klasse der Elementarschule. Da hielt er noch einen Federkiel in der Hand. Der fühlte sich sehr weich und geschmeidig an und war so zugespitzt, dass er, wenn er sich geschickt anstellte, die Tinte aufs Papier kratzen konnte. Das verursachte ein schnarrendes Geräusch, das ihm auch heute noch in den Ohren tönt. Allerdings musste er fast seine Hand verrenken, damit er überhaupt ein paar Haarstriche zustande bringen konnte. An der Frakturschrift konnte man aber auch verzweifeln. Und manchmal bog sich dieser Gänsekiel – der Lehrer hatte ihnen erklärt, dass es sich um die Feder einer Gans handelte – so sehr, dass er ihm fast aus der Hand rutschte.

Seine Hand sei zu plump für den Federkiel, hatte der Lehrer geschimpft und Caspar hatte sich bemüht noch ein paar Haarstriche zu zeichnen, doch da war die Spitze der Feder schon so stumpf geworden, dass der Strich dick und unförmig auf dem Papier erschien.

Soennecken's Tintenfässer, ca. 1910

Gruppenaufnahme einer gemischten Schulklasse, im Klassenzimmer sitzend, um 1910/1915

Zu Caspars Entsetzen breitete sich neben dem vermaledeiten Strich auch noch ein Tintenklecks aus. Der Lehrer hatte missbilligend seine Feder genommen und das getan, womit er die Hälfte seines Unterrichts verbrachte, er hatte sie mit einem Messer wieder zurechtgespitzt.[9]
Als Caspar sich an diese Situation erinnert, seufzt er erleichtert. Jetzt hält er eine Stahlfeder in der Hand. Im Vergleich zum Federkiel fühlt sie sich schwer, aber stabil an, und die Striche, die Caspar damit malt, sind gleichmäßig. Die Feder, die ihm sein Patenonkel gebraucht geschenkt hatte, tropft zwar, doch wenn er gut aufpasst, dann gibt es keinen Tintenfleck. Caspars Mutter hat ihm eine brandneue Schreibfeder für den Unterricht versprochen, als Belohnung für seine guten Zensuren.
Wenigstens macht das angeschrägte Schreibpult auf Caspars Tisch es ihm leichter, gerade zu schreiben, weil die Feder dadurch im richtigen Winkel zum Papier steht. Der Verkäufer im Laden hatte seiner Mutter dazu geraten, ein solches zu nehmen. Das helfe dem jungen Mann, mit der Feder nur so über das Papier zu gleiten, hatte er gesagt. Als Alternative hatte er eine Schreibstütze vorgeschlagen, damit Caspars Rücken beim Schreiben nicht krumm wird.

Ein Federkiel wird gespitzt, der Vorgang war aufwändig und nahm oft mehr Zeit in Anspruch als das eigentliche Schreiben

Soennecken's Rundschrift- Federhalter mit Fingerstütze aus Kork, ca. 1910

Das Schreiben mit der Stütze war aber sehr mühevoll gewesen. Sie hatte Caspars Schulter ziemlich weit vom Tisch weggedrückt, sodass er mit der Feder kaum das Papier erreichen konnte. Auf die Stütze hatten sie deshalb dankend verzichtet.
Herr Pult geht nach vorne und lässt auf der Wandtafel langsam einzelne Buchstaben entstehen. Er zeigt, wie sich ein Strich mit dem andern verbindet, und warnt vor bestimmten Fehlern. Caspar verfolgt jede

seiner Bewegungen. Er taucht die Feder in die Tinte, schüttelt sie gut und malt die Buchstaben nach. Er mag diese Rundungen der neuen Schrift. Jetzt besitzt er auch ein Schreibheft, das ihm zeigt, wie man die Buchstaben formt. Herr Pult hat gesagt, dass in dieser Schule nur noch in Rundschrift geschrieben wird und dass auch die ungeschicktesten Schüler das Schönschreiben so lernen können. Am Schönschreibunterricht – Herr Pult nennt das „Kalligraphie“ – kann Caspar jetzt durchaus Gefallen finden.

Soennecken's Rundschriftfedern, ca. 1910

Dann geht Herr Pult wieder durch die Bankreihen und überprüft die Ergebnisse. Bei Paulchen schüttelt er den Kopf über dessen Schmierereien und blickt auffordernd in die Klasse.
„Was hat unser Dichter, Herr Johann Wolfgang von Goethe, über den Tintenklecks gesagt?“, fragt er und klatscht in die Hände. Und zum hundertsten Mal in diesem Schuljahr rezitiert die Klasse im Chor:

„Die Tinte macht uns wohl gelehrt,
Doch ärgert sie, wo sie nicht hingehört.
Geschrieben Wort ist Perlen gleich;
Ein Tintenklecks ein böser Streich.“

Caspar vertieft sich wieder in sein Schreibheft. Dort sind auf der obersten Zeile die verschiedenen Varianten mehrerer Buchstaben auf kariertem Papier in der Rundschrift abgebildet. Jeder dritte Strich der Kästchen hat eine Nummer. Das I, das erkennt Caspar ganz leicht, setzt sich aus

wenigen simplen Formen zusammen. Es beginnt mit einem diagonalen Strich von der linken unteren in die rechte obere Ecke eines Kästchens. Dann geht es gerade auf der Linie nach unten. Hier schließt sich wiederum ein Strich in die Mitte des nächsten Kästchens auf der rechten Seite an. Schließlich muss noch ein kleiner Punkt auf die Linie über dem mittleren Strich, genau in die Mitte zwischen zwei waagerechten Strichen, gesetzt werden, um den Buchstaben zu vollenden.
Das Ganze geht Caspar sehr leicht von der Hand und bald fliegt die Feder nur so über

Soennecken's Rundschrift- Federhalter, ca. 1910

das Papier. Nach einigen Malen des Nachzeichnens versucht Caspar es auf dem reinen karierten Papier, und es gelingt ihm nahezu mühelos, den Buchstaben frei zu zeichnen. Nur am Ende zieht er ein klein wenig zu weit mit der Feder und die rechte Seite des Buchstabens wird länger, als sie hätte sein sollen. Beherzt setzt er noch den Punkt auf den Buchstaben, um ihn abzuschließen, und blickt, sehr mit sich zufrieden, in die Klasse. Die anderen Schüler sitzen noch eifrig gebeugt über ihren

F. Soennecken's Goldfeder Nr. 537, 1890/91

Übungsheften, als es zur vollen Stunde schlägt und Herr Pult, nachdem er noch einmal die Hausaufgaben angeordnet hat, die Klasse nach Hause entlässt.
Am Nachmittag geht Caspars Mutter mit ihm in den Schreibwarenladen, denn es ist Zeit, die neue Feder zu kaufen. Caspars Vater hat ihm erklärt, dass die vom Patenonkel geschenkte Feder von der Säure in der Tinte zerschlissen sei. Deshalb soll er eine

ganz besondere Schreibfeder bekommen. Einige seiner Mitschüler besitzen bereits neue Federn. Auch hat Caspar öfter die Reklamemarken für diese Schulfedern gesehen: Zumeist ist dort ein kleines Kind mit einer viel zu großen Schreibfeder auf dem Arm oder im Rucksack in schönen Pastellfarben abgebildet. Als sie in den Laden gehen, herrscht dort geschäftiges Treiben. Nicht nur Schulkinder mit ihren Müttern sind unterwegs, auch zahlreiche Herren in Anzug und mit Hut tummeln sich darin. Alle sind sie auf der Suche nach neuem Schreibgerät oder Zubehör, also Utensilien und „Hülfsmitteln", die einem das Schreiben erleichtern. Neben Federn und Federhaltern führt der Laden all das, was sonst wichtig sein könnte: Briefordner und Locher, Armstützen für das Schreiben und Pultschoner, um das Schreibpult vor ungewollten Tintenklecksen zu schützen. Auch alle Arten von Papier und Schulheften finden sich in den Auslagen. Hinter Glas, auf dem die Fingerabdrücke neugieriger Kinder zu erkennen sind, werden besonders wertvolle Schreibfedern und sogenannte Füllfederhalter aufbewahrt.

F. Soennecken's Locher Nr. 237, 1890/91

In einem unteren Schrank sieht Caspar eine Reihe von Briefbeschwerern, jeder hat eine Stahlplatte als Grundlage, auf der sich unterschiedliche kleine Vogelfiguren wie Adler oder Schwäne befinden.[10] Caspar zieht seine Mutter zu einem Tisch mit einer Auswahl an Federhaltern. Dort steht eine freundlich aussehende, junge Verkäuferin mit zwei langen, geflochtenen Zöpfen. Sie hält eine Art Schablone in der Hand und erklärt gerade, dass man mit ihr bestimmen kann, wie groß die Buchstaben beim Schreiben der Rundschrift ausfal-

F. Soennecken's Schnellordner Nr. 3, 1890/91

len sollen. Dazu hat die dreieckige Pappe unterschiedliche Reihen von Löchern, die von links nach rechts immer größer werden. Mit ihren kleinen bis hin zu sehr weit auseinanderliegenden Öffnungen kann die Schablone verschieden angesetzt werden. Wenn man nun mit dem Bleistift ansetzt und den Buchstaben zieht, ergibt sich daraus, wie durch eine unsichtbare Hand gelenkt, die gewünschte Größe für die Buchstaben. Anschließend, so erklärt die Verkäuferin, können die Buchstaben mit der Schreibfeder ganz leicht nachgezeichnet werden. „Das ist für die fortgeschrittenen Schüler eine gute Übung, um zu begreifen, wie man mit verschiedenen Buchstabengrößen das Schreiben lernt", endet sie schließlich.

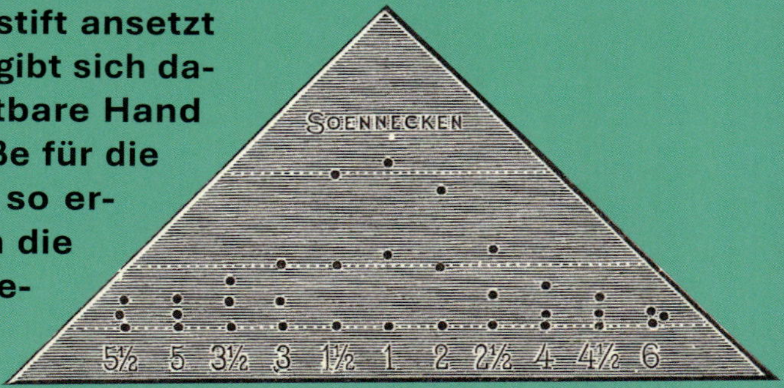

Soennecken's Rundschrift-Maße, ca. 1910

Federreklame von Soennecken: Welche Feder passt für meine Hand?, 1879–1883

Caspar bettelt daraufhin, auch so eine Schablone zu bekommen, doch die Mutter führt ihn erst einmal zu den Schreibfedern. Sie betrachten die Auswahl und Caspars Mutter lässt nach kurzem Überlegen zwei Federn zurücklegen. Letztendlich muss der Vater sie abholen, denn er bezahlt sie und bei ihm liegt auch die endgültige Entscheidung, mit welcher Feder Caspar künftig schreiben wird.

BERLIN • F. SOENNECKEN Abt: Schreibfedern-Fabrik Schreibwaren-Fabrik • BONN • LEIPZIG

14

Die schönste Zierschrift · Leicht zu erlernen

Man hüte sich vor Nachahmungen

Die Rundschrift

Hundert Auflagen in 4 Jahren

Zum Selbstunterricht und zum Gebrauch in Schulen

Mit Vorwort zur ersten und hundertsten Auflage von Geh. Regierungs-Rat Professor F. Reuleaux, herausgegeben von F. SOENNECKEN

Vom preussischen Staate ist Soennecken's Rundschrift in Kadettenanstalten eingeführt

Vom preussischen Staate ist Soennecken's Rundschrift den Vermessungsbeamten vorgeschrieben

Ausgabe zum Selbstunterricht:

Einfacher, aber vollständiger Lehrgang
I. Teil mit 25 einfachen und doppelten Federn: M 2.50
Weitere Ausgaben, für Fortgeschrittene:
II. Teil: M 1.50 • III. Teil: M 1.—
Alle 3 Teile in hübscher Schachtel mit 25 einfachen und doppelten Federn und 1 Halter M 5.—

Ausgabe für Schulen:

Einfacher, aber vollständiger Lehrgang:
Heft 1 und 2: je 25 Pf
Weitere Ausgaben, für Fortgeschrittene:
Heft 3 und 4: je 25 Pf
Heft 5: M 1.—
Rundschriftfedern siehe Seite 15

Schriftproben:

Qu — Feder Nr 1
Zeus — Feder Nr 2
Tasso — Feder Nr 10

Anerkannt vorzüglichste Qualität und Konstruktion • Gewähr für jedes Stück

Beispiel eines Rundschriftheftes aus dem Soennecken Katalog No. 500, Rundschriftlehrbücher, ca. 1910

Zu Hause angekommen, macht Caspar sich an seine Hausaufgaben. Dafür muss er in seinem Rundschriftheft vier Doppelseiten bearbeiten. Der Text, der auf einer Seite vorgeschrieben ist, soll auf der zweiten Seite eigenhändig nachgeschrieben werden. Die Übung ist knifflig, denn es handelt sich nicht bloß um einen simplen Text: Caspar muss den Stammbaum eines gewissen Heinrich Maibach, geboren 1779, gestorben 1830, nachzeichnen. Was ihn hier sehr freut, ist, dass Heinrichs Urenkel Theodor am selben Tag wie er Geburtstag hat, nämlich am 25. Oktober 1879.

Soennecken's Tintenfässer, Deckel P, ca. 1910

Außerdem soll Caspar auch einen Buchrücken, ein kleines Gedicht und den Schriftzug eines Namens in schrägen Buchstaben kopieren. Doch was ihn wirklich begeistert, sind die Karten. Auf der vorletzten Seite, die er bearbeitet, befindet sich eine Karte von Italien mit den Namen aller wichtigen Städte, Inseln und Meere. Rechts daneben ist die gleiche Karte abgedruckt, allerdings ohne Eintragungen. Mit großer Freude macht Caspar sich ans Werk, die einzelnen Namen mit seiner Schreibfeder nachzuzeichnen. Was gar nicht so einfach ist, denn die einzelnen Namen sind diagonal und senkrecht geschrieben, damit sie überhaupt auf die Karte passen. Schwierigkeiten bereitet ihm das „Mittellaendische Meer“, dessen Schriftzug sich über die gesamte Breite der Karte erstreckt. Als er es nach fast einer Stunde geschafft hat, zumindest das Meiste, auch wenn seine Mutter ihm das nicht glauben mag, blättert Caspar auf die letzte Seite. Dort sind noch zwei Karten, diesmal ist es allerdings ein Stadtplan. Darauf zu erkennen sind die Namen „Spree“ und „Unter den Linden“. Daraus schließt er, dass es sich wohl um Berlin handeln muss.

F. Soennecken's Taschen-Federhalter mit Goldfedern Nr. 539, 1890/91

Caspar studiert aufmerksam die Straßennamen und kleinen Zahlen in den Quadraten zwischen den Straßen. Unter der Karte steht, dass die Kleinbuchstaben mitten auf dem Straßenzug stehen sollen. Auf der rechten Seite, unter der nicht ausgefüllten Karte wiederum, kann man eintragen, wann das Geschriebene entstanden ist und wer es verfasst hat. Caspar trägt dort den heutigen Tag, seinen Namen und die Quinta des Gymnasiums, das er besucht, ein. Die Aufgabe selbst muss er sich für morgen aufsparen. Seine Mutter hat ihn zum Essen gerufen und er darf unter keinen Umständen zu spät bei Tisch erscheinen, gerade ist sein Vater nach Hause gekommen.

Grundlage des Erfolgs – die Rundschrift und die Rundschrifthefte

So wie in der Fiktion über den Schulalltag des Schülers Caspar oder zumindest sehr ähnlich könnte sich der Schreibunterricht Ende des 19. Jahrhunderts abgespielt haben. Die Forschungslage dazu, wie das Lesen und Schreiben vor über 100 Jahren im Einzelnen vermittelt wurde, ist allerdings eher dünn. Noch viel weniger erforscht ist das herausstechende Merkmal dieser historischen Fiktion: Der Schüler lernt hier nicht, die Frakturschrift, sondern Soenneckens Rundschrift zu schreiben.[11] Hierbei handelt es sich um eine der bahnbrechenden Innovationen, die eng an den Namen und die Unternehmensgründung Friedrich Soenneckens geknüpft sind. Um die Rundschrift zu vermitteln, gab es die eigens dazu konzipierten und in der Fiktion beschriebenen Rundschrifthefte.
Friedrich Soennecken war, wie wir schon gesehen haben, bereits in jungen Jahren an der Entwicklung der Schrift und ihrer Formen interessiert. Für ihn war klar: Die Schrift setzt sich im Grunde aus einfachen geometrischen Formen zusammen, die in unterschiedlichen Konstellationen miteinander kombiniert werden, um die verschiedenen Buchstaben zu ergeben. **Der junge Soennecken entwickelte hieraus ein Verständnis von Schrift, das vor allem auf ihre Nutzbarkeit im Alltag abzielte und es den Menschen so einfach wie möglich machen sollte, das Schreiben zu lernen.** Daraus ergab sich für ihn allerdings auch der Schluss, dass die im Deutschen Reich vielfach gelehrte Frakturschrift viel zu anspruchsvoll und nicht modern sei. Er beschloss, eine ganz eigene Schrift zu entwickeln, mit deren Hilfe Schüler das Alphabet einfach lernen konnten. Vor allem das Schreiben der einzelnen Buchstaben sollte den Kindern leicht zugänglich gemacht und mit Freude vermittelt werden.
Hierzu griff Soennecken auf die französische „Ronde"-Schrift als Vorbild zurück. Diese hatte er während seiner Lehrzeit auf einem Wechsel der Firma Gebr. Walter in Mainz entdeckt und als Schreibschrift zu schätzen gelernt.[12] Aufbauend auf den breiten Bandstrichen der Ronde-Schrift, zerlegte er die Buchstaben in ihre geometrischen Einzelformen. Seine ersten Lehrproben mit dieser Rundschrift unternahm Soennecken in dem von ihm mitbegründeten kaufmännischen Verein in Iserlohn. Dort brachte er anderen Lehrlingen das Schreiben mit der von ihm entwickelten Schrift bei. Es war der Durchbruch für eine außergewöhnlich einfach zu erlernende und anzuwendende Art des Schreibens.[13]
Die Rundschrift konnte anhand von Vorzeichnungen, die nur noch ergänzt werden mussten, aus den eigens von Soennecken angefertigten Schulheften leicht erlernt werden. Um für seine Ideen eine größere Wirkung zu erreichen

und der neuen Schrift eine weitere Verbreitung zu ermöglichen, reifte in ihm der Gedanke, einen Verlag zu gründen. Es war eine Entscheidung, die schließlich am 27. Mai 1875 in Remscheid, unter dem Namen F. Soennecken Verlag für Rundschriftenhefte und Rundschriftenfedern, in die Tat umgesetzt wurde. Finanziell wurde Friedrich Soennecken bei diesem Vorhaben von seinem Bruder unterstützt, einem in Iserlohn ansässigen Schmied, der Besitzer eines mittelgroßen Betriebs war.[14]

Zielgruppe des Verlags waren zunächst Kaufmannslehrlinge. Weil die Gründerjahre des Deutschen Reiches eine wirtschaftlich sehr aktive Zeit waren, gab es großen Bedarf unter Lehrlingen, eine gut lesbare Schrift zu erlernen. Hier bediente Friedrich Soennecken die entstehende Nachfrage mit einem attraktiven Angebot; auch in den Schulen und Hochschulen fand seine Schrift schnell Anklang. Motiviert durch diese Anerkennung, folgte Friedrich Soennecken mehreren Einladungen, wie beispielsweise nach Aachen, um Studenten des dortigen Polytechnikums seine Rundschrift vorzuführen.[15]

Das Interesse an seiner Rundschrift war geweckt, was die große Zahl überlieferter Briefe mit Anfragen zum Erhalt der Schulhefte aus den 1870er Jahren belegt. Auch war der Verlag schon früh in der Lage, Werbung für sein an Schüler wie Lehrer gerichtetes Produkt zu lancieren. **In den 1880er Jahren erschienen die ersten Anzeigen in Fachzeitschriften für Lehrer,** die sich zumeist auf die Meinung der Nutzerschaft der Rundschrift stützten. Diese Empfehlungen verwendete Soennecken nur allzu gerne, um den Erfolg seines Verlages anzukurbeln.[16]

Erstes Stammhaus des „F. Soennecken's Verlag" in Remscheid, 1875

Auch verlegte er schon bald den Sitz seines Unternehmens von Remscheid nach Bonn, weil er die Nähe zur dortigen Universität suchte. Der vielseitig interessierte Friedrich Soennecken nutzte die Mittel, die er durch den Erfolg seines Verlages verdient hatte, um eine ausgedehnte Studienreise zu unternehmen, die ihn zunächst zum Germanischen Museum nach Nürnberg und in die Königliche Bibliothek nach Berlin, im Weiteren aber auch nach Italien, Paris, London und St. Petersburg führen sollte. Auf dieser Reise sammelte er Schriftproben und Drucke aus unterschiedlichsten Perioden und Regionen. Die Erkenntnis, dass die deutsche Frakturschrift definitiv unzeitgemäß sei, weil sie für

das Schreiben mit dem Gänsefederkiel und nicht für Stahlfedern gedacht war, hatte sich tief in ihm verankert, und er tat sie bei jeder Gelegenheit öffentlich kund. Seine Gedanken fasste er 1881 schließlich in einem Aufruf zur Reform der deutschen Schrift zusammen und machte sie der breiten Öffentlichkeit zugänglich.[17]
Gleichzeitig wurden die positiven Auswirkungen der Rundschrift auf den Schriftspracherwerb der Schüler in Rezensionen gepriesen.[18] Dieser Erfolg lässt sich auch in Zahlen bemessen: Bereits nach vier Jahren wurde die 100. Auflage der genannten Schulhefte gedruckt.[19] Wie weit die Rundschrift tatsächlich verbreitet war, lässt sich leider nicht feststellen. Friedrich Soennecken wurde zwar nie müde, zahlreiche Referenzen für die Nutzung seiner Produkte anzugeben, doch handelte es sich dabei zumeist um mittelständische Betriebe, die in erster Linie auf sein Repertoire an Büromöbeln und Schreibutensilien zurückgriffen.[20] Die hohe Auflagenzahl seiner Rundschrifthefte spricht dafür, dass es gerade im Bereich des Schreibenlernens wohl ein eifriges Publikum gab, das der einfacheren Möglichkeit des Schriftspracherwerbs nicht abgeneigt war. Wie das Beispiel des Schülers Caspar zeigt, unterstützte die didaktische Aufbereitung der Rundschrifthefte die Freude der Schulkinder am Lernen; ein Umstand, den nicht nur Lehrer, sondern auch Eltern zu schätzen wussten. Auch wurden die Rundschriftlernmaterialien in andere Sprachen übersetzt. So finden sich Rundschrifthefte in Englisch, Ungarisch und Tschechisch.[21]

Erste Werkstätte der Fa. F. Soennecken in Bonn, 1876

Wie bereits erwähnt, ist der Forschungsstand zu den Methoden des Schreibenlernens im 19. Jahrhundert nicht sehr breit gefächert. Die Quellen aus dem Bildungsbereich sind spärlich und disparat, sodass die Reichweite der Rundschrift gar nicht klar bemessen werden kann. Im Vergleich zu ihrer großen Konkurrentin, der Frakturschrift, und der damit verbundenen Schreibform Sütterlin mag die Rundschrift in jedem Fall eher eine Nische dargestellt haben. Nichtsdestotrotz hat sie sich bei denjenigen, die sie nutzten, reger Beliebtheit erfreut, wie die zahlreichen Rezensionen in Lehrerzeitschriften der damaligen Zeit zeigen.[22]

Von Gänsekielen und Stahlfedern – die Entwicklung der Schreibfeder

Neben den Schulheften benötigten die Schüler aber noch weitere Materialien, um mit Hilfe der Rundschrift das Schreiben erlernen zu können. Die Tinte und das Tintenfass wurden schon erwähnt. Im gleichen Maße von Bedeutung wie Tinte war das Gerät, mit dem man sie auf das Papier bringen konnte: die Schreibfeder. Diese sollte im Lauf des 19. Jahrhunderts eine grundlegende Entwicklung erfahren. Wie in der historischen Fiktion am Beispiel des Quintaners Caspar schon gezeigt wurde, war es bis ins späte 19. Jahrhundert üblich, mit Vogelkielfedern zu schreiben. Dabei handelte es sich zumeist um angespitzte Gänsekiele, die in der Lage waren, Tinte aus einem Tintenfass aufzunehmen und – im richtigen Winkel angesetzt – auf dem Papier in Schrift zu verwandeln. Das Schreiben mit besagten Federn bedurfte allerdings einiger Übung. Allein die Herstellung der Federkiele war mühsam. Zudem wurden sie meist aus Osteuropa importiert und waren nur wenig haltbar. Oft wurden die Gänsekiele nach der zweiten oder dritten Verwendung schon so stumpf, dass sie entsorgt werden mussten. Entsprechend hoch war ihr Verbrauch. Mit zunehmender Ausweitung des Schreibens als Kulturpraxis und der Differenzierung der kaufmännischen Tätigkeitsfelder stieg der Bedarf für haltbare Schreibgeräte.

Ende des 19. Jahrhunderts hatte auch das händische Schreiben eine Reihe von Entwicklungen erfahren, bedingt durch die Art der Utensilien, mit denen Menschen schrieben. Zu diesem Zeitpunkt machten die Stahlfedern dem klassischen Gänsekiel mehr und mehr Konkurrenz. Ihr genaues Erfindungsdatum ist schwer zu bestimmen. Es ist jedoch bekannt, dass gegen Ende des 19. Jahrhunderts Birmingham die Hauptproduktionsstätte dieser Schreibwerkzeuge war, wobei wöchentlich rund 28 Tonnen Stahl zu 175 Mio. Stahlfedern verarbeitet wurden.[23]

Die Nutzung der Stahlfedern war kein einfaches Unterfangen, und zunächst herrschte erhebliche Skepsis gegenüber diesem neuartigen Schreibprodukt. Erst mit dem Aufkommen weniger säurehaltiger Tinten in den 1870ern erfreuten sich die vorher nicht sehr langlebigen, von Korrosion und Zersetzung betroffenen Federn allmählich größerer Beliebtheit.[24] Auch war beim Umgang mit der Stahlfeder noch einige Übung gefragt. Anfänglich mussten die Federn meist mit Hilfe einer Pipette mit Tinte befüllt werden. Viele spätere Varianten ließen sich für die Befüllung einfach in das Tintenfass tauchen. Oft war es nur möglich, einige wenige Striche zu ziehen, bevor die Feder wieder neu befüllt werden musste. Dieser Umstand änderte sich erst mit der Erfindung des Füllfederhalters.

Ende des 19. Jahrhunderts beherrschten vor allem englische Hersteller den Weltmarkt für Stahlfedern, da diese in englischen Banken und der Verwaltung am meisten Absatz fanden. Grund genug für Friedrich Soennecken, diese für seine Rundschrift so dringend gebrauchten Schreibwerkzeuge von den führenden Produzenten zu importieren. Zur damaligen Zeit handelte es sich um einen völlig normalen Umstand, der ihn aber Jahrzehnte später, unter völlig veränderten Bedingungen, in Erklärungsnöte bringen sollte.

1876 zog Friedrich Soennecken mit seinem Verlag in die Reuterstraße nach Bonn, um ein größeres Areal für sein Unternehmen zu schaffen. Auch die räumliche Nähe zur Universität und ihren Druckereien mag dabei eine Rolle gespielt haben. Die Kataloge für das Jahr 1887 ließ Soennecken beispielsweise von der Universitätsdruckerei Carl Georgie (Bonn) drucken.[25] Die Druckereien in der Universitätsstadt begrüßten diese Aufträge mit Sicherheit, da außerhalb der Semester eine große Flaute an Aufträgen herrschte. Gleichzeitig vergrößerte sich Soenneckens Produktpalette stetig. Neben Federn und Rundschriftheften wurde

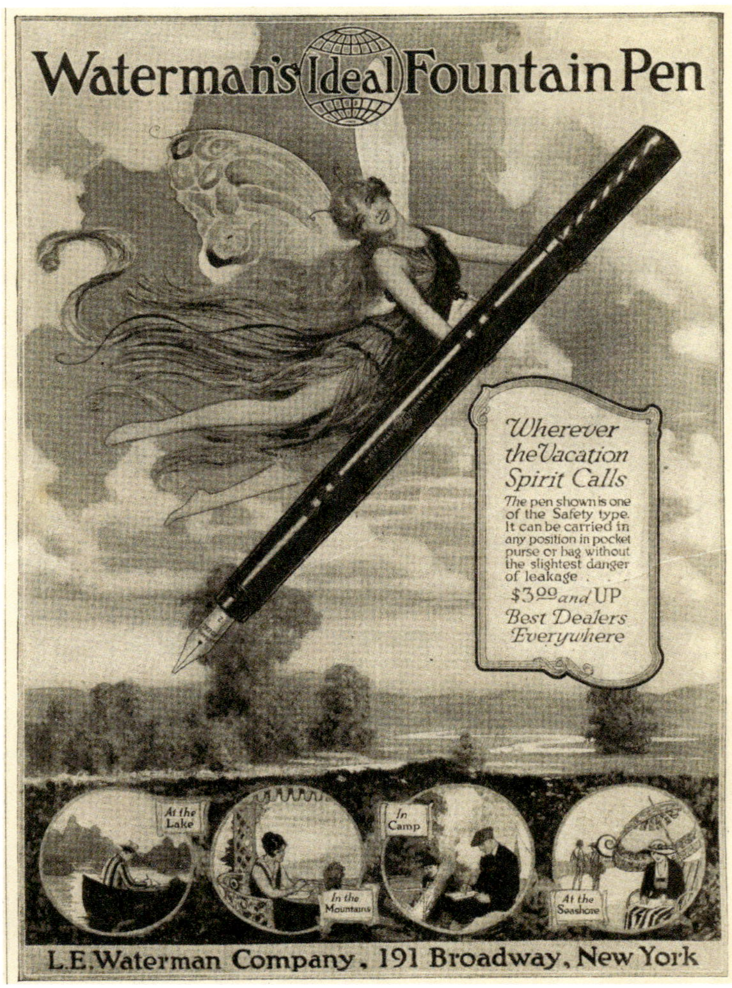

Werbung für Watermans Fountain Pen, 1919

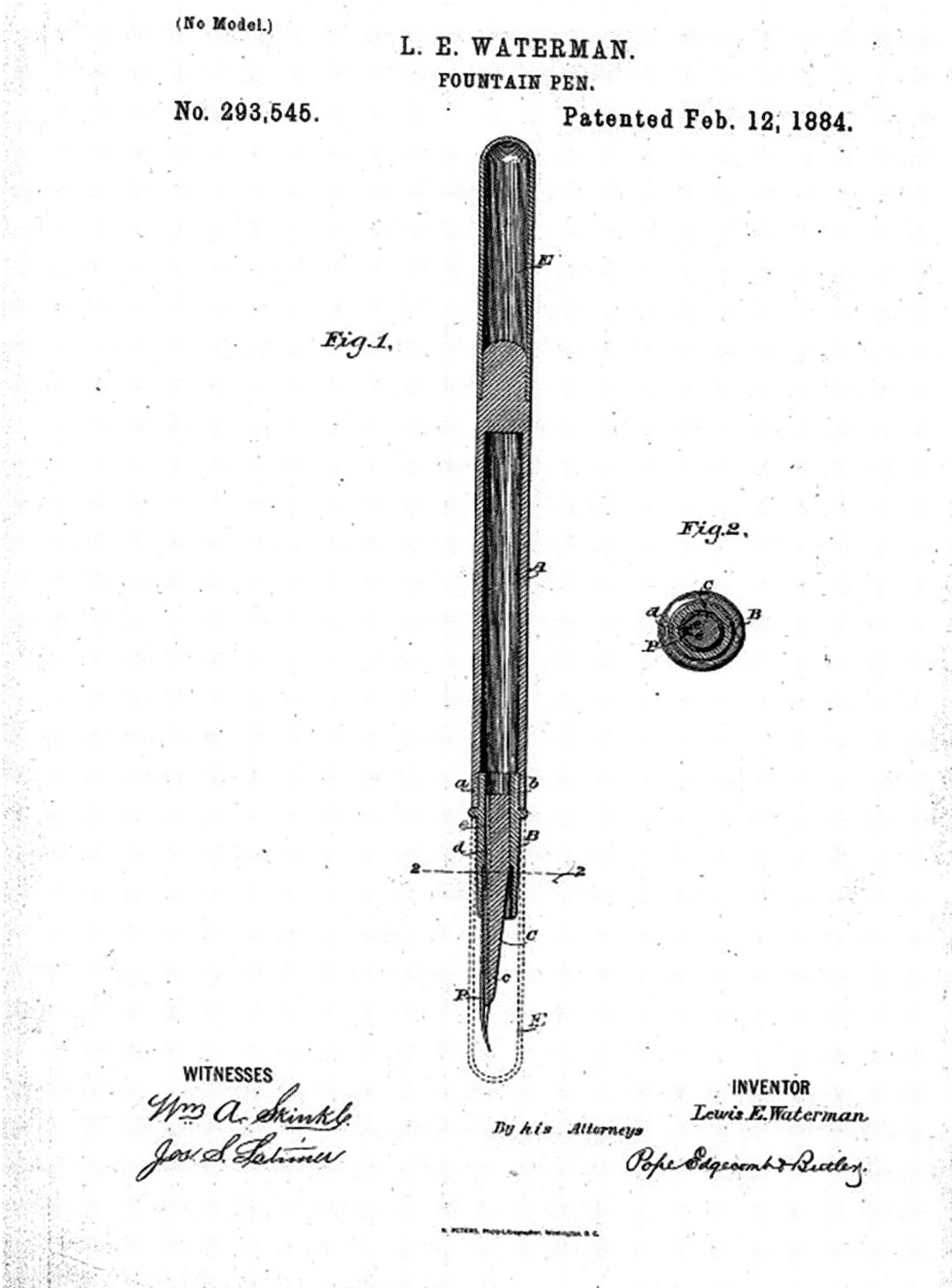

Waterman Pen, Abbildung aus der Patentschrift am 12. Februar 1884

Federreklame, 1879–1883

der Vertrieb weiterer Schreibutensilien aufgenommen. Die schnelle Ausweitung des Betriebs machte in kürzester Zeit die Anmietung zweier weiterer Häuser in derselben Straße notwendig.[26]

Durch die Erweiterung seines Portfolios an Schreib- und Büroutensilien konnte Friedrich Soennecken seinen Erfinderdrang voll ausleben. Die Expertise, die er sich im Laufe der Jahre rund um das Schreiben und die Schrift angeeignet hatte, war für sein Unterfangen von Vorteil. Bis zu diesem Zeitpunkt wurde vor allem mit Bandzug- oder Spitzfedern geschrieben, bei denen die Schriftbreite von der Haltung der Feder abhing. Die Strichstärke konnte somit variiert werden, war aber nicht über das gesamte Schriftbild hinweg einheitlich. Es lag am Schreiber und dessen Geschick, wie einheitlich die Schrift auf dem Papier erschien.

Um dieses Manko auszugleichen, entwickelte Soennecken die Gleichzugfeder, die das Schreiben mit einheitlicher

Strichbreite ermöglichte. Diese ließ er zunächst in Großbritannien als Auftragsware fertigen und importierte sie. Auch erhielt er ein Patent für die Rundschriftfeder von Königin Victoria, sodass er offizieller Besitzer dieser Erfindung in Großbritannien war.[27]

Die Entwicklung dieser Feder war ein weiterer Vorteil für das unkomplizierte Erlernen der Schrift. Schulkinder waren jetzt in der Lage, sich auf die Form der Schrift zu konzentrieren, und mussten nicht mehr darauf achten, eine einheitliche Strichstärke anzuwenden. Soenneckens Erfindung wurde letzten Endes zur vielbenutzten Schreibfeder 111 weiterentwickelt.[28]

Bei den Schreibfedern sollte Soennecken den weiteren Innovationen, die häufig aus den USA stammten, nicht hinterherhinken. 1884 hatte der amerikanische Versicherungsagent Lewis Edson Waterman die Schreibfeder weiterentwickelt. Berichten zufolge konnte er einen Versicherungsabschluss nicht zu Ende bringen, weil die gesamte Tinte während der Unterzeichnung des Vertrags aus der Feder auf das Papier ausgelaufen war und den Vertrag ruiniert hatte.

Der Mythos, der sich erst Jahre nach Watermans Tod verbreitet hatte, erinnert doch stark an die Erfindung des stabilen Tintenfasses durch Friedrich Soennecken.[29] Ob nun wahr oder Legende, Watermans Verdienst bestand darin, einige feine Kanäle zwischen der Feder und der Tintenkammer eingefügt zu haben, um so das schnelle Auslaufen der Feder und die daraus resultierenden Flecken auf den Unterlagen zu verhindern. Die Waterman Fountain Pens verbreiteten sich allerdings erst nach 1900 auf dem Markt.

Seit 1890 führte die Firma Soennecken ähnliche Geräte im Sortiment. Damit gehörte sie im Deutschen Reich zu den ersten Unternehmen, die diese Schreibgeräte anboten und wirtschaftliche Erfolge damit verbuchen konnten. **Eine Füllfeder kostete etwa einen durchschnittlichen Wochenlohn.** Die ersten in Deutschland nachgewiesen patentierten Geräte wurden erst 1908 vom Kliowerk im nahe Bonn gelegenen Hennef gefertigt.[30]

Qualität und Marketing – der Schriftzug „F. Soennecken“ wird zur Marke

In einem Brief vom 22. Dezember 1888 schrieb Friedrich Nietzsche an Peter Gast:
„[...] dies Papier habe ich entdeckt, das erste, auf dem ich schreiben kann. Insgleichen Feder, diese aber aus Deutschland: Soenneckens Rundschriftfeder.“[31]
Die Zeilen sprechen für sich. Tatsächlich wurde der Schriftzug „F. Soennecken“, der jedes Produkt, das die Fabrik verließ, zierte, schon bald zum anerkannten Markennamen. Marktforschungsergebnisse zu Werbemitteln gibt es für die letzten Jahrzehnte des 19. Jahrhunderts natürlich noch nicht, deshalb sind keine gesicherten Daten dazu vorhanden. Dennoch lässt sich feststellen, dass die Verwendung des Schriftzugs zu einem Markenbewusstsein gegenüber den von Soennecken gefertigten Produkten führte. Der Name stand schon bald für Qualität.

Dieses Markenbewusstsein ist bis in die Gegenwart erhalten geblieben, der Name Soennecken wurde auch mehr als ein Jahrhundert nach der Gründung des Verlags wieder als Unternehmensname aufgenommen, wie in einem späteren Kapitel gezeigt wird.[32] Allerdings reichte die bloße Erwähnung des Namens nicht aus. Auch die Produkte mussten die hohen Ansprüche an Qualität und Präzision der Kunden erfüllen und der Preis musste stimmen. Dazu bedurfte es einer effektiven und rationalen Fertigung der unterschiedlichen Produkte. In den bis dahin genutzten Räumlichkeiten war der Platz allerdings bald zu eng geworden, um entsprechende Standards halten zu können; eine weitere Expansion war vonnöten. Allein um das Volumen stemmen zu können, mussten zahlreiche neue Mitarbeiter eingestellt werden. Die ständig steigenden Absatzzahlen und das immer größer werdende Fabrikgelände des Unternehmens zeigen das deutlich. Friedrich Soenneckens Drang zur Gründlichkeit in der Produktion trieb den Erfolg des Unternehmens an. Er wurde von seinen Zeitgenossen als ein peinlich genauer Fabrikleiter beschrieben. Passend zu diesem Charakterzug gab es für ihn auf einer Betriebsfeier dann auch die folgenden Zeilen:

„Was ist das für ein Locher?!
Er ist ja ganz entsetzlich schief ganz furchtbar schief!
Ein Viertelmillimeter!“[33]

Neben der präzisen Fertigung hochwertiger Ware war der geschickte Einsatz von Katalogen und Reklame ein entscheidender Faktor, der zum Erfolg von Soennecken beitrug; ein Merkmal, das die

Hefter, Locher und Stempelständer um die Jahrhundertwende

Werbemarke für Soennecken's Schulfeder Nr. 111 – Eigenes deutsches Fabrikat, ca. 1915–1940

Geschichte der Firma bis in die Gegenwart prägen sollte. Die Kataloge unterstützten die Verkaufsstrategie, indem sie sich an die Endkunden richteten, obwohl die Firma Soennecken an Händler verkaufte. Somit wurden die Handelspreise für die Endkunden transparent und letztere konnten von den Händlern nicht übervorteilt werden. Auch räumte das Unternehmen seinen Kunden ein Umtauschrecht von zwei Jahren bei Mängeln ein und bot den Händlern an, liegen gebliebene Ware nach zwei Jahren ebenfalls gegen neuere Produktlinien tauschen zu können. Beschädigte Ware konnte außerdem jederzeit zur Reparatur eingeschickt werden. Mit dieser Mischung aus Marketing sowie Kunden- und Serviceorientierung stand dem großen Erfolg des Unternehmens kaum noch etwas im Wege.[34]

Doch sollte das Unternehmen nicht lange nur in der Welt des Schreibens verankert bleiben. Kaum war das Experiment Rundschrift und Gleichzug-

feder erfolgreich gelungen, machte sich Friedrich Soennecken daran, in den neuen, rapide expandierenden Markt der Büroausstattung vorzudringen. Wie bereits angeklungen, hatte die Industrialisierung im 19. Jahrhundert die Merkmale der kaufmännischen Berufe verändert. Der Kleinhandel entwickelte sich zum Warenhaus, das Kaufmannskontor zum Büro. Die Büroarbeit wurde zunehmend in eigens dafür geschaffene Räume verlegt und letztere mussten mit allem ausgestattet werden, was eine Verwaltung benötigte, um einen reibungslosen Ablauf zu gewährleisten. Es war eine Herausforderung, der sich Friedrich Soennecken stellte und sein Unternehmen damit in das 20. Jahrhundert führte.

„Soennecken-Artikel", Pappschild, jeweils in Grau, Rot, Grün, Blau, 30 x 12,5 cm, Querformat, um 1912

Grete Holtstein. Ausschnitt aus dem Büroalltag einer Sekretärin vor dem Ersten Weltkrieg

Kai Balazs-Bartesch

Grete steht auf einer belebten Straße vor einem großen Gebäude aus sandfarbenem Stein. Der Eingang ist von Säulen umfasst, darin befindet sich eine Drehtür. Durch diese tritt sie in eine große Eingangshalle. Es ist ihr erster Arbeitstag bei der Bank.
Am Empfang wartet bereits eine junge, gut gekleidete Dame auf sie, die sich als Clara vorstellt. Clara ist die Sekretärin des Direktors. Sie wird Grete einarbeiten, weil Grete ihre Stelle übernehmen soll. Clara scheidet zum Monatsende aus, denn sie hat mit 25 endlich geheiratet und muss nicht mehr arbeiten. Jedenfalls wirkt sie sehr zufrieden damit, nur noch wenige Diensttage in der Bank verbringen zu müssen. Sie zwinkert Grete aber zu, als sie zugibt, dass sie die Arbeit in der Bank und den Direktor auch ein wenig vermissen wird.

Soennecken's Goldfüllfeder Nr. 671, ca. 1910

Clara ist zu beneiden, denkt Grete bei sich. Der Lohn für die Stelle reicht, wenn überhaupt, nur für ein bescheidenes Überleben hier in der Stadt. Allein die Wohnung, die sich Grete nehmen musste, kostet mehr als die Hälfte ihres Verdienstes. Clara muss sich nun mit solchen Problemen nicht mehr auseinandersetzen, denn durch die Heirat ist sie von den Sorgen des Geldverdienens befreit. Ihr Mann ist Prokurist bei einem größeren Transportgewerbe, das seine Kredite von dieser Bank bezieht. Dennoch freut Grete sich darauf, Claras Platz einzunehmen und ihren Lebensunterhalt vorerst selbstständig bestreiten zu können. Sie hat vor zwei Jahren das Gymnasium beendet und seitdem als Bürogehilfin in einer Kanzlei gearbeitet. Dort hatte das Gehalt kaum gereicht, um ein kärgliches Zimmer bezahlen zu können. Von einem neuen Mantel konnte Grete nur träumen.

Sie wischt die Gedanken beiseite. In der Kanzlei hat sie gelernt, mit der Feder umzugehen, und sogar Tippen auf der Schreibmaschine kann sie. Letzteres fällt ihr sehr leicht, weil sie eine begnadete Klavierspielerin ist. Den Luxus von Klavierstunden hatten sich ihre Eltern geleistet, als ihr Vater noch lebte. Es war ihnen immer wichtig gewesen, der Tochter eine gute Bildung angedeihen zu lassen, und dazu gehörte

Soennecken's Goldfüllfeder Nr. 670, ca. 1910

auch das Erlernen eines Instruments. Grete stammt aus gutem Hause, ihr Vater war Offizier bei der Armee. Allerdings ist die Familie seit seinem Tod in Bedrängnis geraten. Ihre Mutter, die nie berufstätig war, muss von einer spärlichen Rente leben und damit auch noch Gretes kleine Schwester durchbringen.
Eine Sekunde der Unsicherheit überkommt Grete bei dem Gedanken, dass sie vielleicht nicht so gut stenografieren kann, wie der Direktor es verlangt. Dabei braucht sie diese Stelle so dringend, damit sie die Familie unterstützen kann.[35] Sie beißt die Zähne

Beispiel für ein Büro zu Beginn des 20. Jahrhunderts; hier zu sehen ein Immobilienbüro mit Finanzdienstleistungen in Lewiston, Idaho, 1906

Soennecken's Briefordner, ca. 1910

zusammen und nimmt sich vor, alle ihre Aufgaben mit der größtmöglichen Sorgfalt zu erledigen, damit sich niemand über die Qualität ihrer Arbeit beschweren kann.
Clara führt Grete in das Büro. Es ist dem Zimmer des Bankdirektors vorgelagert. Der Raum hat zwar hohe Fenster, ist aber trotzdem nicht besonders hell. Blickt man nach draußen, so sieht man auf die Wand des Nachbargebäudes. Es riecht nach altem Papier und Tinte. In dem Büro befinden sich zwei Schreibtische vor den Fenstern. Einer davon steht etwas erhöht auf einem Podest und Grete ahnt, dass dies der Platz des Buchhalters ist, der heute im Außendienst unterwegs ist. In einer dunkleren Ecke hinter der Tür sind zwei Stehpulte. An der fensterlosen Wand sind mehrere Schränke aufgebaut. In diesen stehen, ordentlich aufgereiht, mehrere Briefordner.
So etwas hat Grete noch nicht gesehen! In der Kanzlei, wo sie zuvor als Aushilfssekretärin gearbeitet hat, wurden die Briefordner flach übereinandergelegt. Mühsam war es, wenn Grete einen älteren Brief suchte. Dann musste sie den ganzen Stapel durchforsten. Hier stehen sie zuallererst alphabetisch und dann nach Jahren sortiert, 20 an der Zahl. Grete kann auf dem Deckel eines jeden Ordners die Namen und Jahreszahlen gut erkennen.
Neben den Briefordnern – das erklärt Clara ihr – befindet sich eine Gebrauchsanweisung. Diese erläutert in fünf Schritten, wie sich ein Ordner benutzen lässt:
„1) löse man den Klemmer, welcher die Briefe nach unten festhält;
2) ziehe man den Riegel aus der Oese des Mappenrückens;
3) suche man die Stelle im Buche, wo der Brief einzulegen ist, oder wo der herauszunehmende Brief liegt;
4) stecke man an der betreffenden Stelle die Finger der flachen rechten Hand von rechts nach links zwischen die Röhrchen auf den Rücken des Ordners zu, ergreife nun mit der linken Hand die über der rech-

ten Hand liegenden Briefe sammt dem Bügel und hebe das Ganze aus dem Ordner. Das Schriftstück kann jetzt eingelegt oder herausgenommen werden. Ist dies geschehen, dann werden die Stifte des Bügels wieder in die Röhren gesteckt, wobei die an dem Bügel aufgehobenen Blätter wieder über die Röhrchen fallen;

5) sind Riegel und Klemmer wieder zu schließen."

Soennecken's Kopierpresse, ca. 1910

Auf dem kleineren Schreibtisch steht eine große Schreibmaschine aus Metall, daneben liegt ein Stapel Briefe; außerdem: ein Tintenfass, ein Federhalter, einige Bögen Papier und ein Bleistift. Mit dem Bleistift hat sie beim Diktat zu stenografieren, erklärt Clara ihr, anschließend den Text mit der Feder ins Reine zu schreiben. Die wichtigen Briefe werden mit der Schreibmaschine getippt. Das soll Grete aber nur auf ausdrückliche Anweisung des Herrn Direktor machen.

Clara beginnt damit, Grete die Arbeitsabläufe für die Korrespondenz zu erläutern. Rundbriefe müssen vervielfältigt werden. Dies geschieht mit Hilfe einer Kopierpresse. Grete erinnert sich an einen Tag in der Kanzlei, als ein Handelsvertreter dort eine Kopierpresse vorgeführt hatte.

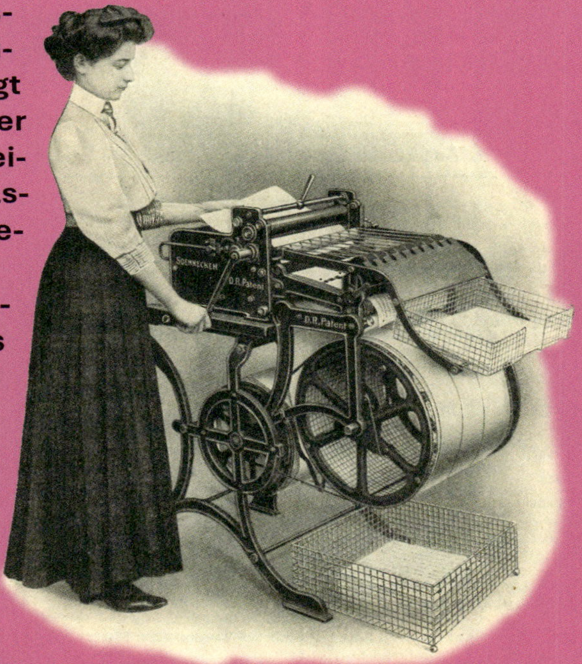

Soennecken's Schnell-Kopiermaschinen, Modell 6 K, ca. 1910

Sie war gerade dabei gewesen, Rechnungen händisch zu vervielfältigen. Das erforderte eine 100-prozentige Konzentration und verursachte höllische Kopfschmerzen. Der dortige Direktor duldete es nicht, wenn Fehler mit Hilfe eines kleinen Taschenmessers weggekratzt wurden. Der Händler hatte demonstrativ eine gerade frisch geschriebene Rechnung von ihrem Stapel genommen. Diese hatte er auf ein Wachspapier auf die metallene Platte der Presse gelegt. Nachdem er ein Seidenpapier, ein feuchtes Baumwolltuch und ein weiteres Wachspapier hinzugefügt hatte, drückte er mit Hilfe des Schraubstocks die zweite Platte der Presse auf die vorbereite-

Soennecken's Briefordnerschränke, 1907

ten Materialien. Als er nach einigen Minuten die Presse öffnete und daraus sowohl die unversehrte Originalrechnung als auch eine exakt identische Kopie entnommen hatte, waren die Umstehenden begeistert gewesen. Der Inhalt der Rechnung war sauber und ohne die ganze Mühe des akribischen Abschreibens dupliziert worden. Endlich mussten Dokumente nicht mehr mühevoll von Hand vervielfältigt werden. Gerade bei den Werbebriefen, von denen die meisten Kopien angefertigt werden mussten, hatte das bei Grete immer zu Schmerzen im Handgelenk geführt. Sie war sehr froh gewesen, als ihr früherer Direktor dem Händler sofort eines der Geräte abgekauft hatte.
Einige der Rundbriefe werden noch von Hand geschrieben, erklärt Clara weiter, weil sie so schöner aussehen. Die Zweitausfertigung der Korrespondenz muss in Briefordnern abgeheftet werden. Sie öffnet einen dieser Ordner. Er hat zwei Spieße, auf denen das Papier abgeheftet wird. Zuvor müssen die Blätter mit einem Locher, der über eine verstellbare Schiene verfügt, gestanzt werden, damit sie in den Ordner passen. Die Briefe werden chronologisch

Schreibstube, um 1905

geordnet, sodass bei Bedarf nach dem passenden Datum gesucht werden kann. Die Ordner haben auf ihrem Rücken jeweils ein kleines beschriebenes Papier, auf dem steht, welche Daten sich in ihnen befinden. Damit die Ordner auch sauber sortiert stehen können, gibt es die adäquaten Büroschränke, in die sich mehrere Reihen mit Ordnern aufstellen lassen. Ein ganz einfaches Ordnungssystem, mit dem man einen Brief, den der Direktor haben möchte, schnell wiederfinden kann, denkt Grete. Hier wird sie nicht die Schwierigkeiten haben wie in der Kanzlei, wo die ältere Korrespondenz noch im Keller in liegenden Schachteln verwahrt wurde und sie erst einmal Dutzende von Briefen in die Hand nehmen und lesen musste, um das richtige Schriftstück finden zu können.

Soennecken's Schreibtisch Nr. 865, 1907

Clara schließt eine Schublade auf und zeigt Grete den wertvollen Goldfederhalter des Direktors, mit dem er seine Korrespondenz zeichnet. Diese wird ihm jeden Tag, wenn er anwesend ist, in einer Mappe gereicht, die Grete dann zusammenstellen muss. Wenn der Direktor die Briefe unterzeichnet hat, fährt Clara fort, dann muss Grete sie noch in Briefumschläge stecken und diese mit den Adressen beschriften. Der Botenjunge bringt sie danach zur Post.

Letztlich gibt es noch das Haupt- bzw. Kontobuch, in dem der Buchhalter den Kontostand in Form der doppelten Buchführung, mit Soll und Haben, einträgt. Das Kontobuch ist ein schwerer Wälzer mit mehreren hundert Seiten, den Grete kaum tragen kann und der ein Schloss im Buchrücken trägt. Mit einem großen Schlüssel lässt sich das Buch, dessen Inhalt natürlich streng geheim ist, öffnen. Den Schlüssel trägt der Buchhalter stets bei sich. Wenn er nicht im Haus ist, wird der Schlüssel beim Direktor verwahrt. In dem Buch werden die verschiedenen Konten der Bank in entsprechenden Reitern geführt, wobei sich die Spalten über die vollen Doppelseiten ziehen. Dort sind alle wichtigen Angaben zu jedem einzelnen Konto eingetragen. Der Buchhalter ist ein sehr akkurater Mann und legt großen Wert darauf, die Buchführung in gut lesbarer Schrift auf Papier zu bringen, erklärt ihr Clara.

Zugleich drückt Clara Grete einen Stapel Briefe zum Sortieren in die Hand und weist auf eines der Stehpulte hinter der Tür. Es ist eine dunkle Ecke, aber Grete weiß, wenn Clara geht, dann wird der Platz am Schreibtisch neben dem Fenster ihr gehören. Auf ihn möchte sie sich dann einen dieser kleinen Umlegekalender stellen, die das Datum zeigen und in die man sich Notizen und Termine für den jeweiligen Tag eintragen kann. So hat sie alle wichtigen Ereignisse immer gleich im Blick und die Uhr, die über der Tür hängt und von dem Platz am Fenster aus gut sichtbar ist, wird ihr jeden Tag anzeigen, wann endlich Dienstschluss ist.

Effiziente Büroausstattung – Bürowelten im Wandel

Die dargestellte historische Fiktion vom Arbeitsalltag einer Sekretärin veranschaulicht einige Schritte auf dem Weg zur Modernisierung und Mechanisierung der Büroarbeit. Dieser Prozess, der in den letzten Jahrzehnten des 19. Jahrhunderts einsetzte und sich im 20. Jahrhundert fortsetzte, stellt historisch eine Zäsur dar. Zum ersten Mal entstand eine Schicht von Arbeitskräften, die nicht mehr körperlich arbeiteten, sondern mit reinen Verwaltungstätigkeiten betraut waren. Friedrich Soennecken hat an der Ausstattung dieser neu entstehenden Arbeitswelt einen erheblichen Anteil gehabt. Sein Erfindungsreichtum sollte hier wieder einmal von großem Vorteil sein, ging er doch schnell und zielgerichtet auf Entwicklungen ein, die diesen Arbeitsbereich erfassten und transformierten.

Die Bürowelt, wie wir sie heute kennen, nahm ihren Anfang in der zweiten Hälfte des 19. Jahrhunderts. Die entstehende „bürgerliche" Gesellschaft, das Bevölkerungswachstum, die Gewerbefreiheit, die Industrialisierung und die einsetzende Urbanisierung führten zu einer zunehmenden Differenzierung der Kaufmannstätigkeit.[36] Die vielschichtigen Strukturen der sich weiterverbreitenden Unternehmen erforderten eine komplexere und diversere Verwaltung. Auch die staatliche Bürokratie nahm in dieser Zeit weiter zu. Die fortschreitende Binnendifferenzierung der Arbeitsvorgänge führte zu beruflichen Spezialisierungen, zur räumlichen Trennung und einer eigenständigen Organisation einzelner Arbeitsschritte. Das Büro wurde zum Raum – und der Raum wollte ausgestattet werden.

In den 1880er Jahren etablierte sich darüber hinaus, zunächst in England, später auch auf dem Kontinent, das Diktieren von Briefen. Um das gesprochene Wort auf Papier zu bringen, war es jedoch nötig, möglichst schnell schreiben zu können. Die aus dem Journalismus stammende Stenografie, das Schnellschreiben, das vor allem bei Parlamentsdebatten Verwendung fand, nahm hierdurch Einzug in die entstehenden Büros.[37] Damit war die Aufnahme gesprochenen Textes in Echtzeit möglich. Dies verkürzte den Zeitaufwand für das Schreiben diktierter Geschäftsbriefe und sonstiger Geschäftsunterlagen erheblich.

Die Zerlegung von Arbeitsvorgängen und deren Zuweisung an spezielle kaufmännische Arbeitskräfte, die Aufgliederung der vormals im Kontor zentrierten kaufmännischen Tätigkeiten in verschiedene Abteilungen mit hierarchisierter Organisation waren nur einige der Umstellungen dieser Zeit.[38]

Die Hierarchien in den Büros, die meist an Dienstalter und Vertraulichkeit der Angestellten geknüpft waren, spiegelten sich oft auch in der Anordnung der Arbeitsplätze und dem Büromobiliar wider, wie

Fabrikgebäude von Soennecken in der Kirschallee
in Poppelsdorf, 1912

Soennecken Katalog No. 500, Bilder aus der Fabrik
Poppelsdorf, ca. 1910

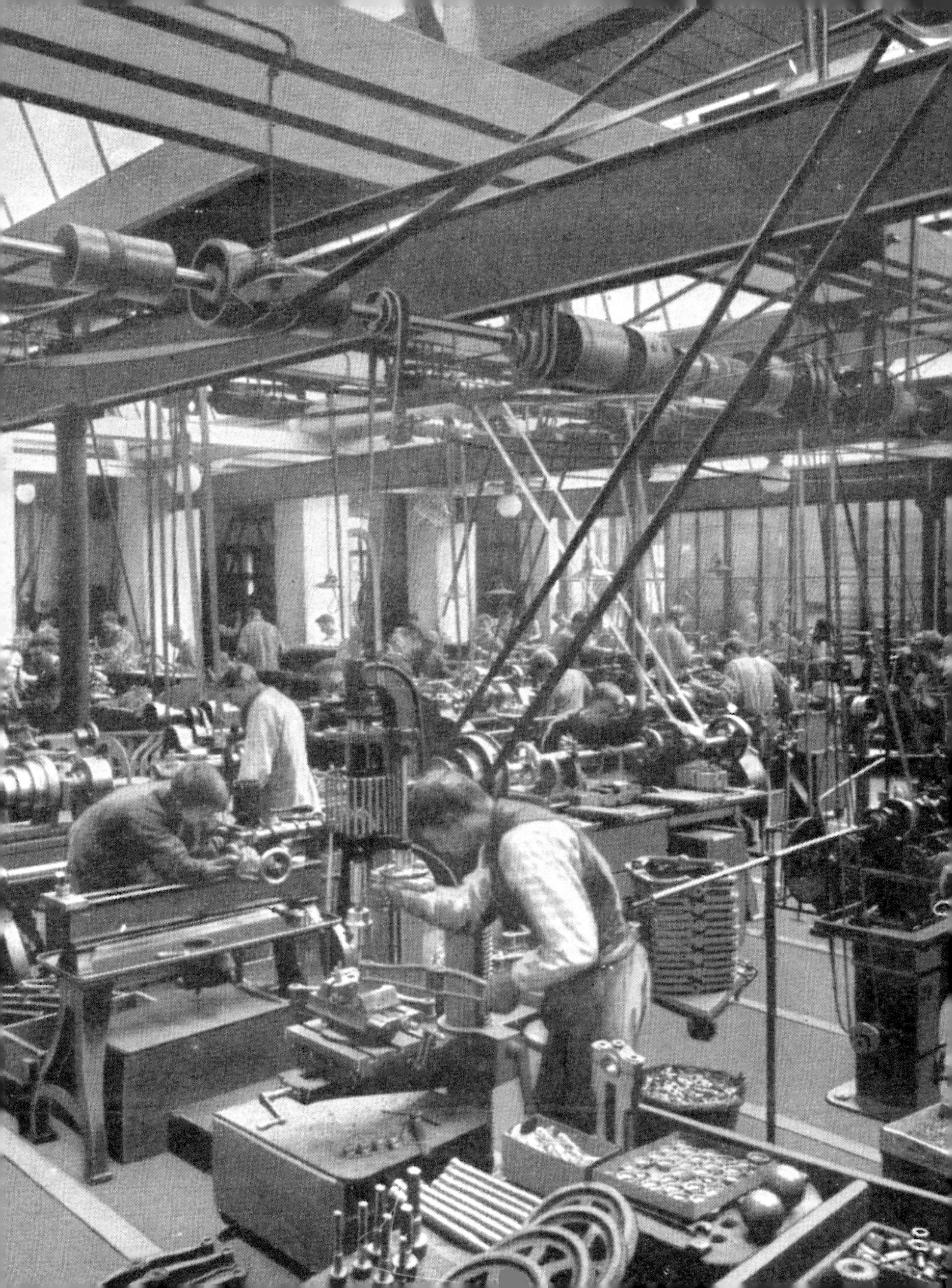

in der historischen Fiktion angedeutet wurde: Während die neue Sekretärin an ihrem ersten Arbeitstag mit dem Stehpult vorliebnehmen musste, gebührte dem Buchhalter der Platz am Fenster; der Schreibtisch auf dem Podest offenbarte zudem seine hohe Position in der Bank. Der Direktor verfügte über ein Einzelbüro, in dem die wichtigsten Akten in verschließbaren Schränken gelagert wurden.

Für das schnelle Schreiben war es außerdem nötig, das richtige Werkzeug zu besitzen. Mit Federkiel und Tinte war es hier nicht mehr getan. Stattdessen fanden die aus Stahl geschmiedeten Federn einen großen, stetig wachsenden Absatzmarkt, der sich nur durch die Einführung neuerer Innovationen, wie der Schreibmaschine, verkleinerte.

Die Schreibmaschine brachte ihrerseits eine Veränderung der Geschlechterverteilung in den Büros mit sich. Zwischen 1895 und 1907 hatte sich der weibliche Anteil in der Kategorie des Kontor-, Verwaltungs-, Rechnungs- und Büropersonals versechsfacht.[39]

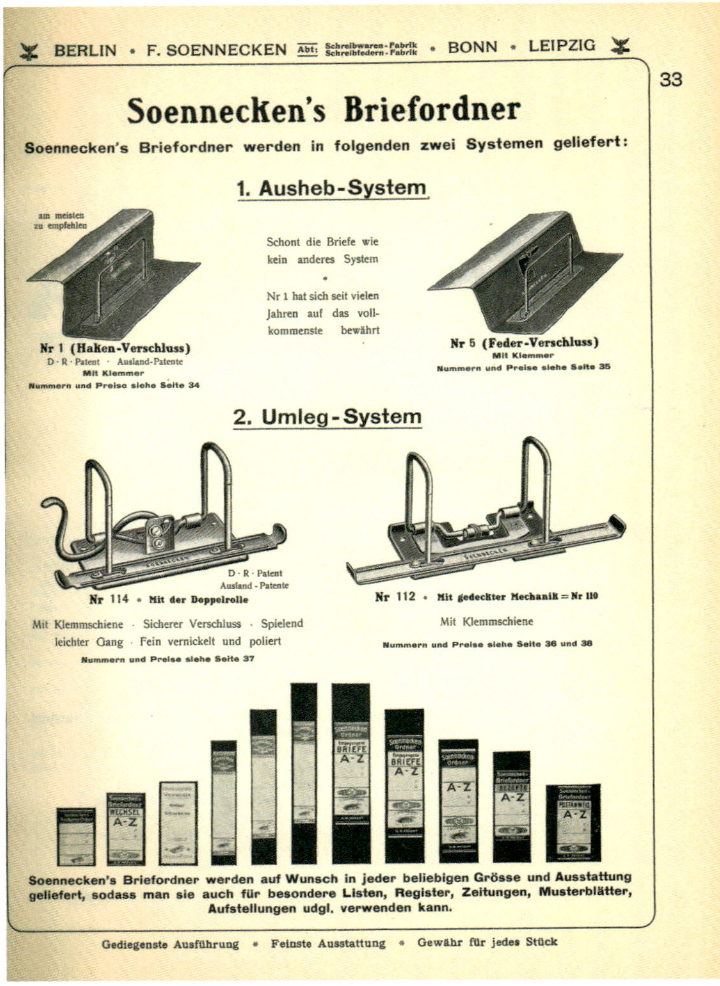

Soennecken Katalog No. 500, Soennecken's Briefordner, ca. 1910

Der Beruf des Sekretärs, der ursprünglich ein männlich geprägter Beruf war, wurde zunehmend weiblich definiert. Zugleich sanken die Löhne in diesem Bereich stark ab, was wiederum den Trend zur Frauenarbeit verstärkte, weil die Betriebe nun erhebliche Kosten sparen konnten – zulasten der weiblichen Arbeitskräfte. Zumeist spiegelte sich hier ebenfalls die Hierarchisierung der Büros, weil Frauen oft nur die einfachen Kopier- und Schreibarbeiten erledigten, während ihre männlichen Kollegen mit der Buchhaltung betraut wurden. Auch wurde das Schreiben zunehmend zur Akkordarbeit.

Die Mechanisierung der Büroarbeiten, die von den USA ausging, wirkte sich auch auf das Unternehmen Soennecken aus. Um den neuen Entwicklungen Rechnung zu tragen, wurde das Produktportfolio von Soennecken schon 1877 in diese Richtung erweitert. Bei der Neuentwicklung handelte es sich um eine mobile Kopierpresse, die der Kaufmann auf Reisen mitnehmen konnte, um Dokumente zu vervielfältigen. Die Kopierpresse wurde in einer kleinen, nur für diesen Zweck angemieteten Werkstatt von Schlossern hergestellt.[40] **Die rapide Expansion des Büroartikelmarktes bedingte gleichzeitig eine weitere Vergrößerung des Unternehmens Soennecken. Friedrich Soennecken beschäftigte 1883, keine zehn Jahre nach der Gründung seines Verlags, 30 Arbeiter und Packer und zehn Buchhalter, wodurch der Platz in der Bonner Reuterstraße bereits viel zu eng geworden war.**

Um der Platznot Abhilfe zu schaffen, erwarb er ein eigenes Gelände in Poppelsdorf und ließ hier eine dreistöckige, moderne Fabrik errichten. Hierdurch konnten die Produktion rationaler gestaltet werden und die verschiedenen Produktionszweige sowie die Logistik besser aufeinander abgestimmt werden. Auch konnten somit mehr Arbeiter in den lichten und luftigen Räumen unter besseren Bedingungen ihre Arbeit verrichten.[41]

Der wachsende Erfolg des Unternehmens erlaubte es Friedrich Soennecken, sich auch privat zu erweitern. Er bezog eine stattliche Villa, die von der Fabrik nur durch einen Garten und einen Teich getrennt war. So konnte der Firmenpatriarch jederzeit in der Fabrik nach dem Rechten sehen, wenn die Situation es erforderte.[42] **Doch nicht nur für sich selbst baute Friedrich Soennecken Häuser, auch für seine Arbeiter schuf er bezahlbaren Wohnraum in Fabriknähe. Gleichzeitig richtete er eine Krankenkasse ein, die vom Unternehmen getragen wurde, und einen Unterstützungsfonds für Notleidende.**[43]

Dennoch schien der Unternehmer nicht nur vom Gedanken der Fürsorge beseelt gewesen zu sein. In einem Vortrag über die Wohlfahrtseinrichtungen für Arbeiter stellte er 1898 seine Ansichten dar, die in ein eindeutig ablehnendes Plädoyer gegen die Sozialdemokratie mündeten. Nichtsdestotrotz pries Friedrich Soennecken den Nutzen großer, heller Räume und Annehmlichkeiten wie Bäder und Sportstätten für die Arbeiter. Auch verwies er auf die Rolle der Schulbildung für das Vorankommen der Arbeiterschaft, wobei seiner Meinung nach die Schülerinnen vor allem in Kochen und Hausarbeit zu unterrichten seien. Vermutlich stand diese Äußerung in Zusammenhang mit der Eröffnung der Haushaltungs- und Kochschule in Bonn, zu deren Anlass die Rede gehalten wurde. Der Vortrag hebt deutlich die Einstellung des Unternehmers Friedrich Soennecken gegenüber der Arbeiterschaft hervor, die er als eine homogene Schicht betrachtete, deren Leistungen er aber durchaus schätzte.[44]

Doch die Entwicklung der Arbeitswelt schritt unaufhörlich voran. Je größer und komplexer die Büroarbeit in den Unternehmen am Ende des 19. Jahrhunderts wurde, desto umfangreicher wurde die dadurch erzeugte Flut von losem Papier. Das schuf neuen Bedarf an Lösungen für eine effiziente Büroorganisation und platzsparende Ablagesysteme. Diese Lücke schloss Soennecken 1886 mit der Einführung des Briefordners.

Aus dem einstmalig „Briefordner" genannten Produkt entstand – durch die Innovationen verschiedener Unternehmen und Personen – der moderne Aktenordner, der auch heute, im digitalen Zeitalter, noch immer in den meisten Büros zu finden ist. Die Grundlage des Briefordners waren Sammelmappen, auf die zunächst auf zwei Metallelementen Papier gespießt wurde. Das Konzept stammte aus den USA und war in den 1880er Jahren in Deutschland unter dem Namen „Registrator" bereits bekannt und verbreitet. Einzelne lose Blätter konnten nun zu Akteneinheiten gebündelt werden. Zu diesem Zeitpunkt wurde das Papier allerdings noch liegend aufbewahrt.

Friedrich Soenneckens Verdienst bestand darin, den Briefordner „aufzustellen". Der Ordner hatte einen etwas breiteren Deckel aus harter Pappe, sodass er im Regal aufrecht stehen konnte. Die Briefordner wurden platzsparend in Regalen gelagert und nicht mehr flach gestapelt.[45] Außerdem wurden auf die beiden Röhrchen, die durch das gelochte Papier gesteckt wurden, zwei Stifte aufgesetzt, damit das Papier nicht herausfallen konnte. Gleichzeitig konnte so weiteres Papier bequem und ohne viel Aufwand auf die beiden Röhrchen aufgelegt werden. Die bis heute weit verbreitete Mechanik, mit deren Hilfe sich Blätter innerhalb des Ordners ablegen lassen, wurde wiederum von Leitz entwickelt und patentiert. Zu einer gebogenen Mechanik geformt, die mit Hilfe eines Hebels geöffnet werden konnte, hatte die Funktionalität des Ordners sich weiterentwickelt. Damit war es möglich, nicht nur die oberste, sondern jede beliebige Seite einzeln aus dem Ordner zu entnehmen, ohne das gesamte Papier entfernen zu müssen. Unabdingbar für dieses Ablagesystem war jedoch das Lochen des Papiers.[46] Von Leitz wiederum stammte das Griffloch am Rücken des Ordners. Dadurch war es möglich, den Ordner einfach aus dem Regal zu ziehen. Die umstrittene Genese des modernen Aktenordners muss demzufolge als Gemeinschaftsprojekt mehrerer Unternehmen (auch die Firma Elba war neben den beiden anderen beteiligt) gesehen werden.

Die Einführung und Weiterentwicklung des Lochers durch Friedrich Soennecken schlossen sich hieran nahtlos an. Locher und Briefordner wurden zumeist als Paket verkauft, weil der Einsatz des einen den des anderen erforderte. Der Locher ermöglichte das Ausstanzen zweier Löcher im Papier, sodass man letzteres nicht mehr durch spitze Metallstäbe durchstoßen musste, sondern einfach und

Goldfüllfeder, Pappschild, grün-gold-weiß, 15 x 24 cm Querformat, Beschriftung: „Vollkommenste Füllfeder! Soennecken's Goldfüllfeder mit Diamant- (Kridum-) Spitze Nr 544": M10. mit Taschenbuch M12.-, um 1894

ordentlich einlegen konnte. Außerdem wurden Schäden am Papier vermieden und die Ablage ließ sich einfacher umsetzen.
Nachdem mit dem Briefordner und Locher eine einfach zu handhabende, strukturierte Ablage von Akten möglich war, befand Soennecken es für notwendig, die Ordner in ein passendes Mobiliar zu stellen, um ein effizientes Ordnungssystem, aber auch ein angemessenes Ambiente in Büros zu schaffen. Die fortschreitende Mechanisierung der Büros veränderte auch die Räume: Tische mussten nun flach sein, Bürostühle zu ihnen passen, Regale normiert werden. In den Büros begann ein neues Zeitalter der Ordnung, Sauberkeit und des produktiven Arbeitens.[47]
So kam es, dass sich das Produktportfolio der Firma Soennecken um Büromöbel erweiterte, mit deren Fabrikation das Unternehmen im neu eingerichteten Standort in Poppelsdorf begann. Die Möbelherstellung erforderte sehr viel Platz, so wuchs der Bedarf des Unternehmens an weiteren Räumlichkeiten stetig. In der Folge kam es zu Erweiterungen des Firmengeländes, aber auch zum Bezug eines gänzlich neuen Geländes namens Soenneckenfeld im Bonner Norden, um die Möbelproduktion von der übrigen Fabrikation trennen zu können.
Im Jahr 1890 umfassten die Kataloge von Soennecken mehr als 150 verschiedene Produkte. Im gleichen Jahr brachte Soennecken ein Produkt auf den Markt, das weniger durch Innovation als durch Luxus die Kundschaft anzog. Es handelte sich dabei

um Goldfüllfederhalter. Diese wurden zu Preisen zwischen neun und 27 Goldmark vertrieben und waren damit für die kaufkraftstärkere Kundschaft gedacht.

Die Produktpalette von F. Soennecken deckte um 1900 so gut wie alle Bereiche des Büros ab und spiegelte den Ideenreichtum des Unternehmens wider. Der Erfolg der Firma Soennecken zeigte, dass man mit den neuen Entwicklungen im Gleichschritt war. Von Einrichtungen in normaler oder qualitativ hochwertiger Ausführung aus Eichenholz über die Briefordner, die das Ordnen der Unterlagen erleichterten, bis hin zu den Grundutensilien des Schreibens, also Federn, Tintenfässer und Papier, finden sich alle wichtigen Gegenstände in den Katalogen des Unternehmens. Innovative Geräte wie Schreibmaschinen waren im Sortiment von Soennecken eher spärlich vertreten, ebenso wie Rechenmaschinen und andere Apparate ähnlicher Bauart. In diesen Entwicklungen hielt sich das auf Holz-, Papier- und Metallverarbeitung spezialisierte Unternehmen zurück. Möglicherweise hing dies auch damit zusammen, dass der große Innovationsschub, der die Büroarbeit weltweit revolutionierte und zu dem die Schreibmaschine definitiv dazuzählte, im Deutschen Reich mit einiger Verzögerung einsetzte.[48]

Die kundenorientierte Verkaufsstrategie, die schon zuvor den Erfolg des Unternehmens bestimmt hatte, setzte sich auch im Bereich Büromobiliar fort. **Friedrich Soennecken war stets mit Eifer dabei, die Nachfrage nach Möbeln in der sich entwickelnden Büroarbeitswelt mit seinem breit gefächerten Angebot zu erfüllen. Mit Hilfe des Soennecken-Katalogs wurde**

Belegschaft der Fa. F. Soennecken mit Friedrich Soennecken in der Mitte, 1894/95

es nun ein Leichtes, ein komplettes Büro einzurichten. Alle dafür notwendigen Möbel – Schreibtisch mit und ohne Schubladen, Bücher- und Aktenschränke, verschließbare Schränke mit Rollladen und/oder Türen, Schreibpulte und noch vieles mehr – konnten bestellt und nach überall im Deutschen Reich oder ins Ausland geliefert werden. Das Unternehmen verlangte einheitliche Transportkosten für das gesamte Deutsche Reich. Bei Bedarf passte Soennecken die Produkte den Bedürfnissen der Kundschaft an, indem beispielsweise Möbel den Wünschen der Kunden entsprechend individuell ausgestaltet wurden.[49]

Prospekt Schreib- und Registraturwaren. Auszug aus dem Preisbuch von 1907, gedr., Kontormöbel, 1907

Niederlassungen und internationale Perspektiven

Der große Erfolg von Soennecken führte dazu, dass nicht nur die Werksgelände in Bonn immer mehr ausgebaut wurden. Es wurden auch zwei deutsche Niederlassungen in Berlin und Leipzig gegründet. Ein Standort in Berlin scheint bereits früh existiert zu haben und wurde 1911 durch die Übernahme von Shannon Zeiss-Registrator,[50] einem der schärfsten Konkurrenten im Büroartikelmarkt, erheblich bedeutender. Der Übernahme vorausgegangen waren jahrelange Rechtsstreitigkeiten darüber, wer den Briefordner und verschiedene andere Erfindungen im Bereich des Büros zuerst getätigt und angemeldet habe. So warf Shannon Zeiss Soennecken vor, den Briefordner von einem ihrer Produkte plagiiert zu haben, und erwirkte sogar eine gerichtliche Verfügung, die nicht nur den Verkauf untersagte, sondern sogar jede Form von Werbung mit Strafe belegte. Dies veröffentlichte Shannon zugleich in mehreren Fachzeitschriften für das Papier- und Bürogewerbe mit der großen Ankündigung, gegen jeden vorzugehen, der weiterhin das besagte Produkt von Soennecken vertreibe. Sämtliche Briefordner und Sammelmappen von Soennecken sollten außerdem im Handel beschlagnahmt werden.[51] Friedrich Soennecken ließ sich auf den Rechtsstreit gelassen ein und sollte damit recht behalten. Das Königliche Landgericht in Berlin gab ihm Recht und hob sämtliche Anordnungen gegen ihn auf, weil sich herausstellte, dass das von Shannon Zeiss als Begründung angeführte Patent bereits

1881 ausgelaufen war. Damit konnten keine weiteren Ansprüche geltend gemacht werden.[52]

Mit der Firma Aug. Zeiss hatte Soennecken einen Konkurrenten geschluckt, der über ein sehr ähnliches Profil und Angebot verfügte. Der wesentliche Unterschied bestand darin, dass die Aug. Zeiss ihre Produkte auf Grundlage von amerikanischen Patenten fertigte und weniger eigene Innovationen vertrieb. Die Patente stammten zumeist von der Firma Shannon, weshalb sie den Namen Shannon Zeiss führten. Die Innovationsfähigkeit von Soennecken und die Tatsache, dass keine fremden Patente im großen Stil angekauft werden mussten, könnten hier der entscheidende Faktor gewesen sein, der Soennecken den *competitive edge* verlieh.[53]

Während des Ersten Weltkriegs kam es zu weiteren Streitigkeiten bezüglich Patenten von Shannon Zeiss, die Soennecken im Zuge der Übernahme erworben hatte. So musste Soennecken 1914 ein Gutachten anfertigen lassen, um zu beweisen, dass es sich nicht um ein englisches Unternehmen handele. Darin beinhaltet war die Vermutung, dass Soennecken über englische Patente durch den Erwerb von Shannon Zeiss verfügte. Diese Vermutungen konnten mühelos entkräftet werden, da das Geschäft von Shannon Zeiss ja auf amerikanischen und nicht englischen Patenten fußte. Dennoch blieb in der aufgeheizten Stimmung der ersten Kriegsmonate der Verdacht bestehen, dass Soennecken weiterhin Geschäfte mit dem „Feind" betreibe.[54] Der Vorwurf beruhte nicht zuletzt darauf, dass Soennecken viele Jahre Schreibfedern aus englischer Produktion nach Deutschland importiert hatte. Um die Gerüchte zu entkräften, fühlte sich das Unternehmen gezwungen, eine Werbekampagne durchzuführen, die sehr explizit machte, dass Soenneckens Schreibfedern ausschließlich aus deutscher Produktion stammten.[55] Soennecken lancierte Annoncen in namhaften pädagogischen Zeitungen, die erklärten, dass es keine Verbindungen zu englischen Handelsgesellschaften gebe oder Soennecken sogar ein englisches Unternehmen sei. Seitens des Unternehmens wurde eine stattliche Belohnung von 1.000 Mark für denjenigen ausgesetzt, der den Urheber dieser Gerüchte benennen konnte.[56]

Über die Berliner Niederlassung von Soennecken ist ansonsten nicht viel überliefert. Außer der Adresse ist weder über die Nutzung des Gebäudes noch über dessen Ausstattung etwas bekannt. Die zweite deutsche Niederlassung des Unternehmens bietet in dieser Frage mehr

Shannon-Zeiss Schnellkopiermaschine „Excelsior 5", Prospekt ohne Preise, gedr. 1s, 1908

Schreibfedern, Plakat, schwarz-weiß-rot, 32 x 30 cm Hochformat, Beschriftung: Soennecken-Federn. Deutsche Arbeit. Deutscher Stahl. Diese Federn sind Ersatz für folgende englische Federn. Motiv: Schreibfedernsortiment, 1915

Aufschluss. Sie befand sich in Leipzig. **Als Messestadt mit einer großen Buchmesse war Leipzig ein attraktiver Standort für den Vertrieb von Schreibwaren.** Die Niederlassung hatte ihren Sitz in prominenter Lage, die Geschäftsräume waren im alten Rathaus am Markt untergebracht. Über die genaue Ausstattung des Ladeninterieurs ist wenig bekannt. 1907 wurde er umfassend mit elektrischem Licht und großen Reklamebuchstaben ausgestattet, die in leuchtender Schrift den Namen des Unternehmens kundtaten. Angeblich hatte man sich bei der Leipziger Niederlassung am Vorbild Berlin orientiert, was den Schluss zulässt, dass beide Geschäfte ähnlich ausgestattet waren. Das Geschäft in Leipzig wurde umfangreich umgebaut und mit hochwertigen Möbeln des Ausstatters A. Stavenow zu Kosten von 2.300 Mark – damals eine stolze Summe – versehen. Eine moderne Registerkasse, die automatisch einen Scheck ausstellte, kam ebenfalls in diesem Geschäft zum Einsatz.[57] Im Juli 1914, kurz vor Ausbruch des Ersten Weltkriegs, plante die Firma Soennecken sogar einen vollständigen Neubau für die Leipziger Räumlichkeiten. Die Umsetzung des ambitionierten Bauvorhabens mitten in der Leipziger Innenstadt wurde wegen des Kriegsausbruchs nicht mehr realisiert.[58]

Soennecken Katalog No. 500, Cover, ca. 1910

In heutigen Kategorien würde man mit Bezug auf die Leipziger Niederlassung von einem „Flagship Store" sprechen. Auch wenn es sich bei dieser Bezeichnung um einen Anachronismus handelt, passt der Begriff doch sehr gut zu diesem Laden. So vertrieb Soennecken den überwiegenden Teil seiner Produkte über Fachhändler, an den wenigen genannten Orten trat er aber selbst als Händler auf. Das Beispiel Leipzig zeigt, dass dabei keine Kosten und Mühen gescheut wurden, auch wenn die Aufzeichnungen zunächst Gegenteiliges suggerieren. So hatte Friedrich Soennecken sich bei der Anfertigung der Leuchtreklame in Sparsamkeit geübt, indem er die Berliner Beleuchtung kopieren ließ.[59] Gerade an einem Standort wie Leipzig mit einer wichtigen Buchmesse (bis 1945 sogar die wichtigste in Deutschland) mag es sich für Soennecken mehr zu Werbezwecken als des eigentlichen Handelsgewinns wegen rentiert haben, diese Ladenniederlassung zu betreiben.

Der Name Soennecken hatte sich bereits im letzten Jahrzehnt des 19. Jahrhunderts außerhalb der Grenzen des Deutschen Reiches etabliert und stand für Qualität und Präzision. Die Produkte wurden in Österreich von einem Generalvertreter, Nestler & Roesler in Wien, vertrieben. Der Absatz an Schreibwaren war in der österreich-ungarischen Doppelmonarchie allerdings nicht so groß wie in Deutschland. Unter anderem gab es diverse Auseinandersetzungen zwischen Soennecken und Nestler & Roesler wegen der Preise der Produkte. Letztere wurden in Österreich-Ungarn als zu hoch empfunden. Vermutlich war ein Grund für die geringere Nachfrage der Schreibwaren in der Doppelmonarchie das langsamere Voranschreiten der Alphabetisierung wie auch der Industrialisierung in Teilen des Großreichs. Große Teile der Habsburgermonarchie waren entsprechend in der Entwicklung des Bürowesens Nachzügler im Vergleich zu Deutschland, auch wenn die österreichischen und tschechischen Reichsteile durchaus mithalten konnten.[60]

In Brüssel unterhielt Soennecken ebenfalls eine Niederlassung, deren Gründungsjahr aus den Quellen nicht hervorgeht. Während des Ersten Weltkriegs und der deutschen Besetzung Belgiens musste die Niederlassung allerdings geschlossen werden. Zu einem Lazarettstandort umfunktioniert, wurde sie vom Roten Kreuz genutzt.[61]

Welche Produkte in der Brüsseler Niederlassung vertrieben wurden, lässt sich nicht mehr feststellen. Nach dem Ersten Weltkrieg wurde diese Niederlassung nicht mehr wiedereröffnet.

Die Firma Soennecken produzierte jedoch nicht nur für den europäischen Markt, sondern auch für den außereuropäischen Export. Unter anderem wurden Waren bis weit nach Indien und Australien vertrieben.

Deutsch-Ostafrika (DOA).- Laden mit Werbung für Soennecken-Ordner, -Federn und -Kopierpresse, eingepackte Ware, Schreibwaren in Glasvitrine, Siedler und Arbeiter, ca. 1906–1914

Ebenfalls zu seinen internationalen Erfolgen zählen Friedrich Soenneckens Auszeichnungen bei Weltausstellungen. **So finden sich im Archiv von Soennecken Diplome zur Verleihung der Silbermedaille für Schul- und Büroartikel auf der Weltausstellung in Jamaica 1891.[62] Die Besuche bei den Weltausstellungen waren nicht nur eine Möglichkeit, Werbung für die Produkte von Soennecken zu machen, sondern auch ein Ort der Inspiration und der internationalen Vernetzung.** Von der Weltausstellung in Chicago 1893 brachte Friedrich Soennecken wichtige Impulse für die Fertigung von Büromöbeln mit. Hieraus entstanden die Pläne für den modernen Neubau in Soenneckenfeld, wo Büromöbel im industriellen Ausmaß und mit rationaleren Fertigungsmethoden hergestellt wurden. Dadurch konnte Soennecken seine Stellung im deutschen Markt für Büromöbel ausbauen und sich auch gegen wachsende Konkurrenz anderer Hersteller, sowohl in Deutschland als auch international, durchsetzen.[63]

Debatten um die Schrift – Friedrich Soenneckens Kritik an der Frakturschrift

Friedrich Soenneckens Abneigung gegenüber der deutschen Frakturschrift begleitete ihn Zeit seines Lebens. Er scheute sich auch nicht, diese in verschiedenen Publikationen und Debatten kundzutun. So legte er 1881 in einem Aufruf zu einer Reform der deutschen

Schrift dar, dass die spitze Frakturschrift seiner Meinung nach viele Nachteile gegenüber der runden lateinischen Schrift besitze. Neben einer geringeren Deutlichkeit der Fraktur sah er bei der Schreibschrift auch die schnellere Ermüdung der Hand als einen großen Nachteil. Bei jeder sich bietenden Gelegenheit betonte er, dass die Frakturschrift unschön sei und sich nachteilig auf „den Schönheitssinn der Nation" auswirke, für die runde Schrift gelte hingegen Umgekehrtes.[64] Die fehlende Ästhetik der Frakturschrift war ihm ein klarer Dorn im Auge. Mit dieser Meinung stand er unter seinen Zeitgenossen nicht allein da. Neben solch eher subjektiven Beweggründen versuchte Soennecken die Öffentlichkeit mit dem Argument zu überzeugen, dass die lateinischen Schreib- und Druckschriften sich wesentlich mehr ähnelten und deshalb einfacher zu handhaben seien, als dies bei Frakturschriften der Fall war. Auch konnten diese im Ausland gelesen werden, was bei der Frakturschrift nur für wenige Länder galt. Es war einer der Gründe gewesen, warum er die Rundschrift entwickelt und verbreitet hatte. Ihm war sehr daran gelegen, die Schrift als Mittel der einfachen Kommunikation zugänglich und nutzbar zu machen. Gleichwohl war auch anderen Zeitgenossen bewusst, dass die Frakturschrift schwer zu erlernen war. In der ersten Hälfte des 20. Jahrhunderts wurden immer wieder Versuche unternommen, die Schulschrift zu vereinfachen, um somit den Schülern das Lesen- und Schreibenlernen zu erleichtern.

Diese Bemühungen mündeten letzten Endes in die 1911 von Ludwig Sütterlin für das preußische Schul- und Kultusministerium entwickelte und nach ihm benannte Sütterlinschrift. Weil den Frakturschriften in Deutschland nach wie vor der Vorzug gegeben wurde, setzte sich die Sütterlinschrift, die auf der Fraktur basierte, gegenüber Alternativen wie der Rundschrift, aber auch anderen lateinischen Minuskeln durch.[65]

Auch wenn Friedrich Soenneckens Rundschrift heute weitestgehend in Vergessenheit geraten zu sein scheint, so ist sein Verdienst in Bezug auf die Reformierung des Schriftwesens im Deutschen Reich kaum bestreitbar. Ihm war schon Jahrzehnte, bevor die Reformen angestoßen wurden, der Gedanke gekommen, dass hier Handlungsbedarf bestand. Gleichsam hatte er es nicht dabei belassen, sich nur theoretisch mit dem Problem zu befassen, sondern einen pragmatischen Schritt gewagt und eine neue Schrift erfunden. Damit war er dem Zeitgeist weit voraus. Die Abschaffung der Frakturschrift und die Einführung einer lateinischen Schrift als Standard für das Lesen- und Schreibenlernen in Deutschland fanden erst mehr als 20 Jahre nach seinem Tod statt.[66] Ironischerweise wurde bei der Abschaffung der Frakturschrift als deutscher Standardschrift 1941 eines der Argumente angeführt, das auch Friedrich Soennecken immer wieder betont hatte: Sie war im (zu der Zeit von Deutschland besetzten) Ausland schlicht und er-

greifend nicht lesbar. Während Friedrich Soennecken mit seinen Argumenten eher den Aspekt der gegenseitigen Verständigung in Friedenszeiten im Blick hatte, ging es den Nationalsozialisten darum, sich bei der Beherrschung und Ausbeutung der besetzten Gebiete und den damit einhergehenden Repressalien gegen die Bevölkerung verständlich machen zu können.[67]
Während des Ersten Weltkriegs ergab sich für Friedrich Soennecken eine Gelegenheit, seinen Einfluss auf die Abschaffung der Frakturschrift öffentlich geltend zu machen, als er an einem skurrilen Streit mitten in Kriegszeiten beteiligt war. Um die nach dem Erstarren der Westfront und den ausbleibenden Erfolgen sinkende Moral im Deutschen Reich zu heben und ein Gefühl der Verbundenheit zu schaffen, hatte die Reichsregierung 1915 beschlossen, den Schriftzug „Dem Deutschen Volke" an der Vorderseite des Reichstags anzubringen. Hierüber entstand eine Debatte, ob besagter Schriftzug in einer „deutschen" Fraktur- oder einer lateinischen Antiqua-Schriftart angebracht werden sollte. Diese Frage hatte sich im Verlauf des Jahres 1915 zu einem Streit ausgeweitet, bei dem verschiedene Positionen sowohl von nationalistischer Seite als auch von überzeugten Anhängern der Antiqua vertreten waren. Friedrich Soennecken veröffentlichte zu diesem Anlass eine Abhandlung, in der er seine Position darlegte. Wie schon in vorherigen Auseinandersetzungen, vertrat er auch hier die Ansicht, dass die Antiqua die eindeutig bessere Alternative sei. Dazu führte er als Argumente sowohl den Stilbruch, den eine gotische Schriftart gegenüber dem klassizistischen Bau des Reichstagsgebäudes bedeutet hätte, als auch die Unleserlichkeit eines Schriftzugs in Fraktur an.[68] Soenneckens Pamphlet wurde rege und sehr positiv, auch in Regierungskreisen, rezipiert. Schlussendlich wurde der Architekt und Typograph Peter Behrens mit dem Auftrag betraut und kreierte eigens dafür einen Schriftzug, der eine Mischung aus Fraktur und Antiqua mit verschiedenen anderen Stilelementen darstellte.[69]

Das Unternehmen Soennecken während des Ersten Weltkriegs 1914–1918

Es existieren nur wenige Dokumente aus der Zeit des Ersten Weltkriegs in den Beständen der Firma Soennecken. Die Überlieferung im Stadtarchiv Bonn belegt aber, dass das Unternehmen nach 1914 in zunehmendem Maße in die Kriegswirtschaft eingebunden wurde. **Aus Berichten des Unternehmens an den Bürgermeister der Stadt Bonn geht hervor, dass es nach Kriegsbeginn im Juli 1914 einen empfindlichen Einbruch bei der Nachfrage nach Schreibwaren und Möbeln gab. Die verschlechterte Auftragslage hielt aber nur kurz an: Nach dem kurzen Abschwung 1914 konnten im ersten Quartal 1915 bereits**

37 Prozent mehr Aufträge als im Vorjahr verzeichnet werden. Dies hing offensichtlich mit einem Einfuhrverbot für Stahlfedern und Büromöbel aus dem feindlichen Ausland zusammen. Deutsche Produzenten mussten hier einspringen. Daneben stieg der Bedarf des Militärs, der zivilen Verwaltung, aber auch von für die Rüstung produzierenden Betrieben rapide an. Zudem konnte die Herstellung von Büromöbeln schnell auf andere Bedarfe umgestellt werden. So zeigen die Quellen, dass Soennecken u.a. Barackenbestandteile, z.B. für die Siegburger Geschoßfabrik, zu dieser Zeit einer der größten Rüstungsbetriebe der Region, gefertigt hatte.[70]

Zusätzlich wurde die Fertigung von Granathülsen aufgenommen, wobei die Federproduktion hierunter gelitten haben dürfte, da beide aus Metall gefertigt wurden. Die Produktion von Rüstungsgütern war jedoch attraktiver, sicherte sich das Unternehmen damit doch gut bezahlte staatliche Aufträge sowie den Zugriff auf knappe Rohstoffe.[71] Die Bestellungen für Schreibwaren – auch aus dem neutralen Ausland – trafen immer noch ein und überstiegen schon bald die Kapazitäten des Unternehmens. Inländische Aufträge mussten priorisiert werden, da die gesamte Menge an Bestellungen nicht mehr zu bearbeiten war.[72] 1915 übernahm Soennecken deswegen die Fabrik Schaper, die in Iserlohn Stahlfedern herstellte. Dadurch sollte die Kapazität in der Schreibfederproduktion ausgeweitet werden, weil das Unternehmen am Standort Bonn gar nicht mehr in der Lage war, seine Aufträge ausreichend zu bearbeiten. Nicht zuletzt machte sich in Bonn der Mangel an Arbeitskräften zunehmend bemerkbar.[73]

Mit einer Belegschaft von über 1.000 Personen war Soennecken zu Kriegsbeginn einer der vier größten Betriebe in Bonn gewesen. Diese Personaldecke verkleinerte sich mit Kriegsausbruch allerdings deutlich. So schieden bei Kriegsbeginn etwa 200 Personen als Arbeitskräfte aus, teils durch Einberufung, teils durch freiwillige Kündigungen. Die freiwilligen Kündigungen waren zumeist durch die Abwanderung der Arbeiter in das nahe gelegene Siegburg bedingt, wo in der Munitionsherstellung deutlich höhere Löhne gezahlt wurden. Auch erhielten die Arbeiter der Munitionsfabrik bessere Essensrationen und Zusatzverpflegung. Doch nicht nur die Löhne und das Essen lockten die Arbeiter dorthin, sondern auch der Umstand, dass bei Soennecken Sonntags- und Akkordarbeit angeordnet wurde, um das Produktionsniveau halten zu können.[74]

Die Personalnot hatte schon bald nach Kriegsausbruch gravierende Ausmaße angenommen. In Reaktion darauf wandte sich Friedrich Soennecken 1915 als erster Unternehmer in Bonn an die Behörden, um den Einsatz von Kriegsgefangenen als Arbeitskräfte zu erbitten. Zu diesem Zeitpunkt war es aber nur in der Landwirtschaft gestattet, Kriegsgefangene zur Arbeit einzusetzen. Soennecken hatte sein Gesuch bereits zurückgezogen, ehe er eine Ablehnung seitens der

Behörden erhielt. Im darauffolgenden Jahr war er wieder der erste Unternehmer in Bonn, der den Einsatz von Kriegsgefangenen als Arbeitskräfte in seinem Betrieb erbat. Da es zu diesem Zeitpunkt noch keinen formalen Prozess für die rechtliche Absicherung dieses Einsatzes gab, wurde sein Schreiben als Vorlage für die weitere Bürokratie zum Einsatz von Kriegsgefangenen in Bonn verwendet.[75]
Die eingesetzten Gefangenen stammten zumeist aus Osteuropa oder Belgien. 1916 wurden beispielsweise 33 russische Kriegsgefangene in den Soennecken-Werken beschäftigt. Damit verzeichnete Soennecken die kleinste Zahl an Kriegsgefangenen im Vergleich der vier größten Bonner Unternehmen, die in die Rüstungswirtschaft eingebunden waren. Daneben wuchs die Beschäftigung von Frauen, vor allem in der Büroarbeit, bei Soennecken rapide an. Der Betrieb bemängelte dabei allerdings die fachliche Ausbildung vieler der rasch eingetretenen Frauen, da diese meist nur rudimentäre Kenntnisse in der Büroarbeit besaßen und die Männer, die die Stellen ursprünglich besetzt hatten, nicht in vollem Umfang vertreten konnten.[76]
Im Wesentlichen gelang es Soennecken, die Produktion und sogar das Exportgeschäft während des Krieges aufrechtzuerhalten. Es wurde weiterhin in das neutrale Ausland geliefert, dessen Bedarf sich durch kriegsbedingte Exportbeschränkungen erhöht hatte. Von Vorteil für ausländische Kunden war der günstige Wechselkurs der Mark gegenüber ausländischen Währungen, da die horrenden Kosten des Krieges die deutsche Währung entwertet hatten.[77] Über den Gewinn oder Verlust, den das Unternehmen während des Krieges verbuchte, gibt es nur wenige Aufzeichnungen. Das Unternehmen selbst besitzt für diese Zeit keine vollständigen Bilanzen mehr. Auch die Berichte an die Bonner Verwaltung lassen keinen Aufschluss darüber zu, ob das Unternehmen schlussendlich vom Krieg profitierte. Anzunehmen wäre zumindest aufgrund der hohen Nachfrage im Inland und der Rüstungsaufträge, dass das Unternehmen Gewinne verbuchen konnte. Auch die recht günstige Position von Soennecken in den 1920er Jahren spricht dafür, dass das Unternehmen den Krieg in einer finanziell soliden Lage überstanden hat.
Der Unternehmensgründer Friedrich Soennecken war während des Krieges auch persönlich engagiert und wandte große Geldsummen auf, um die Familien seiner im Felde stehenden Angestellten zu

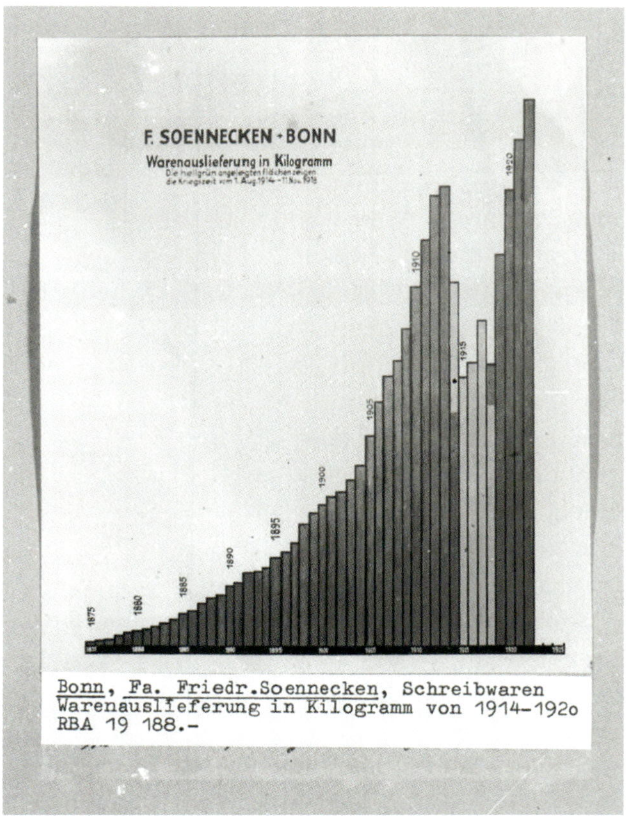

Warenauslieferung der Firma Soennecken in Kilogramm 1914–1920, 1920

unterstützen. Bis 1919 erhöhte er die dafür zur Verfügung stehende Summe auf insgesamt 250.000 Mark. Auch verschickte das Unternehmen zahlreiche „Liebespakete" zur Unterstützung von Kriegsgefangenen an die verschiedenen Fronten und sogar ins Ausland.[78]
In seiner Funktion als Ehrenvorsitzender der Bonner Industrie- und Handelskammer ließ er außerdem die „Arndt-Eiche in Eisen" auf dem Bonner Münsterplatz aufstellen. Gegen eine Spende konnte die Eiche mit Nägeln beschlagen werden. Dadurch wurden 130.000 Mark für Kriegsanleihen eingenommen.[79] Bei der Aufstellung der Eiche handelt es sich aber keineswegs um einen einzigartigen Vorgang, vielmehr wurden während des Krieges in ganz Deutschland solche und ähnliche Denkmäler aufgestellt, die dazu dienten, Einnahmen für die deutsche Kriegskasse zu generieren.
Nach vier Jahren des Blutvergießens führte das Ende des Ersten Weltkriegs unter anderem zum Zusammenbruch des Deutschen Kaiserreichs. Die Folge war eine turbulente Zeit im Gefolge der Revolution von 1918. Erst Mitte des nächsten Jahres sollte die verfassungsgebende Versammlung in Weimar mit der Verabschiedung der ersten demokratischen Reichsverfassung einen Neubeginn einläuten. Auch für das Unternehmen Soennecken markiert der Sommer 1919 eine Zäsur. Am 2. Juli 1919 starb sein Gründer in Bonn im Alter von 70 Jahren. Im gleichen Jahr hatte das von ihm entwickelte Rundschriftheft zum Erlernen der Schrift seine 6000. Auflage erreicht. Friedrich Soennecken gebührt die Anerkennung, einen wichtigen Beitrag zur Reform der Schrift und zur allgemeinen Alphabetisierung im Deutschen Reich während des Übergangs zum 20. Jahrhundert geleistet zu haben.[80] Zum Zeitpunkt seines Todes war Friedrich Soennecken einer der wichtigsten Industriellen der Rheinprovinz und sein Unternehmen eines der größten in Bonn. Sein Sohn Alfred, der 1910 in das Unternehmen eingetreten war, übernahm mit sofortiger Wirkung die Geschäfte. Friedrich Soenneckens zwei Töchter, Karoline und Johanna, werden in den Quellen bis zum Ersten Weltkrieg nicht erwähnt, doch bescheinigen die Kontobücher ihnen stattliche Konten innerhalb des Betriebs, womit sie zumindest Anteile geerbt haben.[81]
Alfred Soennecken war zwar in die Fußstapfen seines berühmten Vaters getreten und hatte ein wirtschaftlich florierendes Unterneh-

Kommerzienrat Friedrich Soennecken, Fotographie eines Gemäldes, 1900

Mausoleum der Familie F. Soennecken auf dem Poppelsdorfer Friedhof in Bonn

men übernommen. Dennoch sollten sich der Erfindungsreichtum und die Innovationsbereitschaft der prägenden Persönlichkeit Friedrich Soennecken in der Folge nicht mehr wiederfinden. Nichtsdestotrotz blieb das Unternehmen in den darauffolgenden Jahrzehnten ein bestimmender Akteur am Standort Bonn. Von den größten Bonner Industriebetrieben war Soennecken der einzige, der den Ersten Weltkrieg und seine Folgen überstand. Die anderen großen Unternehmen, u. a. eine Steingutfabrik, ein Lederwarenhersteller und ein Hersteller von Jutesäcken, stellten spätestens Mitte der 1920er Jahre den Betrieb ein oder wurden verkauft und anschließend stillgelegt. Soennecken hingegen konnte auch in den 1920er Jahren weiter expandieren und erfolgreich am Standort Bonn verbleiben.[82]

ANMERKUNGEN

1 Ettighoffer, Soennecken, 18; Beispiele der frühen Kalligrafie-Übungen von Friedrich Soennecken finden sich in seinem Nachlass im Stadtarchiv Iserlohn [künftig StadtA Iserlohn], N55 Nachlass Friedrich Soennecken, insbesondere N55 08 Notizheft von Friedrich Soennecken mit von ihm selbst erstellter Kalligrafie in Frakturschrift.
2 Hellbeck, Soennecken, 17.
3 Holger Reinisch u.a., *Geschichte der kaufmännischen Berufe. Studie zur Geschichte vornehmlich der deutschen Kaufleute, ihrer Tätigkeiten, ihrer Stellung in der Gesellschaft sowie ihrer Organisation und Qualifizierungsstrukturen von den Anfängen bis zum Ausgang des 19. Jahrhunderts*, Bonn 2011, 177.
4 Silvia Hartmann, *Fraktur oder Antiqua. Der Schriftstreit von 1881 bis 1941*, Frankfurt a. M. 1998.
5 Viola Kiel, *Vom Ende der Kleckse*, Goethe-Institut Dezember 2018, www.goethe.de/ins/us/de/kul/wir/erb/21451622.html [letzter Zugriff 20.12.2024].
6 Reinisch u.a., *Geschichte*, 177; Soennecken-Archiv Kleist, C 3 Katalog 1887, Bl. 3.
7 Etienne François, *Alphabetisierung in Frankreich und Deutschland während des 19. Jahrhunderts. Erste Überlegungen zu einer vergleichenden Analyse*, in: Zeitschrift für Pädagogik 5 (1983), 755–768, hier 756ff.
8 Ebd.
9 Das ständige Zurechtschneiden der Feder war fast Hauptbeschäftigung der Lehrer in dieser Zeit im Schreibunterricht, da die Federn sehr schnell stumpf wurden, vgl. Jürgen Oelkers, *Die Historizität pädagogischer Gegenstände*, in: Karin Priem u.a. (Hrsg.), Die Materialität der Erziehung. Kulturelle und soziale Aspekte pädagogischer Objekte. Weinheim 2012, 32–49, hier 41.
10 Soennecken-Archiv Kleist, C3 Preise 1884, Bl. 48f.
11 Ein Blick in die gängige Literatur zum Thema Schreibenlernen in der Schule offenbart, dass Sütterlin als zentraler Reformer der Frakturschrift viel Aufmerksamkeit erfährt, während andere frühe Varianten alternativer Schriften in der pädagogischen Forschung nur wenig Beachtung finden, vgl. bspw. Elisabeth Neuhaus-Siemon, *Schreibenlernen im Anfangsunterricht der Grundschule*, Berlin 1984.
12 Robert Hellbeck, *Friedrich Soennecken, sein Leben und Werk*, [o.O.] 1925, 19.
13 Ebd.
14 Vgl. Stadtarchiv Bonn [künftig StadtA Bonn], SN 159, Nr. 4; Ettighoffer, Soennecken, 24.
15 Ebd; StadtA Iserlohn, N055 002 Zeugnis für Friedrich Soennecken für das Abhalten eines Kurses über Rundschrift an der polytechnischen Schule in Aachen, ausgestellt von Direktor August von Kaven (Druck).
16 Soennecken-Archiv Kleist, A14 Rundschrift.
17 Ettighoffer, Soennecken, 25f.; Friedrich Soennecken, *Das deutsche Schriftwesen und die Notwendigkeit seiner Reform*, Bonn 1881.
18 StadtA Bonn, SN 159, Nr. 12.
19 Jürgen Weise, Soennecken, *Friedrich*, in: Neue Deutsche Biographie 24 (2010), 534f., www.deutsche-biographie.de/pnd117452416.html#ndbcontent [letzter Zugriff 20.12.2024].
20 In den verschiedenen Katalogen des Unternehmens werden immer wieder Referenzen genannt, bspw. Soennecken-Archiv Kleist, C4.
21 StadtA Iserlohn, N055 039; N055 040; N055 041.
22 StadtA Bonn, SN 159, Nr. 6, Bl. 10ff.
23 Elisabeth Vaupel, *Vom Gänsekiel zur Stahlfeder*, in: Kultur Technik 3 (1986), 146–152, hier 146f.
24 Ebd., 147f.
25 Soennecken-Archiv Kleist, C3_Katalog 1887, Bl. 93.
26 Ettighoffer, Soennecken, 27.
27 StadtA Iserlohn, N055 007, Englischsprachige Patenturkunde von Königin Victoria für eine Schriftfeder [„Novel Writing Instrument"] für Frederic Soennecken in Großbritannien, anhängendes Wachssiegel der Königin in Metallkapsel.
28 Jürgen Weise, Soennecken, *Friedrich*, in: Neue Deutsche Biographie 24 (2010), 534f., www.deutsche-biographie.de/pnd117452416.html#ndbcontent [letzter Zugriff 20.12.2024].
29 George Rimakis/Daniel Kirchheimer, *Blotting Out the Truth. The stunning discovery of a century-long cover-up of the real beginnings of L. E. Waterman's Ideal Pen Company*, [o.O.] 2014.
30 Tina Stommel, *Wissenschaft – Vom Kleckser zum Brillantenträger: Der Kolbenfüllhalter erobert deutsche Schreibstuben*, in: General-Anzeiger, 31.12.1998, ga.de/wissenschaft-vom-kleckser-zum-brillantentraeger_aid-40052057 [letzter Zugriff 19.12.2024].
31 Hellbeck, Soennecken, 38; Goethe-Schiller-Archiv Weimar, GSA 71/BW 275,11 Brief von Nietzsche, Friedrich an Gast, Peter, ores.klassik-stiftung.de/ords/f?p=401:2:::::P2_ID:250840 [letzter Zugriff 4.12.2024].
32 Hellbeck, Soennecken, 25; siehe Kapitel *Die Wiederbelebung der Marke Soennecken* in diesem Band.
33 Hellbeck, Soennecken, 28.
34 Ebd., 35.
35 Die weiblichen Kontor- und Büroangestellten stammten zumeist aus dem mittleren und gehobenen Bürgertum. Es wird von Pfarrerstöchtern, Töchtern verarmter adeliger oder kriegsversehrter Offiziere und Töchtern aus begüterten Häusern berichtet, die – wenn sie nicht „standesgemäß" heiraten konnten – statt des traditionellen Weges der Arbeit als Erzieherin oder Gouvernante eine Arbeitsstelle als Stenokontoristin oder Buchhalterin annahmen; siehe auch Reinisch u.a., *Geschichte*, 197f.
36 Reinisch u.a., *Geschichte*, 120.
37 Susanne Dohrn, *Die Entstehung weiblicher Büroarbeit in England 1860 bis 1914*, Frankfurt a.M. 1986, 115f.
38 Reinisch u.a., *Geschichte*, 191.
39 Reinisch u.a., *Geschichte*, 182.
40 Hellbeck, Soennecken, 37.
41 Ettighoffer, Soennecken, 26f.
42 *Wohnsitz des Poppelsdorfer Schreibwarenfabrikanten. Die Villa* Soennecken *ist verkauft*, in: Generalanzeiger, 17.6.2017, https://ga.de/bonn/stadt-bonn/die-villa-soennecken-ist-verkauft_aid-43391765 [letzter Zugriff 20.12.2024].
43 Elfriede Heinemeyer, *Schreibgarnituren aus der Sammlung des Kommerzienrat F.* Soennecken, Frankfurt a.M. 1991.
44 Friedrich Soennecken, *Wohlfahrtseinrichtungen für Arbeiter. Vortrag*, Frankfurt 2022 (Original: 1898).
45 Ettighoffer, Soennecken, 28.
46 In den 1940ern kam es zu einer heftigen Auseinandersetzung beider Unternehmen über die Frage, wer nun der eigentliche Erfinder des Ordners sei. Letztendlich konnte keine der beiden Seiten endgültig beweisen, dass die andere den Ordner nicht „erfunden" habe. Vgl. Wirtschaftsarchiv Baden-Württemberg [künftig WA BW], V216.
47 Vgl. allgemein: Dohrn, *Entstehung*.
48 Gardey, *Schreiben*, 78ff.
49 Soennecken-Archiv Kleist, C3 Katalog 1887.
50 Der volle Name des Unternehmens lautete Shannon – Registrator Companie August Zeiss, vgl. Handelsregisterauszug der Firma, in: Landesarchiv Berlin [künftig LArch Berlin], A Rep. 342-02, Nr. 21267; in den Werbematerialien finden sich aber unterschiedliche Varianten von Aug. Zeiss, Shannon Zeiss etc. als geläufige Benennung, vgl. ebd.; zur Übernahme: Soennecken-Archiv Kleist, A 48.1 Friedrich Soennecken und Firma, Bl. 87f.
51 StadtA Bonn, SN 159, Nr. 6, Bl. 32, Berliner Tageblatt Nr. 379 vom 30. Juli, o.J., vermutlich aber 1887.
52 Ebd., Bl. 40.
53 Abseits einiger weniger Archivalien zu Patentrechtsangelegenheiten, einiger Handelsregisterauszüge im LArch Berlin und einiger weniger Werbematerialien findet sich zur Firma Aug. Zeiss allerdings nur sehr wenig Material. Interne Unternehmensaufzeichnungen konnten bislang keine festgestellt werden. LArch Berlin A Pr.Br.Rep. 030 14425; A Rep. 342-02 21267.
54 Soennecken-Archiv Kleist, A48.1 Friedrich Soennecken und Firma, 87.
55 StadtA Bonn, SN 13, 5.
56 Soennecken-Archiv Kleist, A48.1 Friedrich Soennecken und Firma, 88.
57 Soennecken-Archiv Kleist, A37 Umbau Leipzig, A38 Schild Leipzig, A39 Geschäfts Leipzig, A40 Geschäfts Leipzig.
58 Soennecken-Archiv Kleist, A43 Neubau Salzgässchen.
59 Soennecken-Archiv Kleist, A38 Schild Leipzig.
60 U.a. Soennecken-Archiv Kleist A29 und A29a; vgl. Alois Brusatti (Hg.), *Die Habsburgermonarchie 1848–1918. Bd. 1: Die wirtschaftliche Entwicklung*, Wien 1973.
61 Soennecken-Archiv Kleist A23.1 Betrieb.
62 Soennecken-Archiv Overath, B 1 1 4 45, Diplom zur Verleihung der Silber-Medaille für Schul- und Büro-Artikel auf der Weltausstellung in Jamaica an den F. Soennecken – Verlag.
63 Helmut Vogt, *Friedrich* Soennecken, in: Internetportal Rheinische Geschichte, www.rheinische-geschichte.lvr.de/Persoenlichkeiten/friedrich-soennecken/DE-2086/lido/57c952c9acb883.70053404 [letzter Zugriff 9.11.2024].
64 Friedrich Soennecken, *Das deutsche Schriftwesen*, 48f.
65 Horst Barnitzky, *Welche Schreibschrift passt am besten zum Grundschulunterricht heute?*, www.yumpu.com/de/document/read/8906168/welche-schreibschrift-passt-am-besten-zum-grundschulunterricht- [letzter Zugriff 19.12.2024].
66 Ebd.
67 Ebd.
68 Friedrich Soennecken, *Die Aufschrift am Reichstagsgebäude „Dem deutschen Volke"*, Bonn 1915.
69 *100 Jahre „Dem Deutschen Volke"*, www.dw.com/de/dem-deutschen-volke-reichstagsinschrift-vor-100-jahren-angebracht/a-36896895 [letzter Zugriff 20.12.2024].
70 StadtA Bonn, SN 13, 5; Helmut Vogt, *Die Wirtschaftsregion Bonn/Rhein-Sieg im Industriezeitalter*, Bonn 1991, 144.
71 Vogt, *Wirtschaftsregion*, 179.
72 StadtA Bonn, SN 13, 5.
73 Zeitungsbericht zum 60-jährigen Jubiläum von F. Soennecken in der Kölnischen Zeitung vom 1. August 1935.
74 StadtA Bonn, SN 13, 113-1; Helmut Vogt, *Industrieunternehmen in Bonn während des*

Ersten Weltkriegs, in: Zeitschrift für Unternehmensgeschichte 3 (1987), 166–182, hier 169.

75 StadtA Bonn, P20, 297.

76 Vogt, *Industrieunternehmen*, 175; StA Bonn, SN 13, 5.

77 StadtA Bonn, SN 13, 5.

78 *Kriegshilfe*, in: Bonner Zeitung, 9.6.1918.

79 Vogt, Soennecken.

80 Dies wurde in den 1950ern sogar in einer Schrift zur Reform der Schrift betont: Bernhard Arndt, *75 Jahre Schreibreform*, in: Die neue Volksschule in Stadt und Land 3 (1950).

81 Soennecken-Archiv Kleist, A33.16 Hauptbuch.

82 Vogt, Soennecken.

Zwischen Krisen und Konsolidierung: Soennecken in der Weimarer Republik

Raphael Hennecke

Friedrich Soennecken sollte das Deutsche Kaiserreich, in dem sein Unternehmen entstanden und zu beachtlicher Größe herangewachsen war, nur um wenige Monate überleben. Am 2. Juli 1919 starb der Gründervater des Schreibwarenherstellers. Dutzende Zeitungen in ganz Deutschland veröffentlichten Nachrufe, in denen er für sein Lebenswerk geehrt wurde. Sein Erfinder- und Unternehmergeist ebenso wie sein Engagement für die Schrift wurden herausgestellt und geradezu überschwänglich gepriesen. In seiner Firma wurden diese Nachrufe andächtig gesammelt.[1] Der nun erfolgende Generationswechsel auf seinen bereits seit 1910 in die Geschäfte eingeweihten Sohn Alfred Soennecken fand in einer schwierigen Zeit statt: Das tief im Westen des Reiches gelegene Bonn war nach der Kriegsniederlage durch britische Streitkräfte besetzt, Nahrungsmittel waren knapp und rationiert, die Gasbeleuchtung wegen Kohleknappheit nur wenige Stunden am Tag in Betrieb, die Geldentwertung nahm stetig zu.[2]

Mit dem Tode des Gründers änderte das Unternehmen Soennecken auch seine Rechtsform. War es zuvor als offene Handelsgesellschaft konstruiert, so wurde es nun gemäß dem Testament des Gründers in eine Kommanditgesellschaft umgewandelt. Persönlich haftender Gesellschafter und Geschäftsführer wurde Alfred Soennecken, während Alfreds verheiratete Schwestern Johanna Lütgens und Karoline Hammerschmidt Kommanditistinnen des Unternehmens wurden. Die drei Geschwister besaßen kapitalmäßig identische Anteile am Unternehmen; die beiden Schwestern hielten sich aus dem aktiven Geschäftsbetrieb aber heraus.[3]

Karoline Hammerschmidt mit ihrem Ehemann Wilhelm, undatiert

Die unmittelbaren wirtschaftlichen Folgen der Demobilisierung und der Umstellung auf die Friedenswirtschaft, in deren Zuge die Arbeitslosenzahl in der Stadt zeitweise auf 2.300 angestiegen war, waren in Bonn vergleichsweise schnell überwunden, da die städtische Industrie insgesamt nur bedingt in die Kriegsproduktion eingebunden gewesen war.[4] Auch bei Soennecken ergab sich u. a. wegen der im Krieg zurückgestauten Nachfrage kein größerer wirtschaftlicher Einbruch; bereits die Bilanz des Weihnachtsgeschäfts 1918 direkt nach Kriegsende wurde im Unternehmen positiv bewertet.[5] Während die unmittelbaren Kriegsfolgen bald überwunden waren, sollten die längerfristigen politischen und wirtschaftlichen Hypotheken des Krieges in der Region, allen voran die Rheinlandbesetzung durch die Alliierten und die Inflation, auch für Soennecken erhebliche Konsequenzen haben. Gerade die Besetzung erwies sich für das Unternehmen in den Jahren nach dem Ersten Weltkrieg als äußerst disruptiv. Die Stadt Bonn war nach Kriegsende zunächst von kanadischen und britischen Truppen besetzt worden, diese wurden im Februar 1920 durch französische Kräfte abgelöst. Der Konflikt mit den Besatzern erreichte 1923 mit der Ruhrbesetzung seinen Höhepunkt, als französische und belgische Truppen im Streit um ausbleibende deutsche Reparationszahlungen neben dem Rheinland auch noch das Ruhrgebiet besetzten. Nachdem viele deutsche Eisenbahner dem Aufruf der deutschen Reichsregierung zum passiven Widerstand gefolgt waren, übernahmen die Besatzer den Betrieb der Eisenbahn als sogenannte Regiebahn selbst. Auf die wirtschaftlichen Schwierigkeiten dieser Situation blickte eine Reportage über das Unternehmen etwa zehn Jahre später zurück:

Vertreterkonferenz im Hause Soennecken, 1926

„Versetzen Sie sich doch bitte mit mir einmal zurück in die unglückselige Zeit der französischen Besatzung in Bonn. In diesen Jahren, als sich der Ruhrkampf gleich einer wirtschaftlichen Grenze um das Rheinland legte, war an einen normalen Absatz unserer Waren in Deutschland nicht zu denken. Ob wir nun Rohmaterialien aus Mitteldeutschland einführen wollten oder ob wir unsere Waren im unbesetzten Gebiet verkaufen wollten – immer mußten wir Zölle entrichten. Oft in dieser Zeit haben wir heimlich in Nacht und Nebel Warentransporte auf Lastwagen über die Besatzungszonen hinaus ins Mutterland eingeführt, – immer gegenwärtig geschnappt zu werden. So haben auch wir damals die französische Regiebahn boykottiert. Wollten wir aber damals nach Westen ausführen, so mußten wir natürlich auch Zoll bezahlen, aber dieser floß nicht in deutsche, sondern in französische Kassen. Aber auch diese Zeit haben wir überstanden.“[6]

Zwar erschien diese Publikation in einer lokalen NSDAP-Zeitung 1934 wohl auch mit der Intention, die zerschlagene Weimarer Republik wie auch die französische Besatzungsmacht gleichzeitig nachträglich zu diskreditieren, jedoch sind die geschilderten Schwierigkeiten im Geschäftsbetrieb durchaus plausibel. **Neben der Überwindung der durch die Besatzung entstandenen Disruption auf dem heimischen Markt galt es für das seit jeher exportorientierte Unternehmen auch, die durch den Ersten Weltkrieg verlorenen Auslandsmärkte zurückzugewinnen.**[7] **Dafür unterhielt Soennecken Niederlassungen unter anderem in London, Madrid, Mailand, Paris, Rotterdam und Wien sowie ein Netz aus Vertretern, die überall auf der Welt auf Reisen waren, um Kunden für die qualitativ hochwertigen Markenprodukte des Unternehmens zu gewinnen.**[8]
Während die globale Bekanntheit und Beliebtheit der Markenprodukte von Soennecken traditionell Teil des Erfolgsrezepts des Familienunternehmens war, wurde diese in der sich zur Hyperinflation auswachsenden Geldentwertung zum Problem:

„Ähnliche Schwierigkeiten, allerdings von noch bedeutenderem Umfange, brachte die Inflation, die für so viele große und kleine Werke den Untergang bedeutete. Plötzlich waren unsere ganzen Lager in aller Welt leer, weil das Ausland zu Spottpreisen die deutsche Qualitätsware aufkaufte. Schwer waren die finanziellen Verluste, die uns trafen, zudem konnten wir nur unter schwierigen Umständen unsere Lager wieder auffüllen, weil der Alpdruck der Inflation auf Deutschland lastete. Aber auch das wurde glücklich überstanden [...].“[9]

Auch auf die Arbeitsbeziehungen im Unternehmen wirkte sich die Inflation negativ aus. Da das Unternehmen hinsichtlich der Berufsfelder seiner Arbeiterschaft ein gemischter Betrieb war, musste es traditionell mit sechs unterschiedlichen Gewerkschaften verhandeln, was die Lohnverhandlungen erschwerte. Daher hatte es sich etabliert, zunächst mit der Metallgruppe zu verhandeln und sich an diesen Verhandlungsergebnissen dann bei den Verhandlungen für die weiteren Berufsgruppen zu orientieren.[10] Angesichts der rasant steigenden Preise für Grundnahrungsmittel und andere Güter des täglichen Bedarfs während der Inflation erwies sich dieses Vorgehen allerdings als zu langatmig. Trotz erhaltener Lohnvorschüsse sahen sich einige der Familienväter unter den Arbeitern nicht mehr in der Lage, die täglichen Ausgaben für ihre Familien zu bestreiten. Nach ihren Lohnforderungen vom 30. Juni 1921 war es zwar zu Verhandlungen mit der Geschäftsleitung gekommen, diese waren jedoch trotz Einschaltung eines Schlichtungsausschusses gescheitert. Daher trat die Arbeiterschaft schließlich in den Ausstand. Nach siebentägigem Streik gelang es endlich in einer fünfeinhalbstündigen Verhandlung zwischen Direktion und Arbeitnehmervertretern, zu einer Einigung zu kommen. Zwar hieß es von Seiten der Streikenden, „befriedigt hat uns nun die Lohnerhöhung bei der Firma Soennecken nicht", jedoch hatte sich die Geschäftsleitung auch angesichts der steigenden Preise zu weiteren Verhandlungen bereiterklärt, woraufhin die Arbeit wieder aufgenommen wurde.[11] Obwohl die Inflation dem Unternehmen die beschriebenen Schwierigkeiten brachte, bot sie aber auch Chancen, die teilweise genutzt werden konnten. So gelang es dem Unternehmen, noch im Geschäftsjahr 1920/21 eine Obligationsanleihe im Wert von vier Mio. Mark aufzunehmen, die in Folge der zunehmenden Geldentwertung in den nächsten Jahren problemlos größtenteils zurückgezahlt werden konnte.[12]

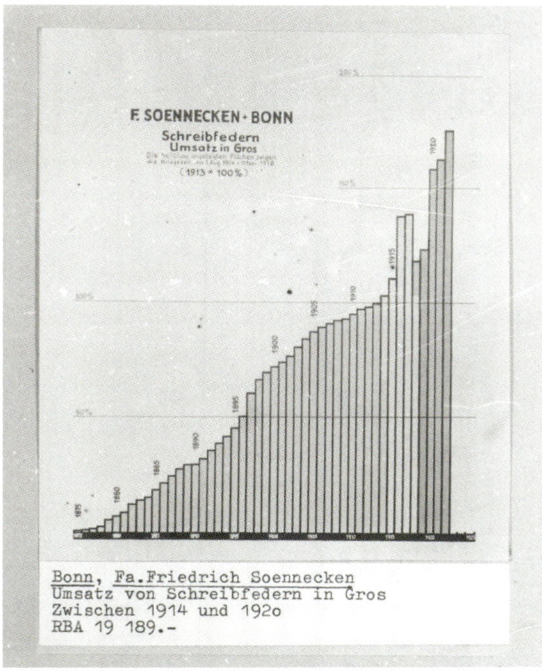

Umsatz von Schreibfedern en Gros 1914–1920, 1920

In Summe erwies sich die Inflation für das Unternehmen zwar als erhebliche Belastung, aber nicht als existenzgefährdend. So erwirtschaftete Soennecken in den Geschäftsjahren 1919 bis 1923 reichliche Überschüsse, die sich auch in hohen Auszahlungen an die Teilhaber äußerten (etwa 1,4 Mio. Mark im Geschäftsjahr 1919/20) – auch wenn diese ihren Wert natürlich schnell einbüßten.[13] **Es gelang letztlich, ein bekanntes Markenunternehmen mit etabliertem Produktportfolio nach der Kriegszeit trotz der politischen und gesamtwirtschaftlichen Instabilität wieder zu etablieren, ohne dass dabei nennenswerte**

Füllhalter Pappplakat, Motiv: junger Mann im Trench-coat, darunter fahrender Dampfzug, um 1922

Produktinnovationen oder Umstrukturierungen im Unternehmen notwendig gewesen wären.

Als sich nach dem Ende der Inflation die allgemeine wirtschaftliche Lage in Deutschland einigermaßen stabilisiert hatte, stieg auch die Nachfrage nach den Produkten von Soennecken wieder an.[14] Ein wichtiger Grundpfeiler des wirtschaftlichen Erfolgs war dabei die großflächige und für ihre Zeit moderne Produkt- und Markenwerbung des Unternehmens. So schaltete Soennecken etwa allein zwischen Januar und März 1922 insgesamt 2.344 Anzeigen für unterschiedliche Produkte in 276 Zeitungen. Die Kosten dafür lagen bei knapp 580.000 Mark.[15] In einer zur Anzeigenplanung entworfenen Übersicht waren über 100 deutsche Städte mit teils mehreren Zeitungen gelistet, in denen die Anzeigen nach Tagen und Produktgruppen genau protokolliert wurden.[16] Neben Zeitungsanzeigen wurde auch in Form von Drucksachen, Plakaten und direkten Reklame-Versendungen geworben, insgesamt kostete die Werbung im ersten Quartal 1922 damit über 1,2 Mio. Mark. Beworben wurde quasi das gesamte Produktportfolio; die mit Abstand größten Werbeposten entfielen aber nach wie vor auf die vielen unterschiedlichen Schreibfedern.[17] Gegenüber seinen für die Ausarbeitung der Inseratenpläne zuständigen Mitarbeitern setzte sich Alfred Soennecken persönlich für möglichst umfangreiche und direkt an die Konsumenten gerichtete Werbung ein: „Der Gesamtplan muss die Tendenz haben: Möglichst viel Inserate und Reklame, die sich direkt an die Verbraucher wendet."[18] Die erfolgreiche Werbetradition des Unternehmens war auch zeitgenössischen Fachleuten nicht verborgen geblieben. So schrieb der Wirtschaftswissenschaftler und Werbefachmann Rudolf Seyffert 1924 über die traditionelle Produkt- und Markenwerbung Soenneckens:

> „Es steckt schon in den ersten Werbemassnahmen Soenneckens so viel klares Erfassen des Wesentlichen und Notwendigen für die Reklame seines Hauses, dass ihre grundsätzliche Einstellung im Laufe der Zeit nicht geändert werden brauchte.
> Soennecken schuf seiner Firma vor allem eine feste Tradition der Werbeausstattung. Sie beruht einmal auf dem Namen Soennecken selbst. Der Firmenname fehlt auf keiner Schreibfeder, an keinem Bücherschranke, keinem Einzelblatte der Umlegkalender."[19]

Insgesamt steuerte Alfred Soennecken das Familienunternehmen souverän durch die vor allem im besetzten Rheinland an politischen und wirtschaftlichen Krisen nicht armen 1920er Jahre. Soennecken blieb während des gesamten Jahrzehnts profitabel und rutschte nicht in die Verlustzone, auch wenn die Gewinne ab dem Geschäftsjahr 1927/28 zunehmend schmaler wurden. Im Geschäftsjahr 1928/29 zahlte das Unternehmen zudem mit knapp

2,8 Mio. Reichsmark die höchste Summe an Löhnen und Gehältern seit der Währungsstabilisierung aus, die erst in der Aufrüstungskonjunktur 1938/39 wieder übertroffen werden sollte.[20] Diese verteilte sich 1929 auf ungefähr 1.500 Arbeiter, 40 technische und 180 kaufmännische Angestellte in den beiden Bonner Werken des Unternehmens in Poppelsdorf und Soenneckenfeld.[21] Hinzu kamen mutmaßlich noch die reisenden Vertreter sowie die Angestellten in den Filialen des Unternehmens.

Zwar fehlte Alfred Soennecken der visionäre Pionier- und Erfindergeist, der seinen Vater ausgezeichnet hatte, aber er bewährte sich in einer schwierigen Zeit als fähiger Krisenmanager. Als solcher führte er das Unternehmen basierend auf einem etablierten Geschäftsmodell nach den Disruptionen des Ersten Weltkriegs und der Folgezeit in die Erfolgsspur zurück. Die Anerkennung, die dem Unternehmer dafür seitens seiner Standesgenossen zuteilwurde, äußerte sich auch darin, dass er bereits 1923 Mitglied des Präsidiums des Reichsverbandes der Deutschen Industrie wurde sowie zudem am 1. Januar 1932 zum Präsidenten der Bonner Industrie- und Handelskammer ernannt wurde.[22]

Zu diesem Zeitpunkt befand sich die deutsche Wirtschaft bereits fest im Griff der Weltwirtschaftskrise. Während Soennecken die Hyperinflation und die Rheinlandbesetzung in den 1920er Jahren relativ glimpflich überstanden hatte, sollte diese Krise nicht nur an

Bonn-Soenneckenfeld, Gesamtansicht der Fabrikanlage, 1925

die Substanz des Unternehmens gehen, sondern sogar die Erben Friedrich Soenneckens als Teilhaber des Unternehmens entzweien. Die Einnahmen des Unternehmens gingen im Geschäftsjahr 1929/30 zunächst noch moderat, 1930/31 dann stärker zurück und brachen 1931/32 komplett ein: Mit etwas über 2,5 Mio. Reichsmark erreichten sie einen absoluten Tiefpunkt – weniger als die Hälfte des Wertes von 1928/29 (knapp 5,4 Mio. Reichsmark). Zunächst konnte es das Unternehmen bis 1931 noch vermeiden, in die Verlustzone zu geraten, auch weil die Löhne von fast 2,8 Mio. Reichsmark auf zwei Mio. reduziert werden konnten. Zum 30. Juni 1932 verzeichnete F. Soennecken dann aber trotz weiterer Einsparungen einen horrenden Verlust von 525.578 Reichsmark. Dadurch standen nun die Kapitaleigner des Unternehmens erstmals in der Haftung – neben dem Geschäftsführer Alfred Soennecken auch seine beiden in der Führung des Unternehmens bisher passiven Schwestern Karoline Hammerschmidt und Johanna Lütgens (beide geb. Soennecken) als Kommanditistinnen.

Portrait von Alfred Soennecken mit NSDAP-Parteiabzeichen, 1933

Dieser gemeinsam zu tragende Verlust führte zu zwei Klagen zwischen Alfred Soennecken einerseits und seinen beiden Schwestern sowie Johanna Lütgens‘ Ehemann, dem deutschen Generalkonsul Alfred Lütgens, andererseits, die beide erst vor dem Reichsgericht entschieden wurden. In dem ersten der beiden Gerichtsprozesse ging es darum, ob die Teilnehmer der Gesellschafterversammlung vom 24. November 1932, Alfred Soennecken, Karoline Hammerschmidt sowie Alfred Lütgens mit Vollmacht seiner Ehefrau, der aufgestellten Bilanz und Gewinn- und Verlustrechnung rechtskräftig zugestimmt hatten. Dahinter verbarg sich ein Streit, nach welchem Schlüssel der Verlust auf die Gesellschaft zu verteilen war. Alfred Soennecken war der Ansicht, dieser müsse entsprechend der Kapitalanteile, also von jedem Gesellschafter jeweils zu einem Drittel, getragen werden. Seine beiden Schwestern hingegen argumentierten, Alfred müsse die Hälfte des Verlusts tragen und sie jeweils ein Viertel. Dies begründeten sie damit, dass Alfred Soennecken als Geschäftsführer laut dem Gesellschaftsvertrag zunächst ein Viertel des Reingewinns als Geschäftsführerlohn erhalte und erst der Rest gleichmäßig unter den Gesellschaftern verteilt werde. Der Gesellschaftsvertrag des Unternehmens selbst legte schriftlich nur die Verteilung des Gewinns fest, enthielt aber nichts über die Verteilung eines etwaigen Verlusts.[23]
Alfred Soennecken beantragte als Kläger, dass die Bilanz mit der entsprechenden Gewinn- und Verlustrechnung in seinem Sinn von den Beklagten (den beiden Soennecken-Schwestern und Alfred Lütgens) anerkannt würde, dass diese anteilig die Prozesskosten trügen und dass das Ehepaar Lütgens zudem der Zwangsvollstreckung des Gutes der Ehefrau zur Begleichung des Verlusts zustimme.
Das zuständige Landgericht hatte zunächst im Sinne Alfred Soenneckens entschieden, der vierte Zivilsenat des Kölner Oberlandesgerichts aber auf die Berufung der drei Beklagten hin die

Klage abgewiesen. Der zweite Zivilsenat des Reichsgerichts entschied nach mündlicher Verhandlung aber wiederum im Sinne Alfred Soenneckens und verwies den Sachverhalt zur anderweitigen Entscheidung an einen anderen Senat des Oberlandesgerichts zurück. Die Reichsgerichtsräte entschieden grundsätzlich für die rechtliche Gültigkeit der bei der Gesellschafterversammlung aufgestellten Bilanz. Auch in der Frage der Verlustverteilung entschieden sie im Sinne Alfred Soenneckens. Die andere Verteilung des Gewinns stehe einer gleichmäßigen Verlustverteilung ihrer Argumentation nach nicht entgegen, da er als Geschäftsführer in Verlustjahren ja bereits durch das Ausbleiben einer Vergütung finanziell betroffen sei. Dementsprechend sei der Verlust in der Tat gemäß den Einlagen der drei persönlich haftenden Gesellschafter zu verteilen, die mit jeweils 1.250.000 Reichsmark gleich hoch waren.[24]
Der zweite Gerichtsprozess kreiste um denselben Sachverhalt: die bei der Gesellschafterversammlung aufgestellte Bilanz sowie die Gewinn- und Verlustrechnung. In vertauschten Rollen (Alfred Soennecken als Beklagter, seine beiden Schwestern sowie Alfred Lütgens als Kläger) stritten die beiden Parteien hier darum, ob Alfred Soennecken als Geschäftsführer verpflichtet sei, den Teilhabern vor der Gesellschafterversammlung einen Bilanzentwurf zukommen zu lassen, und ob diese unter Einsicht der Bücher und Geschäftspapiere berechtigt seien, diesen zu prüfen. Alfred Soennecken erkannte die Verpflichtung zum Versenden einer nachträglichen schriftlichen Bilanz an, argumentierte aber basierend auf dem Gesellschaftsvertrag des Unternehmens gegen jegliches vorheriges Prüfungsrecht der Kommanditistinnen. Auch hier hatte das Landgericht im Sinne Alfred Soenneckens entschieden, das Oberlandesgericht aber auf Berufung im Sinne seiner Schwestern und Alfred Lütgens'. Das Reichsgericht entschied ebenso wie schon das Landgericht im Sinne der rechtlichen Gültigkeit des Gesellschaftsvertrages, der kein Prüfungsrecht gegen den Geschäftsführer vorsah, und verwies das Urteil an denselben (anderen) Senat des Kölner Oberlandesgerichts wie im ersten Prozess zur finalen Klärung zurück.[25]
Der hohe Verlust in der Weltwirtschaftskrise entzweite also die Unternehmenserben, was sicherlich nicht im Sinne des verstorbenen Familienpatriarchen Friedrich Soennecken gewesen war. Dass sogar das Gut der Johanna Lütgens in die Zwangsvollstreckung eingebracht werden musste, zeigt nicht zuletzt, wie empfindlich der plötzliche Verlust die bis dahin erfolgsverwöhnten Unternehmenserben traf. Das Unternehmen selbst wurde zudem während der Weltwirtschaftskrise nicht nur durch die Rechtsstreitigkeiten zwischen den Erben, sondern auch noch durch weitere Gerichtsprozesse belastet. Prozessgegner in diesen war mit Louis Leitz das wichtigste Konkurrenzunternehmen im Bereich des Büromaterials, vor allem bei den Ordnern. Beide

Unternehmen gehörten der Briefordner-Konvention an, einem in damaliger Zeit legalen Kartell, in dem sie auch gemeinsam gegen Außenseiterunternehmen vorgingen. Trotz dieser Kooperation blieben die beiden Unternehmen aber scharfe Konkurrenten, die sich stets äußerst misstrauisch beäugten und sich oft schon aufgrund vergleichsweise nichtiger Anlässe in langwierige rechtliche Auseinandersetzungen verwickelten. Diese komplizierte Situation zwischen den beiden Familienunternehmen war nicht zu trennen von dem persönlichen Verhältnis zwischen den geschäftsführenden Inhabern und Unternehmenserben, Alfred Soennecken auf der einen sowie Ludwig und Eberhard Leitz auf der anderen Seite. Dieses Verhältnis changierte zwischen gegenseitigem Respekt einerseits und einem ungewöhnlichen Ausmaß an gegenseitigem Misstrauen und Missgunst andererseits. Vor allem Ludwig Leitz‘ Korrespondenz erweckte oft den Eindruck eines aufbrausenden Charakters, während Alfred Soennecken dazu neigte, etwaige Vorwürfe schnell persönlich zu nehmen und sich einer gütlichen Einigung in Streitigkeiten dann konsequent zu verweigern.[26]

Auf der Sachebene entzündeten sich die Konflikte zumeist an der Erfindungsgeschichte des Brief- bzw. Aktenordners, der, basierend auf mehreren rudimentären Vorläuferprodukten beider Unternehmen, ab den 1870er Jahren durch Teilinnovationen zunehmend optimiert worden war. Angesichts der verzweigten und nicht selten unklaren Erfindungsgeschichte des Aktenordners griffen die Unternehmen vor allem gegenseitig Patente und Gebrauchsmuster an. So erhob Leitz etwa Klage gegen ein Patent der Firma F. Soennecken, welches „eine Deckschiene mit zwei Klemmdrähten und einem zwischen den Klemmstellen liegenden exzenterartig wirkenden Drehstück“ beinhaltete, und verlangte, dieses für nichtig zu erklären. Das Reichspatentamt hatte die Klage im September 1932 zunächst abgewiesen, das Reichsgericht aber auf die Berufung von Leitz hin im Sinne der Klägerin entschieden, nachdem es die Expertise eines externen Gutachters hinzugezogen hatte. Die Richter des Ersten Zivilsenats begründeten ihr Urteil dadurch, dass angesichts älterer, sehr ähnlicher amerikanischer Patente „die für ein Patent zu fordernde Erfindungshöhe fehl[e]“, während „gegen die Erteilung eines Schutzes wohl keine Bedenken bestehen [würden]“, wenn die Erfindung stattdessen als Gebrauchsmuster angemeldet worden wäre.[27]

Ein weiterer Rechtsstreit zwischen den beiden Familienunternehmen beinhaltete ebenfalls den Drehklemmer, hier entfacht durch eine Klage wegen unlauteren Wettbewerbs nach dem Gesetz gegen den unlauteren Wettbewerb (UWG) seitens Leitz gegen Soennecken. Anlass war eine an sich relativ harmlose Formulierung in einem Werbeschreiben der Firma Soennecken, welche die Überlegenheit des von Soennecken für seine Aktenordner verwendeten Drehklemmers anpries.[28] Durch diese Formulierung sah dann aber Leitz die eigenen

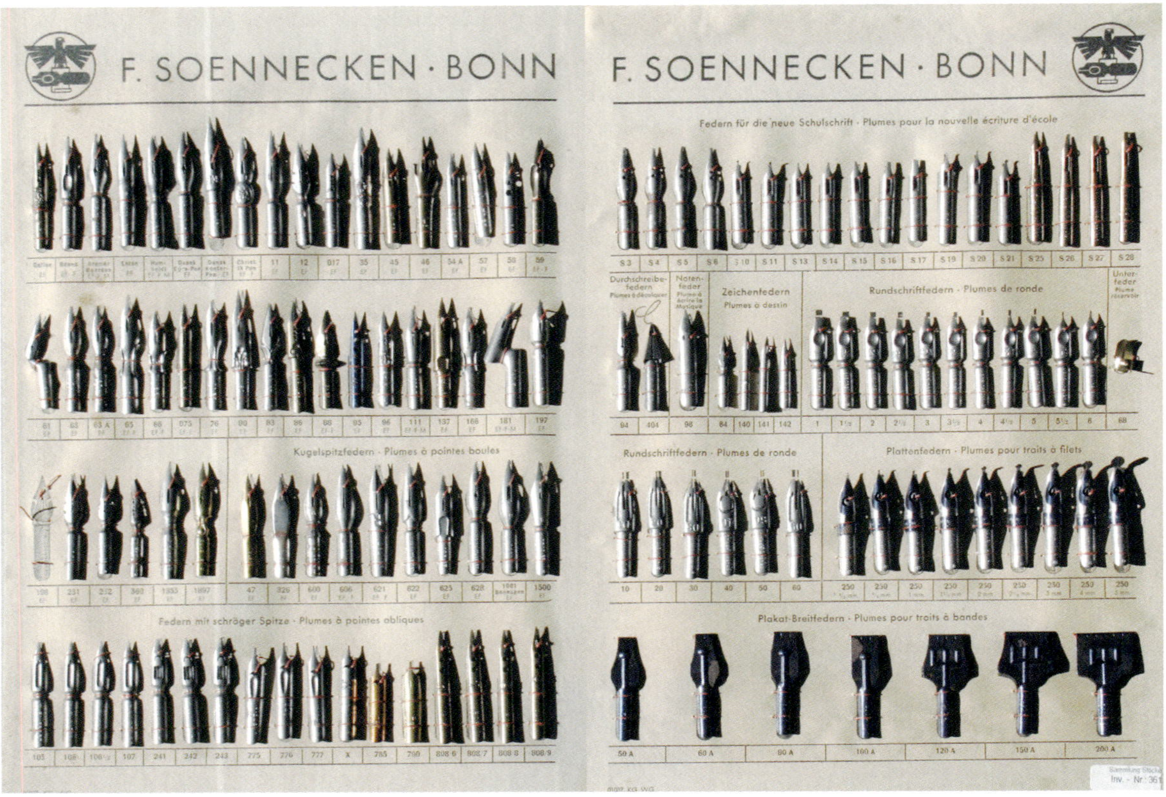

Schreibfedernsortiment des Unternehmens Soennecken, 1924

Ordner, welche ein anderes System nutzten, herabgesetzt und ging durch eine einstweilige Verfügung gegen das Werbeschreiben vor. Durch einige vorwurfsvolle Schreiben von Leitz in der Sache und die weiteren schwebenden Rechtsstreitigkeiten fühlte sich Alfred Soennecken dann auch persönlich angegriffen.[29] Die Rechtsstreitigkeiten zwischen den beiden Familienunternehmen sollten sich auch nach der nationalsozialistischen Machtübernahme fortsetzen. Hatten sie sich zuvor vor allem an produkt- und werbetechnischen Details entzündet, so bildete im folgenden Zeitabschnitt – schnell dem Zeitgeist angepasst – eine antisemitische Diffamierung die Grundlage für deren erbitterte Fortsetzung, worauf im folgenden Kapitel einzugehen sein wird.

Das Produktportfolio, mit dem Soennecken abseits des Einbruchs in der Weltwirtschaftskrise wieder in die wirtschaftliche Erfolgsspur zurückfand und welches sich seit der Zeit vor dem Ersten Weltkrieg nur geringfügig verändert hatte, umfasste eine Reihe von Schreib- und Bürowaren. Den Kern bildeten nach wie vor die klassischen Schreibfedern, die in schier endlosen Variationen für die unterschiedlichen Zwecke und Schreibstile angeboten wurden.

Während diese in der älteren Fabrik in Bonn-Poppelsdorf hergestellt wurden, fertigte die 1904 in Betrieb genommene Fabrik in Soenneckenfeld ausschließlich Büromöbel an.[30] Darunter befand sich beinahe alles an erdenklichem Büromobiliar, u. a. Aktenschränke, Bücherschränke, Schreibtische, Schreibsessel, Schreibmaschinenpulte, Postschränke, Kontorstühle, Schränke für Briefordner, Regale, Zeichentische, Stehpulte usw.

Dazu kam noch eine Reihe zusätzlicher Büroprodukte, wie Karteikarten, Kalender, Locher, die bereits erwähnten Brief- bzw. Aktenordner, Schablonen, Ringbücher, Kopierpressen, Füllhalter samt Zubehör, Tintenfässer, diverse Hefte und Mappen sowie Etuis.[31] In den Worten Alfred Soenneckens selbst war das Unternehmen in erster Linie Hersteller von hochqualitativen Markenwaren, in zweiter Linie aber auch von standardisierten Massenwaren, darunter vor allem Verbrauchsartikel.[32]

Büromöbel, Pappschild, 1933/34

Ida Köhler. Eine Bankangestellte in der Weimarer Republik und ihre Arbeitswelt

Raphael Hennecke

Eine konstante Bezugsquelle für Soenneckens Schreib- und Bürowaren bot die „seit 1924 immer stärker expandierende Industriebürokratie".[33] Unternehmenswachstum und Konzernbildung, die zunehmende Bürokratisierung und die Verbreitung der Schreibmaschine führten in den 1920er-Jahren in der Wirtschaft allgemein zu einem Wachstum der Angestelltenschaft, die tendenziell mit einem Qualifikations- und Prestigeverlust in diesem Berufsstand verbunden war. Im Sinne der im Zusammenhang mit Soennecken zu behandelnden „Arbeitswelten" soll hier aus der großen und überaus heterogenen Gruppe aller zeitgenössischen Angestellten eine bestimmte Teilgruppe in den Blick genommen werden. Dazu wird der Fokus einerseits auf das Bankwesen gerichtet, welches in der Inflationszeit personell expandierte, um dem immer schnelleren Geldumlauf und den immer größeren Summen gerecht zu werden. Nach der Währungsstabilisierung folgte aber ein sogar noch rasanterer Personalabbau, um die Überkapazitäten der Inflationszeit wieder abzubauen und den im frühen 20. Jahrhundert angesammelten Rationalisierungsrückstand aufzuholen.[34] Andererseits sollen explizit die weiblichen Angestellten betrachtet werden. Zwar stellten diese 1925 unter den berufstätigen Frauen quantitativ mit etwa 1,2 Mio. von insgesamt 11,5 Mio. nur eine relativ kleine Gruppe dar, jedoch war diese die am schnellsten wachsende Gruppe.[35] Zudem war die weibliche „Tippse" sowohl zeitgenössisch als auch im populärhistorischen Rückblick ein (häufig verklärtes) kulturelles Symbol für die „moderne Frau" der Weimarer Republik und ihre scheinbare Unabhängigkeit und Emanzipation. Auch aus diesem Grund lohnt es sich, die Arbeits- und Lebensumstände dieser Gruppe, basierend sowohl auf der sozial-

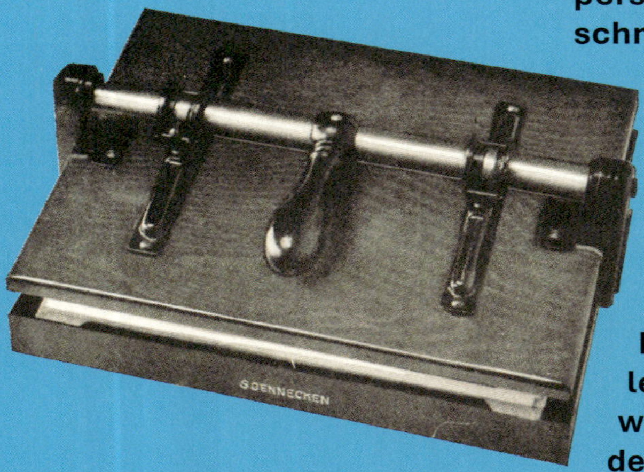

Soennecken-Hebel-Kopierpressen, 1927

geschichtlichen Frauenforschung als auch auf zeitgenössischen sozialstatistischen Untersuchungen, in den Blick zu nehmen, was ein durchaus anderes Bild zutage fördert, als es das Klischee der emanzipierten, modernen Frau mit Bubikopf in den „Goldenen Zwanzigern“ vermuten ließe. Um eine zeitgenössische Angestellte und ihre Arbeitswelt für den Leser greifbar zu machen, soll hier eine fiktive Protagonistin geschaffen werden, aus deren persönlicher Sicht die Verhältnisse geschildert werden. Unsere Protagonistin ist Ida Köhler, 1919 21 Jahre alt und tätig in der Hannoveraner Filiale einer größeren Berliner Bank. Wie die meisten ihrer Kolleginnen ist Ida unverheiratet und lebt noch im elterlichen Haushalt. Obwohl sie als eine der wenigen weiblichen Angestellten in ihrer Bank eine höhere Schulbildung (Gymnasium bzw. Lyzeum) absolviert hat, wird sie vor allem für Schreibarbeiten und einfache Verwaltungstätigkeiten eingesetzt. Ihre Schulbildung war finanzierbar, da sie aus einer ursprünglich wohlhabenden Familie stammt. Das aus einer kleinen Werkstatt und einem Ladengeschäft bestehende Familienunternehmen musste schon vor dem Krieg wegen der Erkrankung von Idas Vater verkauft werden. Der Verkaufserlös und die bestehenden Ersparnisse sorgten zunächst für ein komfortables Auskommen der Familie. Die Inflation der Kriegs- und Nachkriegszeit entwertete dann aber die Ersparnisse der Familie, weswegen nun auch die Töchter der Familie bis zu ihrer Verheiratung zum Familienunterhalt beitragen müssen. Eine Lehre bot die Bank für

Angestellte im Bankbüro des Wiener Bankvereins, 1935

Frauen damals nicht an, die einzige Vorbereitung auf die Tätigkeit in der Bank, die Ida erhielt, war der dreimonatige Besuch einer sogenannten „Presse“, einer privaten Handelsschule. Die Lehrer dort erschienen ihr wenig an der Bildung der Schülerinnen interessiert und vermittelten kaum kaufmännisches oder für die Bankarbeit geeignetes Wissen. Gelehrt wurde vor allem die Bedienung der Schreibmaschine. Zudem wurde sie dort von einigen ihrer Mitschülerinnen aus der Arbeiterschaft wegen ihrer Herkunft als „höhere Tochter“ verspottet.
Eine Lebensaufgabe sieht Ida in ihrem Beruf nicht. Langfristig will sie heiraten und sich dann vollständig der Erziehung ihrer Kinder und den häuslichen Aufgaben widmen. Trotzdem sieht sie in ihrem Beruf nicht nur eine kurzfristige Möglichkeit für ein Taschengeld und eine Chance auf Heiratsgelegenheiten, wie viele ihrer männlichen Kollegen den weiblichen Bankangestellten unterstellen. Abgesehen davon, dass ihre Familie auf das zusätzliche Einkommen angewiesen ist, verspricht sie sich von der Stelle in der Bank eine spannende und anspruchsvolle Tätigkeit. Der Umgang mit Zahlen war in der Schulzeit eine ihrer Stärken. Die Vorstellung der von den Banken bewegten Geldsummen und die inzwischen global vernetzten Märkte faszinieren sie. Sie muss dann allerdings feststellen, dass ihre tägliche Arbeit mit den spannenden Geschäftsaufgaben wenig zu tun hat. Die Tätigkeit an den Börsen, die in der Inflation eine beispiellose Expansion erlebte, stand beispielsweise ausschließlich den männlichen Bankangestellten offen. Ihre männlichen Altersgenossen mussten zwar vor allem in der Lehrzeit ebenfalls lange Arbeitstage mit weitgehend mechanisierten Routine- und Kontrollaufgaben bewältigen, sie lernten aber wenigstens die unterschiedlichen

Soennecken-Briefordner, Hebelordner Nr. 114, 1927

Abteilungen der Bank kennen. Idas Arbeitstag hingegen besteht vor allem aus dem Abtippen der ihr von ihren Vorgesetzten diktierten Korrespondenz auf der Schreibmaschine, dem Ablegen von Dokumenten in den passenden Ordnern sowie gelegentlichen Kontrollaufgaben in der Buchhaltung. Die Arbeit, bei der ihr auch die Büroausstattungsartikel von Soennecken tägliche Begleiter sind, empfindet sie meist als monoton und wenig anregend. Die Monotonie und die nervliche Belastung durch die Arbeit tragen dazu bei, dass Ida ihren Beruf nur einige Jahre bis zu einer etwaigen Heirat ausüben möchte. Ihre Vorgesetzten machen sich über die Art der Arbeit, die die jungen Frauen in der Bank verrichten müssen, ebenfalls keine Illusionen. So gilt für die Frauen an den Schreibmaschinen, dass diese trotz der hohen Erfordernisse an ihre Konzentrationsfähigkeit bei der Arbeit keinesfalls „zuviel denken“ sollen, da sonst die Gefahr bestünde, dass sie die aufgetragenen Texte nach ihren Vorstellungen umgestalteten.[36] Zudem gibt es für Frauen in der Bank kaum Aufstiegsmöglichkeiten, mit deren Hilfe diesen monotonen Tätigkeiten zu entkommen wäre. Hatte die Arbeit in der Bank vor dem Ersten Weltkrieg noch als glamourös, einträglich und angesehen gegolten, so nahmen ab der Kriegszeit zunehmend unqualifizierte und mechanisierte Routine- und Verwaltungstätigkeiten überhand. Während auch die männlichen Angestellten von diesen nicht verschont blieben, so waren es doch gerade die in den Angestelltenberuf strömenden weiblichen Arbeitskräfte, die disproportional für unqualifizierte Hilfstätigkeiten eingesetzt wurden und dadurch als „Puffer im Pro-

Angestellte der Bank de France, 1920

letarisierungsprozess" der Angestelltenschicht dienten.[37]

Hatte Idas Bank bereits in der Kriegszeit für zunehmende staatlich verordnete Verwaltungs- und Kontrolltätigkeiten ihre Belegschaft expandieren müssen, so blähte die galoppierende Inflation mit ihren riesigen Geldsummen und den vielen kurzfristigen, bald täglichen Geldgeschäften die Belegschaft endgültig auf. Da viele andere Berufstätige in anderen Wirtschaftsbereichen im selben Zeitraum durch die Inflation ihre bisherigen beruflichen Existenzmöglichkeiten verloren hatten, spülte dies Personen mit den unterschiedlichsten sozialen und beruflichen Hintergründen auch in Idas Hannoveraner Bank. Sie arbeitet dort u. a. neben „fertigen Akademikern und Studierenden aller Fakultäten, Offizieren, Landwirten, Kaufleuten, Technikern, Handwerkern, Direktricen, Schneiderinnen, Landwirten, Verkäuferinnen, Dienstmädchen, und so weiter".[38] Gerade junge, weibliche, billige Arbeitskräfte boten sich in den Augen der Bankleitungen für die Bewältigung der Belastungsspitze in der Inflation an, wurden sie doch grundsätzlich als befristete Mitarbeiterinnen angesehen, die mit der Heirat oder spätestens nach Geburt des ersten Kindes wieder aus dem Beruf ausschieden, was ihnen mitunter auch direkt von den Personalabteilungen so nahegelegt wurde. Frauen über 35 Jahre hingegen galten meist als „verbraucht" und wurden auch bei guter Konjunktur kaum noch eingestellt.[39]

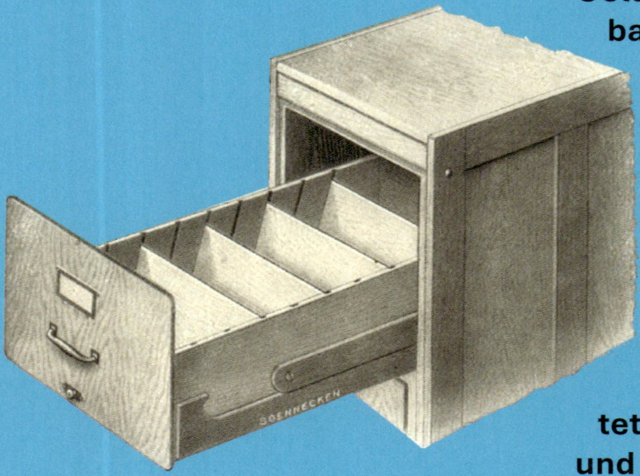

Soennecken-Vertikal-Registratur, 1927

Trotz der massenhaften Personaleinstellungen war die anfallende Arbeit vor allem auf dem Höhepunkt der Inflation kaum zu bewältigen. Zwar galt offiziell der Achtstundentag (bei einer sechstägigen Arbeitswoche), regelmäßige Überstunden, die meist nicht dokumentiert werden, sind aber auch in Idas Arbeitsalltag die Regel. Immerhin vereinfacht die moderne Büroeinrichtung und -ausstattung von Soennecken, etwa durch moderne Aktenordner und Büromöbel, die Arbeit im Vergleich zu früher, wie ihr ältere Kolleginnen und Kollegen erzählen. Ida erhält bei gleicher Arbeit ein geringeres Gehalt als ihre männlichen Kollegen. Auf dem Papier beträgt der tarifliche Abschlag im Verhältnis zu den männlichen Kollegen zehn Prozent. Dies trifft aber nur im Vergleich mit den unverheirateten und kinderlosen Männern zu. Rechnet man hingegen die so gut wie ausschließlich an Männer gezahlten Familienzuschläge hinzu, so ist Idas Verdienst eher 20 bis 25 Prozent geringer als die durchschnittliche Bezahlung ihrer männlichen Kollegen. Während der Inflation ist Idas Gehalt nicht dauerhaft quantifizierbar, da das Geld rasant an Wert verliert und das Gehalt daraufhin stets steigen muss. Nach der Stabilisierung der Währung wird sie 125 Reichsmark brutto im Monat verdienen. Für eine eigenständige Existenz reicht das kaum aus, auch deshalb hat Ida letztlich kaum eine andere Wahl, als bis zur eigenen Ehe weiterhin im elterlichen Haushalt zu wohnen. Die beiden unter der Mitarbeiterschaft der Bank vertretenen Gewerkschaften setzten sich beide kaum für die Belange weiblicher Bankangestellter ein. Während der konservative Deutsche Bankbeamten-Verein (DBV) die Mitgliedschaft von Frauen rundheraus ablehnte, nahm der sozialdemokratisch geprägte Allgemeine Verband (AV) deutscher Bankangestellter diese zwar auf und bekannte sich auch explizit zur Frauenarbeit, setzte sich in der Praxis aber mehr für die langjährige männliche Stammbelegschaft ein anstatt für die meist nur wenige Jahre im Unternehmen verbleibenden Frauen. Zudem verbreitete der proletarisch geprägte AV Ressentiments gerade gegen gebildete weibliche Angestellte aus wohlhabenden Familien und ihre angeblich naive und vergnügungssüchtige Lebensführung. So hieß es in dessen Zeitschrift über die „höheren Töchter“:

„Es sind dieselben, die ihre Lyzealbildung durch Lektüre Courths-Mahlerscher Romane vervollständigen, in denen ihnen eine verlogene Welt vorgemacht wird, was sie nicht einmal merken, weil am Schluss – wie bekanntlich immer im Leben – die Tugend siegt und ‚sie sich kriegen‘. Es sind dieselben, die ihr Monatseinkommen oder einen namhaften Teil davon als Taschengeld betrachten können, und deren Schokolade- oder Likörkonsum oder deren seidene Strümpfchen sich die Unterhändler des Verbandes bei den Tarifverhandlungen von Herrn Hemmerich [dem Vertreter der Arbeitgeberseite] mit mehr oder minder gut gespielter Entrüstung vorhalten lassen müssen.“[40]

Auch deswegen verzichtet Ida darauf, einer Gewerkschaft beizutreten. Von ihren Eltern zu Zurückhaltung und Bescheidenheit erzogen, versucht sie auch nicht selbst, etwa in direkten Verhandlungen mit ihren Vorgesetzten, ein höheres Gehalt einzufordern.

Kassensaal des Wiener Bankvereins, 1935

Ihr Verhältnis zu den männlichen Kollegen ist durchwachsen. Während einige sie durchaus freundlich und kollegial behandeln, begegnen andere ihr abweisend und von oben herab – bedingt durch ähnliche Vorurteile wie in dem obigen Zitat. Manche unter den männlichen Angestellten sind trotz der objektiv niedrigeren Bezahlung und monotonen Tätigkeiten Idas der Meinung, sie würde von ihren Vorgesetzten, die selbst oft keine Banklehre absolviert hatten, als „höhere Tochter“ auf Kosten von Familienvätern

bevorzugt.[41] Ihre Vorgesetzten nehmen sie trotz der teils langwierigen gemeinsamen Diktate menschlich kaum wahr. Immerhin bleiben Ida sexuelle Belästigungen und Übergriffe erspart, wie sie manche ihrer ebenfalls als Angestellte tätigen Freundinnen in anderen Unternehmen von Kollegen und Vorgesetzten zu erdulden haben.
Nach dem Ende der Inflation und dem mit ihr einhergehenden schnelllebigen Sondergeschäft sinkt der Personalbedarf der Banken drastisch. Die zunehmende Rationalisierung und Automatisierung durch eine Reihe von Maschinen tragen dazu bei, dass auch Idas Bank in großem Stil Mitarbeiter entlässt. Als Frau, deren Verbleib in der Bank ohnehin nur bis zur Verheiratung vorgesehen war, ist Ida von den Massenentlassungen der Bank betroffen. Im Vergleich zum Höhepunkt der Inflation trennt sich die Bank von fast zwei Dritteln ihrer Mitarbeiter, Ida wird 1925 im Alter von 27 Jahren entlassen. Eine weitere Tätigkeit in einer Bank oder als Angestellte in einem anderen Unternehmen strebt sie nicht mehr an. Bereits kurz vor ihrer Entlassung lernt sie ihren zukünftigen Ehemann kennen, der als Abteilungsleiter in einem großen Maschinenbauunternehmen ausreichend gut bezahlt wird, um den Lebensunterhalt der künftigen Familie zu bestreiten. Ida soll sich fortan voll dem Haushalt und der Erziehung des erwarteten Nachwuchses widmen. Angesichts ihrer Erfahrungen mit der Arbeit in der Bank fällt ihr der Abschied nicht schwer.
Trotz Idas negativer Erfahrungen in der Bank will Emma versuchen, sich gegen die widrigen Umstände beruflich selbst zu verwirklichen. Dazu beginnt sie im Gegensatz zu Ida eine Banklehre, die inzwischen auch Frauen offensteht. Ob das genügt, um die vielen strukturellen und sozialen Hindernisse zu überwinden und statt einer temporären, bescheidenen Einnahmequelle eine beruflich erfüllende Karriere zu erreichen, wird die Zeit zeigen …

Soennecken-Brief-Kopiermaschinen „Excelsior VII", 1927

Wie das fiktive Fallbeispiel demonstrieren soll, waren die wirtschaftlichen und sozialen Umstände der weiblichen Berufstätigkeit als Angestellte in den 1920er Jahren entgegen einigen populären Klischees nicht dazu geeignet, emanzipatorisch zu wirken. Stattdessen waren sowohl die Natur dieser Tätigkeit als auch ihre wirtschaftlichen Rahmenbedingungen noch stark durch die klassisch-bürgerliche Rollenzuschreibung der Frau geprägt und dienten eher dazu, dieses Rollenbild in den Augen der jungen Frauen zu stabilisieren. So kommt die Sozialhistorikerin Ute Frevert zu dem Urteil:

„Das Beispiel jener Frauen, die während der Weimarer Republik als Angestellte arbeiteten, zeigt sehr genau, wie das wechselseitige Ineinandergreifen sozialisationsbedingten Rollenverhaltens und arbeitsmarktpolitisch-ökonomischer Imperative in Kürze ein klar umrissenes geschlechtsspezifisches Berufsfeld der weiblichen Angestellten entstehen ließ, welches wiederum stabilisierend auf die Rollenorientierungen der arbeitenden Frau zurückwirkte."

Daher diagnostiziert sie eine „ambivalente und durchaus anti-emanzipatorische Funktion der Frauenerwerbstätigkeit in ihrer traditionellen rollengebundenen Form während der Weimarer Republik"[42]. Die Arbeitswelt der Angestellten in den Büros der 1920er Jahre war zwar neben fortschreitender Rationalisierung und Maschinisierung, zu denen auch die Produkte von Soennecken beitrugen, auch zunehmend durch weibliche Erwerbstätigkeit gekennzeichnet, eine emanzipatorische Wirkung hatte diese aber nicht.

ANMERKUNGEN

1 StadtA Bonn, SN 159, Nr. 14, mehrere Nachrufe; Soennecken-Archiv Overath, Abt. 1, Nr. 31, Fasz. 6, mehrere Nachrufe.
2 StadtA Bonn, SN 159, Nr. 14, Kurzchronik 1919 [ohne Titel].
3 Ebd., Schreibmaschinen-Zeitung, Hamburg, Nr. 257 vom 15.11.1919; Soennecken-Archiv Overath, Abt. 1, Nr. 6d, Fasz. 7, Bilanzbuch 1919–1947; vgl. auch: Bundesarchiv Berlin [künftig BArch Berlin], R 3002/105596, Urteil des Reichsgerichts [künftig RG] vom 22.6.1934, RG II 97/34.
4 Vogt, *Wirtschaftsregion*, 152; ders., *Industrieunternehmen*, 166–182.
5 Ebd.; StadtA Bonn, SN 159, Nr. 14, Schreiben von Herrn Gans an Soennecken, 7.1.1919.
6 Soennecken-Archiv Kleist, A 60, G. Wiesen, *Bonner Stätten der Arbeit. Ein Wille – ein Weg: „Soennecken", 1919–1934*, in: Westdeutscher Beobachter, 10.3.1934.
7 Ettighoffer, Soennecken, 32f.
8 Soennecken-Archiv Kleist, A 60, G. Wiesen, *Bonner Stätten der Arbeit. Ein Wille – ein Weg: „Soennecken", 1919–1934*, in: Westdeutscher Beobachter, 10.3.1934.
9 Ebd.
10 StadtA Bonn, SN 159, Nr. 14, Deutsche Reichs-Zeitung, 14.8.1921.
11 Ebd., Rheinisches Volksblatt, 13.8.1921.
12 Soennecken-Archiv Overath, Abt. 1, Nr. 6d, Fasz. 7, Bilanzbuch 1919–1947.
13 Ebd.
14 Soennecken-Archiv Kleist, A 19, Schreiben Alfred Soenneckens an Händler, 5.2.1924.
15 Soennecken-Archiv Overath, Abt. 1, Nr. 3, Fasz. 16, Gesamt-Anzeigenkosten, Januar–März 1922.
16 Ebd., Anzeigen-Erscheinungsplan, Politische Zeitungen, Januar–März 1922.
17 Ebd., Gesamt-Reklamekosten, Januar–März 1922.
18 Soennecken-Archiv Kleist, A 17, Schreiben von Alfred Soennecken aus Churwalden nach Bonn an Herrn Becker und Herrn Willms, 1.2.1927, 1.
19 Ebd., A 48.1, Rudolf Seyffert, *Reklametradition*, in: Die Reklame, April 1924 [Abschrift].
20 Soennecken-Archiv Overath, Abt. 1, Nr. 6d, Fasz. 7, Bilanzbuch 1919–1947.
21 StadtA Bonn, SN 159, Nr. 15, Die Soennecken-Werke in Bonn, Vortrag von Alfred Soennecken vom 5.7.1929, abgedruckt in: Bonner Mitteilungen 4, Februar 1930, 19.
22 Ettighoffer, Soennecken, 34; StadtA Bonn, SN 159, Nr. 15, Notiz [undatiert].
23 BArch Berlin, R 3002/105596, Urteil des RG vom 22.6.1934, RG II 97/34, 3, 8.
24 Ebd., 3f., 8f., 12.
25 BArch Berlin, R 3002/105604, Urteil des Reichsgerichts vom 12.10.1934, RG II 105/34.
26 Vgl. WA BW, B 192, V 216, mehrere Briefe; ebd., V 221, Schreiben von Alfred Soennecken an Fa. Louis Leitz, 9.2.1933.
27 Ebd., V 219, Urteil des RG vom 28.6.1933, RG I 311/32, 3, 7.
28 Ebd., V 221, Schreiben der Rechtsanwälte Max Mendel und Robert Ellscheid II. an die Firma Louis Leitz, 29.1.1933, 1.
29 Ebd., Schreiben von Alfred Soennecken an Fa. Louis Leitz, 9.2.1933.
30 Soennecken-Archiv Kleist, A 48.1, Der Türmer 11, August 1935.
31 Ebd., A 19, verschiedene Prospekte.
32 StadtA Bonn, SN 159, Nr. 15, Die Soennecken-Werke in Bonn, Vortrag von Alfred Soennecken vom 5.7.1929, abgedruckt in: Bonner Mitteilungen 4, Februar 1930, 17.
33 Frevert, *Klavier*, 89.
34 Vgl. Imke Thamm, *Der Anspruch auf das Glück des Tüchtigen. Beruf, Organisation und Selbstverständnis der Bankangestellten in der Weimarer Republik*, Stuttgart 2006, 121.
35 Susanne Suhr, *Die weiblichen Angestellten. Arbeits- und Lebensverhältnisse*, Berlin 1930, 4.
36 Vgl. Thamm, *Anspruch*, 195.
37 Frevert, *Klavier*, 91.
38 Käthe Lövinson, *Frauenarbeit in Bankbetrieben. Ein Beitrag zur Wirtschaftsgeschichte unserer Zeit*, Berlin 1926, 17.
39 Ebd., 41.
40 *Höhere Töchter gesucht*, in: Der Deutsche Bankangestellte 3 (1923), 36, zitiert nach: Thamm, *Anspruch*, 226.
41 Vgl. Thamm, *Anspruch*, 264.
42 Frevert, *Klavier*, 84 und 93.

Hohe Gewinne und politische Verstrickung: Soennecken im Nationalsozialismus

Raphael Hennecke

Die allgemeine wirtschaftliche Erholung nach der Weltwirtschaftskrise in Deutschland, die zeitlich mit der Machtübernahme der Nationalsozialisten 1933 zusammenfiel, schlug sich auch bei Soennecken bald nieder. Hatte am Ende des Geschäftsjahres 1931/1932 trotz massiver Einsparungen bei Löhnen und Gehältern noch ein hoher Verlust gestanden, so gelang es im Folgejahr immerhin schon, den Verlust auf nahezu null zu minimieren. In den beiden nächsten Geschäftsjahren 1933/34 und 1934/35 wurde dann bereits wieder ein bescheidener Gewinn (knapp 120.000 und 24.000 Reichsmark respektive) erwirtschaftet, während sich die Summe der Löhne und Gehälter von einem absoluten Tiefpunkt von ca. 1,34 Mio. Reichsmark 1932/33 wieder auf ca. 2,3 Mio. Reichsmark erholt hatte.[1] Ermöglicht wurde diese Wende vor allem durch den zunehmenden Bedarf, der eine intensivere Ausnutzung der Produktionskapazitäten gestattete, während sich die Produktionskosten nur geringfügig erhöhten. Zudem ordnete Alfred Soennecken auch in den Quellen nicht näher erläuterte Rationalisierungsmaßnahmen an, die ebenfalls zu den steigenden Gewinnen beitrugen.[2]

Die bereits aufgezeigten Konflikte zwischen Leitz und Soennecken wurden schon bald nach der nationalsozialistischen Machtergreifung durch den nun salonfähigen Antisemitismus zusätzlich vergiftet, ohne dass dazu erkennbarer Druck der Partei vonnöten gewesen wäre. Seinen Ausgang nahm das neue Kapitel in diesem Streit in einem Rundschreiben von Ludwig Leitz vom 20. April 1933. In diesem wandte sich Leitz an seine Vertreter, da durch Papierhändler Nachfragen an ihn gestellt worden seien, „ob es zutrifft, daß die Firma Leitz jüdisch sei". Daher teilte er seinen Vertretern zunächst mit, dass sowohl der Firmengründer als auch seine beiden ihm als Geschäftsführer nachgefolgten Söhne „waschechte Schwaben, seit Generationen in Württemberg ansässig, die noch nie mit fremdrassigen [sic] Berührung hatten", seien. Wer das Gerücht gestreut hatte, sei ihm noch nicht gelungen festzustellen, aber „verschiedene Anzeichen" wiesen „nach Bonn". Diese Vermutung nutzte Ludwig Leitz dann als Vorwand, um seinerseits als Erwiderung ein ähnliches Gerücht zu streuen: „Herr Dr. Soennecken, der Alleininhaber der Firma" sei „Christ, aber geborener Halbjude". Diese Mitteilung sei von den Vertretern „nur in Abwehr zu benutzen, wenn übereifrige Soennecken Vertreter [sic] [...] einen Verdacht gegen mich nähren sollten". Schließlich sei seinen Vertretern ja „bekannt, wie skruppellos [sic] Soennecken uns bekämpft". Als weiteres Beispiel dafür nannte er, dass „meine Münchener Kundschaft [...] seit Jahren Ordner in das braune Haus

[sic] [NSDAP-Parteizentrale, RH] " liefere, nun aber Vertreter von Soennecken versucht hätten, über einen Münchener Lieferanten selbst dieses mit Ordnern zu beliefern, auf denen statt des Schildes von Soennecken auf der Rückseite die Bezeichnung NSDAP mit Hakenkreuz angebracht gewesen sei.[3]

Durch die Indiskretionen mehrerer Leitz-Vertreter erfuhr Alfred Soennecken allerdings von dem Rundschreiben Ludwig Leitz'. So hatte etwa die Händlergenossenschaft GDB ihrerseits ihre Mitglieder per Rundschreiben aufgefordert, „jene Lieferanten mitzuteilen, die als nicht arisch bekannt sind", woraufhin der Händler Friedrich Müller in Halle an der Saale schließlich nach mehreren Nachfragen geantwortet habe, „dass entweder Dr. Soennecken Jude sein soll oder seine Frau Jüdin sein soll", nachdem er dies von einem Leitz-Vertreter erfahren hatte. Dieses Gerücht wurde dann durch einen Mitarbeiter der GDB, einen Herrn Wingen, an Soennecken weitergetragen und das Unternehmen konnte schließlich den betreffenden Hallenser Händler als Quelle ermitteln. Diesen setzte Alfred Soennecken dann telefonisch unter Druck, bis er schließlich auf Leitz als Urheber des Gerüchts verwies.[4] Auch andere Vertreter des schwäbischen Unternehmens hatten die Diffamierung zu diesem Zeitpunkt bereits weiterverbreitet, der Berliner Soennecken-Vertreter, Willibald Müller, hatte das Rundschreiben sogar einsehen können, als es ihm vom Königsberger Leitz-Vertreter Ernst-Georg Rüdel vorgelegt worden war.[5] Alfred Soennecken fühlte sich durch das Gerücht seiner angeblichen halbjüdischen Herkunft „schwer gekränkt" und „persönlich verletzt".[6] Er verlangte vor Gericht nicht nur in einer einstweiligen Verfügung die Unterlassung der Behauptung seitens Ludwig Leitz, sondern in der Hauptklage auch Schadensersatz sowie eine klarstellende Veröffentlichung in mehreren Fach- und Tageszeitschriften. Während Ludwig Leitz sich zur Unterlassung bereiterklärte und er die benachrichtigten Vertreter darüber aufklärte, dass seine Behauptungen nicht der Wahrheit entsprochen hatten, verwehrte er sich gegen die weiteren Forderungen.[7]

Der Prozess wurde – zusammen mit den im vorherigen Kapitel genannten zwischen den beiden Unternehmen schwebenden Rechtsstreitigkeiten – schließlich am 1. September 1933 durch einen Vergleich beigelegt. In diesem verpflichteten sich beide Unternehmen, sämtliche gegeneinander erhobenen Klagen fallenzulassen, und Soennecken zusätzlich dazu, 3.000 Reichsmark an die Adolf-Hitler-Spende zu zahlen. Passend zum bisherigen Verhältnis zwischen den beiden Familienunternehmen lieferte diese Einigung allerdings bereits den Zündstoff für den nächsten Streit. Denn aufseiten von Leitz sah man den im Rahmen des Vergleichs beschlossenen Beitrag Soenneckens zur Adolf-Hitler-Spende explizit als „Ausgleich für den günstigeren Stand der Prozesse für Leitz"[8]. Alfred Soennecken hingegen nutzte die Spende seines Unternehmens, um damit in der

Bürobedarfs-Rundschau Werbung zu machen, und forderte andere Firmen in dieser auf, ihm Folge zu leisten.[9] Als er daraufhin von Leitz zur Rede gestellt wurde, stellte er sich auf den Standpunkt, mit dem Vergleich sei seinerseits keinerlei Anerkenntnis etwaiger Rechte oder eines Prozessstandes verbunden gewesen und es sei ausdrücklich festgestellt worden, „dass es sich hier um eine freiwillige Spende handelt, mit der ein Anerkenntnis zu Gunsten Ihrer Firma überhaupt nicht verbunden war“[10]. Es zeigte sich also deutlich, dass die bereits erkennbar im Geiste der nationalsozialistischen „Volksgemeinschaft“ zustande gekommene Einigung nicht in der Lage sein würde, die tiefe Missgunst zwischen den beiden Familienunternehmen zu überwinden. In der Tat hielten die Streitigkeiten zwischen Leitz und Soennecken auch in der nationalsozialistischen Diktatur an.

Kann man die im vorherigen Kapitel behandelten Streitigkeiten über Patente und Werbung zwischen den beiden Familienunternehmen Leitz und Soennecken noch als Folgen eines zwar besonders missgünstig und kleinlich ausgelebten, aber zwischen Unternehmen derselben Branche nicht unüblichen Konkurrenzverhältnisses subsumieren, so wirft der Fall der antisemitischen Diffamierung einen deutlich düsteren Schatten auf die zeitgenössischen Büromittelhersteller und ihre Vertreterschaft, allerdings auch die Fachhändler als deren Kunden. Die antisemitische Diffamierung ging hier zwar eindeutig von Ludwig Leitz aus, zeigt aber deutlich, wie weit die Branche bereits wenige Monate nach der NS-Machtergreifung die antisemitische Diskriminierung verinnerlicht hatte, ohne dass dazu erkennbarer Druck von staatlichen Behörden oder der NSDAP nötig gewesen wäre. **Mit Blick auf die Händlerschaft äußerte Alfred Soenneckens Anwalt in dem Fall: „Außerdem sind gerade die Geschäftsinhaber von Geschäften mit Bürobedarfsartikeln fast restlos Nationalsozialisten. Gerade die Kreise der Inhaber von Ladengeschäften haben sich fast alle der nationalsozialistischen Bewegung angeschlossen.“**[11] Eine Argumentation, die zwar im Sinne ihres gerichtlichen Zwecks zugespitzt sein mag, in ihrer grundsätzlichen Tendenz aber mit den Ergebnissen der sozialhistorischen Erforschung des Nationalsozialismus übereinstimmt. Alfred Soennecken selbst war hier (wahrheitswidrig) Opfer des Wildwuchses an antisemitischen Verleumdungen, Diffamierungen und Gerüchten. Seine Reaktion, sich durch den „Vorwurf“ einer teilweise jüdischen Abstammung nicht nur (angesichts der geschilderten Verhältnisse sicherlich zu Recht) wirtschaftlich geschädigt, sondern auch persönlich gekränkt und angegriffen zu zeigen, lässt aber zumindest äußerlich keinerlei Distanzierung von diesem Gedankengut erkennen. Ob dieses Verhalten auch in eigenen Überzeugungen wurzelte oder ausschließlich der Wahrnehmung des politischen Klimas in seiner Branche geschuldet war, lässt sich nicht beurteilen. Allerdings spricht auch der verein-

barte Beitrag an die Adolf-Hitler-Spende und dessen öffentliche Bewerbung für eine Nähe des Unternehmens Soennecken zu den nationalsozialistischen Machthabern.
Politisch sind vor 1933 hingegen für Alfred Soennecken keine Berührungspunkte mit dem Nationalsozialismus überliefert. Seinen eigenen retrospektiven Angaben im Entnazifizierungsfragebogen zufolge wählte er bei den Reichstagswahlen im November 1932 und im März 1933 die Deutsche Volkspartei (DVP).[12] Diese nationalliberale und wirtschaftsnahe Partei war bei Industriellen beliebt und insofern eine plausible Wahl für den Unternehmer Soennecken. Allerdings hatte sie nach dem Tod ihres langjährigen Parteivorsitzenden Gustav Stresemann in der Weltwirtschaftskrise ihr politisches Momentum vollends verloren und handelte sich in den beiden genannten Reichstagswahlen mit 1,9 Prozent und 1,1 Prozent der Stimmen katastrophale Ergebnisse ein. Weil aus dem Zeitraum vor 1933 selbst so gut wie keine Dokumente zur politischen Betätigung Alfred Soenneckens vorliegen, muss hier vor allem auf die überlieferten Akten aus seinem Entnazifizierungsprozess zurückgegriffen werden. Die dortigen Angaben und Aussagen müssen allerdings äußerst kritisch gelesen werden, weil es sich vor allem um die Verteidigungsschrift von Alfred Soenneckens Rechtsanwalt sowie die Aussagen von Entlastungszeugen (sogenannte „Persilscheine") handelt, die mit der klaren Intention entworfen wurden, Alfred Soennecken zu entlasten, indem dessen angebliche Gegnerschaft zum Nationalsozialismus behauptet wurde. Für die wenigen vorliegenden dezidiert belastenden Aussagen gilt die gleiche Herangehensweise unter umgekehrten Vorzeichen. Für den Zeitraum des Nationalsozialismus selbst kann das Material aus der Entnazifizierungsakte immerhin teilweise durch erhaltene Überlieferung aus dem Unternehmen selbst ergänzt werden, auch diese ist allerdings äußerst fragmentarisch.

Laut der Verteidigungsschrift seines Anwalts im Entnazifizierungsprozess war Alfred Soennecken vor 1933 ein Anhänger der Reichskanzler Gustav Stresemann und Heinrich Brüning sowie ein aktiver Unterstützer ihrer Erfüllungspolitik, die eine Revision des für das Deutsche Reich äußerst belastenden Versailler Vertrages auf dem friedlichen Verhandlungswege anstrebte. Im Zuge dieser Erfüllungspolitik soll Alfred Soennecken auch selbst Teil einer Delegation gewesen sein, die auf einem Teilgebiet mit Frankreich verhandeln sollte, was ihn „in Gegensatz zu fast allen Rheinischen Grossindustriellen" versetzt hätte.[13] Überprüfen lassen sich diese Angaben mit den vorliegenden Quellen nicht, allerdings wäre die Mitgliedschaft in einer Verhandlungsdelegation wohl eine riskante Lüge gewesen, die sich ggf. durch den Entnazifizierungsausschuss hätte widerlegen lassen. Zudem deckt sich die politische Unterstützung für

Stresemann (DVP) und Brüning (Zentrum) auch mit dem angegebenen Wahlverhalten Alfred Soenneckens, da die DVP Bestandteil der Koalitionen dieser beiden Reichskanzler war (im Fall Brünings lediglich in dessen erstem Kabinett).
Während Alfred Soennecken vor 1933 wohl politische Distanz zu den Nationalsozialisten wahrte, sollte sich dies bald nach deren Machtübernahme ändern. Während Hunderttausende Deutsche, vor allem solche in wirtschaftlichen und gesellschaftlichen Führungspositionen, unmittelbar nach dem Beginn von Hitlers Reichskanzlerschaft im Januar 1933 oder den letzten Reichstagswahlen im März 1933 in die NSDAP eintraten und zeitgenössisch in ironischer Anlehnung an die Revolution 1848 als „Märzgefallene" verspottet wurden, verpasste Alfred Soennecken diesen Zeitpunkt knapp. Dies stellte ihn insofern vor ein Problem, als dass die NSDAP zum 1. Mai 1933 einen Aufnahmestopp verhängt hatte, um den Zustrom der politischen Opportunisten zu bremsen. Daher trat der Familienunternehmer etwa im Juli 1933 in die SA ein, welche die Mitgliedschaft auf den 1. Mai 1933 rückdatierte.[14] Im Juli 1935 wurde ihm daraufhin die Parteimitgliedschaft in der NSDAP gewährt und ebenfalls auf den 1. Mai 1933 rückdatiert.[15] In der SA stellte er daraufhin sowohl im Mai 1935 als auch im Mai 1937 ein Austrittsgesuch; beiden wurde nicht stattgegeben, er wurde aber vom aktiven Dienst befreit.[16] Im Entnazifizierungsprozess stellte sein Anwalt die Austrittsversuche aus der SA als Abkehr vom Nationalsozialismus dar, weil Alfred Soennecken „den Kurs der nationalsozialistischen Regierung nunmehr erkannte und nicht mehr mitmachen wollte"[17]. Dies ist allerdings schon deshalb unglaubwürdig, da er bis Kriegsende Mitglied in der NSDAP blieb. Im Austrittsgesuch selbst hatte er diese Entscheidung lediglich dadurch begründet, dass ihm seine Tätigkeit als geschäftsführender Unternehmer angesichts eines durch die Arbeitsbelastung bereits angegriffenen Gesundheitszustands keinen zusätzlichen Dienst in der SA erlaube, während er zuvor „an den Arbeiten der S.A. freudig teilgenommen habe".[18] Wahrscheinlich ist eher, dass die Mitgliedschaft in der SA lediglich als Vehikel zum Parteibeitritt gedient hatte, was auch sein Anwalt an anderer Stelle im selben Schreiben so dargestellt hatte.[19] Etwaige finanzielle oder zeitliche Verpflichtungen waren nach dem Erreichen dieses Ziels wohl lästig geworden, zumal die SA innerhalb der nationalsozialistischen Polykratie nach der von Hitler angeordneten Ermordung ihres langjährigen Führers Ernst Röhm 1934 drastisch an Einfluss verloren hatte. Eine Abkehr vom Nationalsozialismus als Motivation für die Austrittsversuche bei der SA ist zu diesem Zeitpunkt auch insofern unplausibel, dass Alfred Soennecken ebenfalls von Oktober 1933 bis September 1939 unterstützendes Mitglied in der SS war.[20] Sein Anwalt war später der Meinung, auch dieser Mitgliedschaft sei „keine beachtliche Bedeutung zuzumessen", da diese fördernden Mitglieder damals häufig

zur finanziellen Unterstützung der „sogenannten vornehmsten Parteiorganisation" angeworben worden seien und er zudem lediglich den äußerst geringen Beitrag von fünf Reichsmark pro Monat beigetragen habe. Darüber hinaus sei „die furchtbare Entwicklung der SS damals nicht nur nicht bekannt, sondern auch in keinem Falle im geringsten zu erwarten" gewesen.[21] Letzteres ist eindeutig eine nicht haltbare Schutzbehauptung, hatten die Morde der SS im KZ Dachau, dessen Eröffnung sogar in der NS-Presse feierlich begleitet worden war, doch bereits 1933 bald nach der Machtübernahme begonnen und spätestens 1934 im Zuge des sogenannten „Röhm-Putsches" eine öffentlich sichtbare Eskalation erreicht.

Ansprache zum „Feiertag der nationalen Arbeit" am 1. Mai bei Soennecken, 1934

Plausibel ist hingegen, dass Alfred Soennecken vor allem aus wirtschaftlichen Interessen die Nähe zu den neuen Machthabern suchte. Als Hersteller von Büromaterial war sein Unternehmen nicht zuletzt auf die Aufträge von Behörden angewiesen[22] und die nationalsozialistische Polykratie mit ihrem Geflecht aus Partei- und Staatsinstitutionen bot hier erhebliches Potenzial. Seine Verteidigung versuchte nachträglich, die Funktionäre der Deutschen Arbeitsfront (DAF) als existenzielle Bedrohung für das Familienunternehmen zu stilisieren, deren Ambitionen angeblich die „Zerschlagung der Existenzgrundlage des Betroffenen, seiner Familie und der Werksgemeinschaft" bedeutet hätten, wogegen der eigene Beitritt zur Partei die einzig mögliche Verteidigung gewesen sei. Im Zuge dieser Bedrohung habe Alfred Soennecken auch seinen Posten als Präsident der Bonner Industrie-

und Handelskammer verloren.[23] Die DAF war von den Nationalsozialisten als Nachfolgeorganisation der zerschlagenen und enteigneten Gewerkschaften gegründet worden, diente aber eher der Regulierung der Arbeitsverhältnisse und der ideologischen Indoktrinierung der Arbeiterschaft im Sinne des Regimes als deren Interessenvertretung. Auch wenn etwa Streitigkeiten mit dem Bonner Kreiswalter der DAF, Engelbrecht, in einigen Fällen überliefert sind, gibt es in den Quellen keinerlei Hinweise auf eine drohende Enteignung oder Zerschlagung des Unternehmens.[24] Die Betriebsobleute, DAF-Funktionäre in der Belegschaft des eigenen Unternehmens, handelten im neu gegründeten Vertrauensrat des Unternehmens meist völlig loyal zu Alfred Soennecken und wurden in den wenigen Einzelfällen, in denen sie auf Anweisung der DAF in der Tat gegen die Interessen des Unternehmens gehandelt hatten, schnell in die Schranken gewiesen.[25]
Als es tatsächlich zu Konflikten mit DAF-Funktionären kam, wie etwa bei einem Streit über die Höhe der Weihnachtsgratifikation für die Belegschaft, gelang es Alfred Soennecken über seinen Direktor Paul Bodenheim zudem, eigene politische Kontakte in die Kanzlei des Führers geltend zu machen, die den Konflikt im Sinne des Unternehmers lösten.[26] Alfred Soennecken verlor zwar in der Tat sein Präsidentenamt in der lokalen Industrie- und Handelskammer, wurde dafür aber später Leiter der Fachabteilung Bürohilfsmittel der Fachgruppe Industrielle Buchbinderei in der Wirtschaftsgruppe Papierverarbeitung sowie Leiter der Abteilungen für Registraturgeräte und für Bürogeräte aus Metall in anderen Wirtschaftsgruppen.[27] Er war also auch in den durch den Nationalsozialismus staatlich überformten korporatistischen Spitzenorganisationen der deutschen Wirtschaft an einflussreicher Stelle vertreten und gut vernetzt. Mag Alfred Soennecken vor 1933 in der Tat dem Nationalsozialismus noch distanziert und ablehnend gegenübergestanden haben, so war er nach der Machtübernahme bald durch eine Reihe von Mitgliedschaften und Spitzenpositionen an die Organisationen des neuen Regimes gebunden.

Fraglich ist, ob es sich hierbei um reinen Opportunismus aus wirtschaftlichem Interesse handelte oder ob es auch ideologisch zu einer Annäherung zum Nationalsozialismus kam. Auch hier war sein Rechtsanwalt später bemüht, die Anpassung an den Nationalsozialismus als eine rein äußerliche darzustellen, tatsächlich habe „Dr. Soennecken die alte demokratische Gesinnung beibehalten".[28] Zumindest bei dem aufwendig inszenierten „Feiertag der nationalen Arbeit" am 1. Mai 1933 hielt Alfred Soennecken noch eine Rede vor allem antimarxistischen Inhalts und schloss mit der Aussage:

„Wenn wir uns heute einmütig und freudig zur engen Volks- und Werksverbundenheit bekennen, so gebe ich mich der freudigen Hoffnung hin, daß im Sinne und nach dem Willen des großen Führers der nationalen Revolution auch für mein Unternehmen und damit für jeden in diesem Unternehmen Arbeitenden die Morgenröte einer besseren Zukunft angebrochen ist.“[29]

Antisemitische oder außenpolitisch-bellizistische Aussagen tätigte er hingegen nicht und bei der gleichen Veranstaltung im Folgejahr ist lediglich überliefert, er sei erschienen, um „in kurzen eindringlichen Worten auf die Bedeutung des Tages hinzuweisen“[30]. In den Folgejahren sind nur noch Reden von DAF- und Parteifunktionären inner- und außerhalb der Belegschaft überliefert und das Entlastungsschreiben eines leitenden Beamten beim Landesarbeitsamt bescheinigte ihm später, sowohl er als auch seine Vertreter hätten an Versammlungen der NSDAP und DAF „fast kaum und nur in Einzelfällen“ teilgenommen.[31]

„Musikalische Feierstunde“ der Mitarbeiter des Unternehmens, im Hintergrund Bild Adolf Hitlers, 1935

Während die innere politische Haltung sowohl hinter dem Inhalt von Reden bei den durchorganisierten Inszenierungen des Dritten Reichs als auch hinter einem etwaigen Fernbleiben nur schwer im Nachhinein zu beurteilen ist, so kann die Personalpolitik Alfred Soenneckens zumindest als ein Indiz für eine gewisse Distanz zum herrschenden System ausgelegt werden. Vor allem von der Einstellung des Peter Stockhausen, der als Vertreter der Zentrumspartei 1937 durch die NSDAP aus seiner alten Position als Vorsitzender der Mensa Academica des Vereins Studentenwohl (Vorläufer des heutigen Studierendenwerks) entlassen worden war, konnte Alfred Soennecken während des Entnazifizierungsverfahrens später profitieren. Stockhausen wurde von ihm eingestellt und stieg bereits 1938 nach einer Personalfluktuation unter den Direktoren, auf die noch eingegangen wird, als „erster Direktor“ zum zweiten Mann im Unternehmen auf. Nach dem Krieg war er zunächst Fraktionsvorsitzender der Bonner CDU und danach von 1948 bis 1951 Oberbürgermeister der Stadt. Alfred Soennecken bescheinigte er nach 1945 „eine ablehnende Haltung“ zum Nationalsozialismus, seine Mitgliedschaft in Partei und SA sei „keineswegs auf eine irgendwie geartete innere Verbindung zum Nationalsozialismus zurückzuführen“ gewesen, sondern „gründet[e] ausschliesslich in der Sorge, zu

jener Zeit schwerer wirtschaftlicher Depression seinen Arbeitern und seiner Familie das Unternehmen zu erhalten“[32].
Neben Stockhausen beschäftigte Alfred Soennecken noch andere Gegner des Nationalsozialismus in Vertrauenspositionen, so wurde 1937 der ebenfalls dem Zentrum nahestehende Alfred Hüwel auf persönliches Angebot Alfred Soenneckens hin sein Privatsekretär.[33] Zuvor hatte er bereits 1934 den Sozialdemokraten und ehemaligen Bürgermeister von Neheim, Wilhelm Saurbier, der nach 1945 zum Bürgermeister von Menden ernannt wurde, als Leiter der Organisationsabteilung eingestellt.[34] Auch wenn Alfred Soenneckens Verteidiger die politischen Implikationen dieser Personalpolitik später eindeutig überzeichnete, zeigt sie doch, dass er zumindest die Verfolgung politischer Gegner des Nationalsozialismus nicht mittrug und dieser ein Stück weit entgegenarbeitete. Eine politische Gegnerschaft zum System lässt sich daraus allerdings nicht unbedingt konstruieren, da persönliche Loyalität zu langjährigen Freunden und Bekannten sowie ein wirtschaftliches Interesse an kompetenten Führungskräften in diesen Fällen mindestens ebenso plausible Motivationsfaktoren darstellen.
Nicht für eine nationalsozialistische, aber doch für eine gewisse nationalistische Gesinnung des Unternehmenserben spricht, dass Alfred Soennecken bereits 1910 Mitglied einer der Vorläuferorganisationen des späteren Reichskolonialbunds wurde.[35] Dies läuft allerdings einer demokratischen Gesinnung nicht zuwider; so war etwa Konrad Adenauer 1931 bis 1933 Vizepräsident der Deutschen Kolonialgesellschaft, einer der wichtigsten Vorgängerorganisationen. Politische Aussagen von Alfred Soennecken selbst sind in den vorliegenden Quellen kaum überliefert. Ein privates Schreiben an Ludwig Leitz unterzeichnete er mit „Heil Hitler“.[36] Angesichts des schwierigen Verhältnisses zum Konkurrenzunternehmen Leitz könnte aber auch dies lediglich dazu gedient haben, politisch „unauffällig“ zu bleiben, oder eine Anpassung an die vermutete Gesinnung des Empfängers darstellen. Noch aus dem Januar 1945 ist ein Schreiben überliefert, in dem Alfred Soennecken gegenüber seinen Betriebsobleuten versicherte: „Die Betriebsgemeinschaft darf überzeugt sein, daß ich in den schweren Zeiten alles tun werde, um ein Durchhalten bis zum baldigen Sieg zu ermöglichen. Heil Hitler.“[37] Auch hier fehlt letztlich eine Kontextualisierung durch weitere Quellen, es zeigt aber immerhin, dass Alfred Soennecken sich nach außen hin bis zum Ende des Krieges überaus systemtreu zeigte. Dass er auch im Krieg keinesfalls offen mit dem Nationalsozialismus brach, wird auch dadurch deutlich, dass ihm noch am 30. Januar 1944 auf Vorschlag des Reichsministers für Rüstung und Kriegsproduktion, Albert Speer, das Kriegsverdienstkreuz I. Klasse verliehen wurde.[38] Ob er innerlich den Nationalsozialismus wirklich so rigide ablehnte, wie es ihm seine Mitstreiter nach 1945 in diversen Aussagen be-

S. 109: Teil der Werkzeugmacherei, 1933

scheinigten, lässt sich basierend auf den vorliegenden Quellen nicht abschließend klären. Durchaus denkbar ist auch eine ambivalente Haltung zum Nationalsozialismus mit ideologischen Teilkongruenzen, wie sie für viele Wirtschaftsführer dieser Zeit kennzeichnend war. So gab es viele Unternehmer, die etwa die wirtschaftliche Erholung, die autoritäre Betriebsverfassung sowie die Zerschlagung der organisierten Arbeiterbewegung durch den Nationalsozialismus begrüßten, den Antisemitismus, die politische Verfolgung und den Kriegskurs des Regimes aber ablehnten. Eine ähnliche Einstellung wäre auch für Alfred Soennecken denkbar, lässt sich aber anhand der vorliegenden Quellen weder abschließend belegen noch sicher

Arbeiterinnen in der Schreibfedern-Biegerei, 1933

widerlegen. **Unabhängig davon, ob Alfred Soennecken wirklich innerlich stets auf Distanz zum Nationalsozialismus blieb oder eine wie hier skizzierte ambivalente Haltung zur Politik des NS-Regimes vorlag, war die politische Einstellung bei vielen zeitgenössischen (Familien-) Unternehmern nicht handlungsleitend für ihr Geschäftsgebaren und die etwaige wirtschaftliche Kooperation mit dem Regime.**

Stattdessen handelten diese meist strikt nach der ökonomischen Eigenlogik der Unternehmensführung, welche sich daran orientierte, im wirtschaftlichen Wettbewerb nicht zurückzufallen und idealerweise die eigene Position zu verbessern. Angesichts lukrativer Staats- und Parteiaufträge waren diese Unternehmer der Ansicht, eine dauernde Distanz zum Regime im Interesse ihres Unternehmens nicht verantworten zu können, selbst bei eigener politischer Ablehnung des Nationalsozialismus. Für diese Haltung steht der Familienunternehmer Alfred Soennecken geradezu stellvertretend. Im wirtschaftlichen Interesse seines Unternehmens sammelte er Mitgliedschaften in NS-Organisationen sowie Führungsämter in den nazifizierten Lenkungsorganisationen der Wirtschaft, ohne dass dabei etwaige politisch-moralische oder staatsbürgerliche Bedenken erkennbar eine Rolle gespielt hätten.

Nachdem sich das Unternehmen bereits in der Phase der allgemeinen wirtschaftlichen Erholung ab 1933 stabilisiert hatte, war die wirtschaftliche Entwicklung in den Folgejahren weiterhin positiv. Zum Ende des Geschäftsjahrs 1935/36 stand zum ersten Mal seit der Weltwirtschaftskrise wieder ein mit ca. 300.000 Reichsmark signifikanter Gewinn. Dieser stieg in der Aufrüstungskonjunktur des Vierjahresplans in den folgenden Jahren weiter an und erreichte 1938/39 ca. 840.000 Reichsmark. Die Summe der gezahlten Löhne und Gehälter hatte sich nach dem Einbruch zu Beginn der 1930er Jahre zunächst langsam wieder stabilisiert und erreichte erst 1937/38 annähernd wieder den Vorkrisenwert, stieg dann im folgenden Geschäftsjahr aber rasant um fast eine Mio. auf etwa 3,6 Mio. Reichsmark an.[39]

Zum Ende dieses Geschäftsjahrs am 30. Juni 1939 beschäftigte das Unternehmen 2.169 Mitarbeiter. Während bei den Angestellten sowie den gelernten Facharbeitern die männlichen Mitarbeiter zahlenmäßig überwogen, war das Geschlechterverhältnis bei den ungelernten Hilfsarbeitern hier bereits vor dem Krieg genau umgekehrt.[40]

In der Geschäftsführung des Unternehmens kam es in dieser Zeitspanne zu einigen gewichtigen personellen Veränderungen. Ein Auslöser war der plötzliche Tod des Direktors Paul Wilms am 22. Februar 1938. Dieser war bereits 1890 als Lehrling in das Unternehmen Friedrich Soenneckens eingetreten, in dem er seit 1907 als Prokurist fungierte.[41] Im Unternehmen war der Direktor hinter Alfred Soennecken eine der wichtigsten Führungskräfte gewesen. In die NSDAP war er 1933 eingetreten, war „aktiv in der Bewegung tätig" und hatte sich „schon vor seinem Eintritt in die Bewegung zum Führer bekannt".[42] NSDAP-Mitglied mit guten politischen Kontakten war auch der zweite Direktor gewesen, der in diesem Zeitraum aus dem Unternehmen ausschied. Paul Bodenheim war 1926 im Unternehmen Prokurist geworden[43] und wurde entweder zum 1. Juli 1929 oder 1. Januar 1930 zum Direktor ernannt.[44] Er fungierte als Stellvertreter Alfred Soenneckens, verließ aber zum Ende des Jahres 1937 das Unternehmen, nachdem der Vertrauensrat des Unternehmens unter Beteiligung von Alfred Soennecken kurz zuvor beschlossen hatte, „ihm als Stellvertreter des Betriebsführers das Vertrauen zu entziehen"[45]. Die Hintergründe dieses Zerwürfnisses lassen sich wegen unvollständiger Quellenüberlieferung nicht mehr vollständig aufklären, da etwa das Zustandekommen des entsprechenden Beschlusses nicht dokumentiert ist. Kurz zuvor war aber im selben Gremium ans Licht gekommen, dass Bodenheim mehrmals Beschwerden von Mitarbeitern über eine Privatsekretärin wegen beleidigender Aussagen entgegen dessen Erwartung nicht an Alfred Soennecken weitergeleitet hatte.[46] Durch den Verlust der beiden langjährigen Direktoren war an der Spitze des Unternehmens hinter dem Inhaber ein Machtvakuum entstanden, das in den folgenden Jahren vor allem der bereits genannte Peter Stockhausen ausfüllen sollte.

Einen personellen Wechsel gegen Ende der 1930er Jahre gab es nicht nur unter den Direktoren, sondern auch bei den Teilhabern des Unternehmens. Zum 30. Juni 1939 schied Alfred Soenneckens Schwester Johanna Lütgens aus dem Unternehmen aus.[47] In den Quellen wird dieses Ausscheiden nicht weiter kontextualisiert. Ein Zusammenhang mit der antisemitischen Gesetzgebung und Verfolgung des NS-Regimes ist aber wahrscheinlich, da zu diesem Zeitpunkt die Verdrängung der Juden aus dem Wirtschaftsleben eine neue Eskalationsstufe erreichte. Johanna Lütgens war mit dem Juristen und Diplomaten im Auswärtigen Amt Alfred Lütgens verheiratet, der jüdischer Abstammung war, und galt dementsprechend in der rassistischen Terminologie des Nationalsozialismus als „jüdisch versippt". Auf diese Weise diffamierte Personen gerieten angesichts der Eskalation der antisemitischen Verfolgungsmaßnahmen des Regimes zunehmend selbst unter Druck.[48] Alfred Lütgens war zu diesem Zeitpunkt durch die nationalsozialistische Regierung bereits zwangsweise in den einstweiligen (1935) und 1937 in den endgültigen Ruhestand versetzt worden.[49] Leider liegen keine bekannten Quellen darüber vor, ob, inwiefern und auf welche Weise auf das Unternehmen Soennecken in dieser Hinsicht politischer Druck ausgeübt wurde. Ein Zusammenhang mit den nach der Reichspogromnacht weiter eskalierten antisemitischen Verdrängungsmaßnahmen in der Wirtschaft erscheint angesichts des Zeitpunkts allerdings wahrscheinlich. 1935 hatte Alfred Lütgens noch zusammen mit seiner Ehefrau an einer außerordentlichen Gesellschafterversammlung des Unternehmens teilgenommen.[50] Finanziell konnte die Abfindung für Johanna Lütgens aus den laufenden Gewinnen bestritten werden, für Alfred Soennecken persönlich verringerte sich der Gewinn in diesem Geschäftsjahr durch diese Unkosten lediglich von 650.000 auf etwa 460.000 Reichsmark.[51]

Während die Rüstungskonjunktur in der Wirtschaft des Vierjahresplans auch bei Soennecken für gute Geschäfte sorgte, brachte die zunehmend überhitzende Konjunktur auch Probleme mit sich. So kam es bereits im Verlauf des Jahres 1937 zu ersten Engpässen in der Rohstoffversorgung bei Soennecken. Allerdings war Alfred Soennecken hier um Diskretion bemüht, da es „gefährlich ist, darüber etwas näheres zu äussern, damit keine Psychose bei den Leuten entsteht“, zumal „die Hauptsache ist, dass wir noch dauernd immer Material bekommen haben“, auch wenn es nicht zu verhindern sei, „wenn mal vorübergehend für die eine oder andere Abteilung kein Material da ist“.[52] Diese sich abzeichnende Mangellage war bereits ein Vorbote der Kriegswirtschaft, in der sich die Gewinne bei Soennecken auf astronomische Summen erhöhen sollten, die Versorgung mit Rohstoffen und Arbeitskräften aber zunehmend problematisch wurde.

Mit Kriegsbeginn im September 1939 trat für das nach wie vor für die Produktion von Federn und Schreibwaren zuständige Werk in Bonn-Poppelsdorf der Mobilisierungsfall ein und die ersten Mitarbeiter wurden zum Wehrdienst eingezogen.[53] Um die zum Kriegsdienst eingezogenen Mitarbeiter zu ersetzen, versuchte das Unternehmen zu Beginn der Kriegszeit gezielt, die Ehefrauen der im Unternehmen tätigen männlichen Stammbelegschaft zur Mitarbeit in den Werken zu bewegen.[54]

Soennecken-Paradewagen mit überdimensionalen Aktenordnern und NS-Hakenkreuz zum „Feiertag der deutschen Arbeit“ am 1. Mai, 1935

Im Poppelsdorfer Betrieb waren später auf dem Höhepunkt der Kriegswirtschaft 1944 etwa 800 Frauen tätig, was fast 70 Prozent der Belegschaft ausmachte und wodurch dieser Betrieb im Kreis Bonn die meisten Frauen beschäftigte.[55] Allerdings war diese Anzahl an weiblichen Arbeitskräften nur durch den Einsatz von ausländischen Zwangsarbeiterinnen zu erreichen [siehe Kapitel zu Avatar „Erich Kurth“].

Finanziell gestaltete sich die Kriegswirtschaft für Soennecken äußerst lukrativ. Bereits im ersten Kriegsjahr 1939/40 verdoppelte sich der Gewinn im Vergleich zum bereits erfolgreichen Vorjahr auf über 1.672.000 Reichsmark. In den nächsten drei Kriegsjahren blieb der jährliche Gewinn deutlich über einer Mio. Reichsmark, bevor er 1943/1944 auf ca. 686.000 Reichsmark absank.[56] Alfred Soennecken erklärte den stark gestiegenen Gewinn während der Kriegszeit später dadurch, dass die hergestellten Produkte zu dieser Zeit erheblich standardisiert und vereinfacht worden seien, was die Herstellungskosten gesenkt habe. So sei etwa statt fünf unterschiedlicher Schreibtischtypen nur noch eine Standardausfertigung gebaut worden. Ähnlich sei man bei anderen Produkten wie Kalendern vorgegangen. Die Preise seien aber konstant geblieben. Zudem habe die behördlich angeordnete Erhöhung der Arbeitszeiten eine intensivere Auslastung der Werke ermöglicht. Die Einschränkungen bei der Werbung sowie die Vereinfachung der Verkaufsorganisationen hätten weitere Kosten eingespart. Erst ab der zweiten Jahreshälfte 1944 sowie früh im Jahr 1945 sei es durch Luftangriffe, Stromausfälle sowie Dienstverpflichtungen von Personal zu erheblichen Verlusten gekommen.[57] Die Summe der gezahlten Löhne und Gehälter stieg im Krieg zunächst ebenfalls weiter an, erreichte im Geschäftsjahr 1940/41 mit gut 4.187.000 Reichsmark aber ihren Höhepunkt und stabilisierte sich in den Folgejahren bis zum Einbruch im letzten Kriegsjahr dann bei ca. 3,6 Mio. Reichsmark, etwa auf dem Niveau des Geschäftsjahres 1938/39.[58] Verantwortlich hierfür war vermutlich der Einzug zunehmender Teile der Stammbelegschaft zum Kriegsdienst, die wenn überhaupt nur durch schlechter bezahlte weibliche Arbeitskräfte und Zwangsarbeiter ersetzt werden konnten.

Neben den etablierten Produktlinien des Unternehmens wurde Soennecken auch in die Rüstungsproduktion einbezogen. Soennecken war bereits ab Kriegsbeginn zum 1. September 1939 als Wehrwirtschaftsbetrieb („W-Betrieb“) anerkannt, wofür zunächst vor allem die Belieferung der Militär-, Staats- und Parteibürokratie mit Büromaterial verantwortlich war.[59] Das Unternehmen übernahm aber auch die Herstellung klassischer Rüstungsgüter, so war in der Reichsbetriebskartei für Soennecken die Herstellung von Munition sowie Zündern und Zündschrauben vermerkt.[60] Bei der hergestellten Munition handelte es sich um Fliegerbordmunition, deren Produktion bei Soennecken im Januar 1941 angelaufen war.[61] Konkret wurden zunächst vor allem Schnellzünder, später auch Zünder als Teilprodukte sowie Projektilhülsen hergestellt.[62] Trotz dieser Einbeziehung in die Rüstungsproduktion gelang es dem Unternehmen zu einem erheblichen Umfang, die Produktion von Vorkriegsprodukten aufrechtzuerhalten. Der Anteil dieser Vorkriegsprodukte an der Gesamtproduktion während des Krieges variierte im Verlauf des Krieges

Pappschild mit Kollegbuch, Motiv: Mann in NS-Uniform und Burschenschafter, 1936

zwischen 63 und 85 Prozent.[63] Möglich war die Aufrechterhaltung dieses hohen Anteils auch dadurch, dass Alfred Soennecken die Produktion bereits 1940 an die Umstände im Krieg angepasst hatte. So wurden etwa unmittelbar nach dem Ende des Westfeldzugs Aufträge in die besetzten Gebiete in den Niederlanden, Belgien und Frankreich ausgelagert.[64]

Eine Schlüsselrolle kam dabei einem Werk im elsässischen Zabern (frz. Saverne) zu, das Soennecken bereits 1940 nach der Besatzung Elsass-Lothringens erwarb. Soennecken hatte in dem Werk schon seit Mitte der 1920er Jahre Produktionsaufträge zur Herstellung von Briefordnern ausführen lassen.[65] 1940 erwarb Soennecken das Werk aus der Insolvenzmasse des Vorbesitzerunternehmens.[66] Ob dabei durch die Besatzungsmacht politischer oder wirtschaftlicher Druck ausgeübt wurde, ist nicht überliefert. Die Konkurrenz bei Leitz berichtete aber unter Berufung auf einen leitenden Angestellten bei der Bank, der die Verkaufsverhandlungen mit Soennecken geführt hatte, dass der Preis für das Werk mit 90.000 Reichsmark für Soennecken sehr günstig gewesen sei und die Aktionäre auf einen höheren Verkaufspreis gehofft hatten. Bei dem Werk handelte es sich um eine alte Kaserne, die das Vorgängerunternehmen 1938 erworben hatte.[67] Soennecken beschäftigte in dem Werk 1944 125 Arbeitskräfte, von denen 94 Frauen waren.[68] In dem Werk wurden vor allem Ordner und Schnellhefter hergestellt, die Jahreserzeugung 1944 entsprach 2,5 Mio. Briefordnern und 14 Mio. Schnellheftern.[69] Es handelte sich bei dem Werk um einen reinen Zweigbetrieb, Verwaltung sowie Einkauf und Verkauf wurden zentral von Bonn aus abgewickelt.[70]

1942 war Alfred Soennecken in Verhandlungen mit den kriegswirtschaftlichen Behörden, mit dem Ziel, auch in Zabern eine kriegswirtschaftliche Produktion einzurichten.[71] Diese Verhandlungen scheinen auch Früchte getragen zu haben, auch wenn Alfred Soennecken die Kriegsproduktion im Zaberner Werk später gegenüber den Besatzern nicht erwähnte. Denn in einem Schreiben an das lokale Arbeitsamt wurden in Bezug auf die laufende Produktion nicht näher erläuterte „Aufträge für ein Verpackungs-Gefäß zu einem Heeres-Gerät der Dringlichkeitsstufe SS [Sonderstufe, RH], Program [sic!] ‚Winter-Fels' panzerbrechende Waffe" erwähnt.[72] Höchstwahrscheinlich handelte es sich dabei um Behältnisse für die Zündvorrichtung der Tellermine 42, einer Panzerabwehrmine. Die Bezeichnung wurde bei Soennecken auch in der internen Korrespondenz getarnt. So hieß es in einem Schreiben an die Bonner Privatabteilung:

„Ich habe von dem Wunsche des Herrn Dr. Soennecken, die Bezeichnung für die hiesige Fertigung in Zukunft nur noch mit Verpackungs-Schachteln aufführen zu wollen, Kenntnis genommen. Ich hatte von Anfang an nur diese Bezeichnung gewählt gehabt. Nachdem aber von allen Seiten des Hauses Benennungen wie: Munitions-Schachteln, Munitions-Verpackungs-Gefäße, Zünder-Schachteln usw. mir zugegangen sind, bin auch ich wieder von der strengen Bezeichnung dieser Schachteln abgekommen."[73]

In einem weiteren Antwortschreiben aus der Bonner Betriebsleitung auf die entsprechende Anweisung Alfred Soenneckens wurde die Katze unbeabsichtigt aus dem Sack gelassen:

„Bei der gesamten Korrespondenz mit dem Werk Zabern, bei der Übersendung von vorbereiteten Lieferscheinen und Monats-Aufstellung, ist von mir aus bisher immer der Ausdruck Verpackungsschachteln bzw. Verpackungskästen für das Gerät T. Mi. Z. 42 geschrieben worden. Die Verwendung des Wortes ‚Munitionsschachteln' ist von mir aus nicht erfolgt."[74]

Hinter dem genannten Gerät „T. Mi. Z. 42" verbirgt sich aller Wahrscheinlichkeit nach der „Tellerminenzünder 42", für den diese Abkürzung gebräuchlich war.[75] Angesichts dessen, dass Soennecken in Bonn nachweislich Zündvorrichtungen herstellte, ist es äußerst wahrscheinlich, dass dort die entsprechenden Tellerminenzünder hergestellt wurden und das Zaberner Werk die dazugehörigen Verpackungen lieferte, welche im Produktionsprozess wohl Parallelen zu den sonst produzierten Ordnern und Heftern aufwiesen. Die für die Produktion dieser Munitionsschachteln für die Minenzünder benötigten Arbeitskräfte setzte das Werk frei, indem die hergestellten Briefordner nur noch in einer vereinfachten „Kriegsausführung" hergestellt wurden.[76]

Die Aufrechterhaltung der zivilen Produktion neben der Kriegsproduktion wurde sowohl mit dem Erwerb des bereits erwähnten Werkes Zabern sowie der Auslagerung von Aufträgen als auch durch die im Kriegsverlauf zunehmend steigenden Arbeitszeiten ermöglicht. Bereits im März 1943 wurden in den wichtigsten Betriebsabteilungen Zwölf-Stunden-Schichten gearbeitet.[77] Die wöchentliche Gesamtarbeitszeit stieg später bis auf 60 Stunden.[78] Soennecken war auch noch in der Lage, größere Lieferungen an Ordnern und Büromöbeln zu bewältigen, als andere Hersteller diese wegen Materialmangels oder bürokratischer Kontingentierung durch die Kriegswirtschaft nicht mehr stemmen konnten.[79] Diese Stellung bei allgemeiner Knappheit nutzte Soennecken laut Berichten der Konkurrenz aus, um den eigenen Absatz durch Kopplung von unterschiedlichen Produkten bei den Verkäufen zusätzlich anzukurbeln. So wurde berichtet, bei einem Kunden aus Metz hätte sich ein Vertreter Soenneckens „bereiterklärt ihm 2 Waggon Möbel zu liefern unter der Bedingung, dass er ihm mindestens 1000 Briefordner bestellt". Dieser Kunde habe dann letztlich „500 Briefordner bestellt, um innerhalb von 10 Tagen 2 Waggon Möbel zu bekommen"[80]. Allerdings musste auch Soennecken wegen Materialmangels einige Aufträge ablehnen.[81]

In den ersten Monaten des Jahres 1940 wurde die Möbelfabrik in Soenneckenfeld wegen Materialmangels zeitweise stillgelegt. Zudem führte die Unregelmäßigkeit der Materiallieferungen zu erhöhten Unkosten.[82]

Deutsche Unternehmen verstrickten sich häufig bei der sogenannten „Arisierung", mit der die Nationalsozialisten die schrittweise Enteignung und Verdrängung der Juden aus dem Wirtschaftsleben bezeichneten, in nationalsozialistisches Unrecht. Bei diesem Prozess verloren jüdische Unternehmer nicht nur ihre Betriebe oder Geschäfte, sondern häufig auch einen erheblichen Teil ihres Privateigentums. Durch die nationalsozialistische Verwendung ist der Begriff „Arisierung“ vorbelastet und unscharf. Er blendet zudem die Perspektive der Opfer aus.[83] Er wird aber in der historischen Forschung und somit auch hier in Ermangelung einer präziseren Definition verwendet. Während die „Arisierung“ in den Jahren 1933 bis 1937 ohne gesetzliche Grundlage stattfand, fiel der „Arisierungsfall“, an dem Soennecken beteiligt war, in die Phase nach der Reichspogromnacht im November 1938, als die Verdrängung der Juden aus der Wirtschaft durch das Reich gesetzlich kodifiziert war und so zunehmend zentral gesteuert wurde.

Postkarte mit Synagoge Bonn-Poppelsdorf, ca. 1905

Das Unternehmen Soennecken hatte am 21. Oktober 1940 ein Grundstück im Bonner Stadtteil Poppelsdorf von der jüdischen Gemeinde des Ortes für 5.220 Reichsmark erworben.[84] Auf dem Grundstück hatte zuvor die Poppelsdorfer Synagoge gestanden, die in der Reichspogromnacht von den Nationalsozialisten zerstört und später abgetragen worden war.

Alfred Soenneckens Rechtsvertretung behauptete später, der Verkauf sei „in einem notariellen Akt freiwillig und ohne Zwang und ohne behördlichen Druck“ erfolgt.[85] Die Aussage ist allein deshalb absurd, da die Synagoge der jüdischen Gemeinde in der Reichspogromnacht zerstört worden war und dies erst die Grundlage für den Verkauf des Grundstücks bildete. Allgemein war der Verkaufsdruck auf jüdische Besitzer 1940 extrem hoch und erzwang in den meisten Fällen Preise deutlich unter Wert. Im Restitutionsverfahren nach dem Krieg zahlte Alfred Soennecken dann auch in einem Vergleich zusätzlich 8.500 D-Mark als Ausgleich für den unzureichenden Preis bei der „Arisierung“. Eine spätere Rückgabe des Grundstücks an die jüdische Gemeinde, die laut Alfred Soenneckens Rechtsanwalt angeblich bei dem Kauf geplant gewesen sein soll, kam de facto nie zustande [siehe Kapitel 3].[86] Zu Alfred Soenneckens Verteidigung wurde zudem vorgebracht, dass er sich zum Zeitpunkt des Grundstückserwerbs für drei Monate in der Schweiz aufgehalten habe und die Transaktion von Peter Stockhausen und Alfred Hüwel abgewickelt worden sei. Alfred Soennecken habe nach seiner Rückkehr erklärt, „es sei ihm nicht recht, dass der Kauf getätigt worden sei“, er könne aber nicht im Nachhinein „die Herren disavouieren [sic!] und den Hass der Partei erneut auf sich ziehen“.[87] Überprüfen lässt sich diese Deutung heute nicht mehr. Alfred Soennecken weilte in der Tat häufiger im europäischen Ausland und auch eine Abwicklung des Geschäfts durch seinen Vertreter Peter Stockhausen scheint nicht unplausibel. Weniger glaubwürdig ist aber, dass ein solches Geschäft ohne die wenigstens implizite Zustimmung des geschäftsführenden Inhabers durchgeführt worden war. Das Grundstück hatte für das Unternehmen keine größere wirtschaftliche Bedeutung. Angedacht war zunächst wegen der Nähe zum Poppelsdorfer Betrieb die Nutzung als Erholungs- und Grünplatz für die Belegschaft dieser Fabrik.[88] In den Quellen gibt es keine Hinweise darauf, dass das Grundstück für wirtschaftliche Aktivitäten etwa als Bürofläche oder Lager genutzt wurde. Für das weitere wirtschaftliche Schicksal des Unternehmens blieb das Grundstück wohl unbedeutend.

Eine erhebliche Auswirkung auf die wirtschaftliche Lage des Büromaterialherstellers hatten allerdings in den letzten Kriegsjahren die großflächigen Bombardierungen deutscher Städte durch die Alliierten. Bei dem Luftangriff am 4. Dezember 1943 wurde bereits das Leipziger Hauptfilialgeschäft des Unternehmens komplett zerstört. Der dortige Verkaufsbetrieb konnte aber weitergeführt werden, da die Schreinerwerkstätten und Auslieferungslager verschont geblieben waren.[89] Auch die Büros des Unternehmens in Berlin, Frankfurt a. M. und München wurden durch Luftangriffe in den Jahren 1943 und 1944 zerstört.[90] Als am 18. Oktober 1944 auch Bonn das erste Mal Ziel eines großflächigen britischen Luftangriffs wurde, war auch die Privatwohnung Alfred Soenneckens betroffen. Durch eine in der Nähe detonierte Luftmine waren „sämtliche Türen und Fenster [...] herausgerissen und das gesamte Dach abgedeckt“ sowie „2 Wände eingestürzt“. Nach einigen notdürftigen Reparaturen war das Haus allerdings weiterhin bewohnbar und Alfred Soennecken konnte sogar noch schwerer bombengeschädigte Freunde bei sich aufnehmen.[91] Schlimmer traf es 80 Beschäftigte des Unternehmens, die nach dem Luftangriff „totalgeschädigt“ waren.[92] Während diese Bombardierung die Werke des Unternehmens noch verschont hatte, sollte sich dies nur gut einen Monat vor dem Einmarsch der amerikanischen Truppen am 4. Februar 1945 dramatisch ändern. Das Werk für Federn und Schreibwaren in Poppelsdorf wurde schwer getroffen, beim Hauptbüro- und Fabrikationsgebäude brannten das dritte und vierte Obergeschoss ebenso aus wie bei einem weiteren Büro- und Lagergebäude. Einige weitere Nebengebäude brannten sogar vollständig aus.

Der Gesamtschaden wurde kurz nach Kriegsende von einem Architekten auf etwa 568.000 Reichsmark beziffert.[93] Allerdings betrafen die Bombenschäden vor allem die Bürogebäude und Lager des Werkes, während der Maschinenbestand weitgehend verschont blieb, sodass die Produktion relativ bald wieder anlaufen konnte.[94] Die Möbelfabrik in Soenneckenfeld hingegen hatte kaum Bombenschäden zu verzeichnen. Es kam zwar zu vereinzelten Beschädigungen, die Gebäude und der Maschinenpark blieben aber intakt. Dies änderte sich dann aber unmittelbar nach der Besetzung der Fabrik durch amerikanische Truppen, als am 31. März 1945 ein Feuer in der Fabrik ausbrach, welches in drei Fabrikhallen erheblichen Schaden an den Maschinen anrichtete; der Zerstörungsgrad der Fabrik wurde auf 25 Prozent taxiert.[95]

Die Zerstörungen und Disruptionen des Krieges sowohl an den Werken des Unternehmens selbst als auch an der allgemeinen Infrastruktur machten sich in der Endphase des Krieges dann auch bei den wirtschaftlichen Kennzahlen Soenneckens deutlich bemerkbar. Hatte das Unternehmen im Jahr 1943/44 noch einen Gewinn von etwa 686.000 Reichsmark eingestrichen, so schlug das letzte Kriegsjahr 1944/45 mit einem horrenden Verlust von ca. 2.251.000 Reichsmark zu Buche. Dieser wirtschaftliche Zusammenbruch schlug sich auch in der Beschäftigtenzahl des Unternehmens nieder. Hatte diese vor Kriegsbeginn noch bei über 2.000 gelegen, so beschäftigte Soennecken zum Jahresende 1945 nur noch 666 Mitarbeiter. Besonders die Zahl der Frauen unter den ungelernten Arbeitern war von 520 vor Kriegsbeginn auf 90 zurückgegangen,[96] nachdem deren Zahl während des Krieges durch die Beschäftigung der Ehefrauen eingezogener männlicher Arbeiter sowie den Einsatz von Zwangsarbeiterinnen aus dem besetzten Ausland noch deutlich höher gelegen hatte.

Wiederaufbau des ausgebrannten Fabrikgebäudes in der Kirschallee nach dem Krieg, 1947

Eine kuriose Randnotiz über Soennecken in der Endphase des Krieges hielt die alliierte Kriegspropaganda bereit. Kurz vor dem Einmarsch amerikanischer Truppen in Bonn wurde das Unternehmen in den „Nachrichten für die Truppe" erwähnt. Handelte es sich dabei von Stil und Duktus her scheinbar um eine Publikation der Wehrmacht, verbarg sich dahinter in der Realität ein britisch-amerikanisches Propagandaflugblatt, um die Moral und Kriegsbereitschaft bei den deutschen Soldaten und Zivilisten zu schwächen. In der Ausgabe vom 7. März 1945 berichtete das Blatt, Soennecken habe noch kurz vor dem erwarteten Fall der Stadt einen Auftrag mit 20.000 18-karätigen Goldfedern fertiggestellt und auf dem Luftweg an eine deutsch-spanische Firma in Cartagena geliefert. Dieser Auftrag habe hochgestellten Parteiführern ermöglicht, eine Einfuhrsperre neutraler Länder für deutsches Gold in Barrenform zu umgehen und sei auch der Grund dafür, dass die Füllfederfabriken von den Stilllegungsaktionen ausgenommen worden seien.[97] Ob es einen solchen Auftrag tatsächlich gegeben hatte, ob lediglich unbestätigte Gerüchte aus der deutschen Bevölkerung aufgegriffen oder gar bewusst eine Propagandalüge gestreut wurde, lässt sich ohne weitere Quellenkontextualisierung nicht klären. Die Publikation vermischte oft tatsachengetreue Berichte etwa über den Frontverlauf mit Desinformation zur Maximierung der Propagandawirkung, sodass der Wahrheitsgehalt dieser Meldung nicht zu verifizieren und eher zweifelhaft ist. Eine Erwähnung des Unternehmens direkt auf der Titelseite der Publikation spricht aber immerhin für dessen hohen Bekanntheitsgrad in der deutschen Bevölkerung.

Arbeiterinnen in der Schreibfedern-Prüf-Abteilung, 1933

Sieht man von den Bombenschäden und wirtschaftlichen Verwerfungen durch die kollabierte Infrastruktur im letzten Kriegsjahr ab, hatten das Unternehmen Soennecken und seine beiden verbliebenen Inhaber in der Zeit des Nationalsozialismus äußerst einträgliche Geschäfte gemacht. Mag die Stabilisierung der Geschäftslage ab 1933 noch auf die allgemeine konjunkturelle Erholung zurückzuführen gewesen sein, so waren zunehmend Aufrüstung und Kriegswirtschaft für die sprudelnden Gewinne des Unternehmens verantwortlich, auch wenn die eigentliche Rüstungsproduktion in ihrem Umfang eher beschränkt blieb. Soennecken war auch kein lediglich passiver Profiteur dieser Entwicklungen. Alfred Soennecken suchte schon bald nach der Machtergreifung der Nationalsozialisten sowohl durch eine Reihe von Mitgliedschaften in Parteiorganisationen als auch durch informelle politische Verbindungen die Nähe zum herrschenden System und seinen Protagonisten und hatte dabei die wirtschaftlichen Vorteile für sich und sein Familienunternehmen fest im Blick. Er schreckte auch nicht davor zurück, aus den anfänglichen militärischen Siegen des Deutschen Reiches im Krieg durch Übernahmen im besetzten Ausland und Auftragsverlagerungen dorthin Kapital zu schlagen. An der „Arisierung“ war er durch den Erwerb des Grundstücks der ehemaligen Poppelsdorfer Synagoge beteiligt; wirtschaftlich war diese für das Unternehmen aber nicht von Bedeutung.

Die später behauptete innere politische Distanz zum Nationalsozialismus ließ sich zumindest in seinem Geschäftsgebaren kaum erkennen. Politische Einflüsse auf die Geschäftspolitik, wie etwa das Ausscheiden seiner mit einem als Juden verfolgten Ex-Diplomaten verheirateten Schwester Johanna aus dem Unternehmen, lassen sich in den erhaltenen Quellen oft nur erahnen und bleiben dort auch ohne jegliche Wertung durch den geschäftsführenden Inhaber. Unter seinen Führungskräften waren sowohl überzeugte Nationalsozialisten als auch politische Gegner dieses Systems vertreten; vereinzelt beschäftigte er auch jüdische Vertreter im Ausland. Explizit politische Beweggründe, die über eine persönliche und professionelle Verbundenheit zu diesen Personen hinausgehen, sind aber in den Quellen nicht ersichtlich. Ob er bei nach außen demonstrierter Loyalität zum Nationalsozialismus innerlich tatsächlich bei einer ablehnenden Haltung blieb, wie in seiner Entnazifizierung später behauptet, lässt sich auf Basis der vorliegenden Quellen nicht klären. Zu rar sind dafür unverfälschte persönliche Schriftzeugnisse, die über den Geschäftsalltag oder spätere taktisch motivierte Rechtfertigungen hinausgehen.

Alfred Soennecken, 1950

Erich Kurth. Ein Arbeitsleben zur NS-Zeit

Jörg Lesczenski

Für Erich Kurth war der 1. Juni 1938 wahrlich kein Tag wie jeder andere. Der am 30. April 1922 in Bonn geborene, 16-jährige Erich wachte mit Neugierde und Abenteuerlust, aber gleichzeitig auch nervös und unruhig auf. An diesem Morgen führte ihn sein Weg nicht mehr in die Karlsschule, eine Volksschule in der Bonner Nordstadt, sondern in das große Werk von Soennecken. Die Türen zur Arbeitswelt standen offen.

Seine Entscheidung, sich bei Soennecken zu bewerben, kam alles andere als überraschend. Der Wunsch, gerade hier eine Lehre zu beginnen, folgte vielmehr dem Prinzip „Wie der Vater, so der Sohn". Der handwerklich begabte Heinrich Kurth, geboren am 22. August 1895, absolvierte bei der Firma ab 1903 eine Lehre zum Lackierer. Am Ersten Weltkrieg nahm er als Marinesoldat teil und kehrte anschließend in das Unternehmen zurück. Nach einigen organisatorischen Reformen fand er in der Lagerverwaltung seinen Platz, wo er sich sichtlich wohlfühlte. Er genoss das Vertrauen seines Vorgesetzten, seine Arbeit wurde geschätzt und anerkannt, unter den Kollegen galt er als freundlich, zuvorkommend und als ein Zeitgenosse mit nie versagendem Humor.[98] Das alles blieb auch Erich nicht verborgen, der in seinem Elternhaus viel über Soennecken erfuhr. Sein Vater ließ wenige Gelegenheiten aus, um bei Tisch ausführlich, mit dem nötigen Ernst sowie mit einem Augenzwinkern, über die kleinen und großen Sorgen und Freuden in der Firma zu berichten. Ihm ging es gut dabei. Was lag für Erich also näher, als eine Familientradition zu begründen?

Soennecken war gewiss auch sonst eine gute Wahl. Das Unternehmen gehörte mit der Vereinigten Aluminiumwerke AG und dem Werk der Vereinigten Jutespinnereien und Webereien AG zu den größten Arbeitgebern der Stadt. Bei der Produktion von Schreibwaren, Büromaterialien und -möbeln legte Soennecken auf bestmög-

Lehrlinge bei der praktischen Arbeit, 1942

liche Qualität Wert. Gerade das Qualitätsversprechen begründete den guten Ruf in der Branche. In wirtschaftlicher Hinsicht schien die Firma sichere Arbeitsplätze zu bieten. Nach zwei Verlustjahren 1932/33 ging es wieder aufwärts. Der Ausbau des NS-Staats, der Aufbau von NS-Organisationen und von Staats- und Lenkungsbehörden befeuerte die Nachfrage nach Soennecken-Produkten und ließ die Gewinne zwischen 1934 und 1937 von rd. 119.000 RM auf 562.000 RM steigen.[99]

Erich Kurth brachte seine Lehre in der firmeneigenen, am 15. November 1937 in Betrieb genommenen Lehrwerkstatt hinter sich. Hier wurden über dreieinhalb Jahre Werkzeugmacher, Maschinenschlosser und Dreher ausgebildet. Die ersten drei Monate seiner Lehre folgten den Inhalten des Grundlehrgangs „Eisen erzieht", der von der DAF ausgearbeitet worden war. Erich lernte schnell, dass es auch, aber wahrlich nicht nur, um die Aneignung handwerklicher Fertigkeiten ging. Er lernte, sich zu überwinden, eine andauernde körperliche Belastung zu ertragen und sich ohne Widerspruch unterzuordnen. Er wurde von seinem Ausbildungsleiter diszipliniert. Der strenge, monotone Start der Lehre war gleichzeitig die erste Bewährung für den Firmennachwuchs, der innerhalb der zwölf Wochen seine Eignung für metallverarbeitende Berufe unter Beweis stellen musste. Wie sein Vater zeigte auch Erich ein fachlich überdurchschnittliches Talent und eine tadellose Arbeitsdisziplin. Im ersten Lehrjahr standen für ihn anschließend weitere praktische Übungen auf dem Programm. Erich bearbeitete kleinere Werkstücke, die später im Betrieb verwendet wurden.

Sein Tagesablauf folgte einem strengen Takt. Um kurz vor sieben hisste ein Lehrling die Flagge der Lehrwerkstatt, nachfolgend ging es im Laufschritt zum Venusberg, um sich für eine halbe Stunde körperlich zu ertüchtigen. Singend ging es zur Lehrwerkstatt zurück, wo nun mit Feilen, Fräs- und Hobelmaschinen gearbeitet wurde. Pünktlich um neun Uhr endlich eine Auszeit. Die wohlverdiente Kaffeepause begann, die mitgebrachten Frühstücksbrote wurden verzehrt. Danach begann für eine Stunde der theoretische Unterricht, der das notwendige Wissen in allen Fächern der Metallverarbeitung vermittelte. Es folgten erneut die Arbeit an den Werkstücken, die Mittagspause und die Fortsetzung der praktischen Übungen. Um 16.30 Uhr wurden die Werkzeuge gründlich gesäubert, ordentlich verstaut und zu guter Letzt die Flagge eingeholt.

Im zweiten Lehrjahr stand für Erich weiterhin die Praxis im Mittelpunkt. Die Ausbildung an den Werkzeugmaschinen nahm nun breiten Raum ein. Wie gut die Lehre bei Soennecken war, zeigte sich in der Vorkriegszeit bei den jährlichen Reichsberufswettkämpfen, an denen jeweils sämtliche Lehrlinge teilnahmen. 1939 stellten sich zwölf Auszubildende dem Leistungsvergleich, die allesamt oberste Podestplätze einnahmen. Ein Gau-, vier Kreis- und sieben Ortssieger kamen aus der Lehrwerkstatt Soenneckens. Zu den Kreissiegern gehörte auch Erich, der seine berufliche

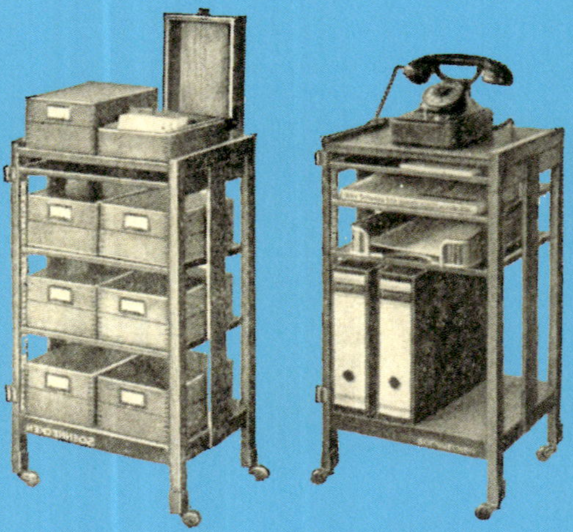

Soennecken-Teska-Ständer, Teska 8 und 11, 1936

Begabung einmal mehr bestätigte. Nur folgerichtig gehörte er zu jenen Lehrlingen, die dank überzeugender beruflicher Leistungen ihre Facharbeiter-Prüfung bereits nach drei Jahren ablegen und danach als Gesellen arbeiten konnten.[100]

Als Erich seine Lehrzeit im Dezember 1941 erfolgreich beendete, hatte sich „sein“ Betrieb gegenüber dem ersten Ausbildungsjahr spürbar verändert. Nach seiner Ausbildung arbeitete er zunächst in einer Bonner Abteilung mit, die Ordner produzierte. Der Arbeitsalltag stand schon seit den ausgehenden 30er Jahren im Schatten der Rüstungswirtschaft und schließlich des Zweiten Weltkriegs. Wie tief seine Folgen und die Arbeit der zahlreichen Lenkungsbehörden des NS-Staats mit ihren produkt- und branchenbezogenen Einzelplänen und ihrer Distribution von Rohstoffen in den Betrieb eingriffen, erfuhr er am eigenen Arbeitsplatz. Zudem wurden ihm quasi Informationen aus erster Hand zugespielt. Er hatte sich während seiner Lehre mit Werner Holtz, einem Mitglied des Vertrauensrats bei Soennecken, angefreundet. Das Gremium erörterte in erster Linie Fragen der betrieblichen Sozialpolitik und schwelende Arbeitskonflikte, wie z. B. anstehende Kündigungen. Mindestens genauso aufschlussreich waren die Ausführungen von Alfred Soennecken zu Beginn der Sitzungen, der dem Vertrauensrat über die geschäftliche Lage des Unternehmens berichtete.[101]

Was, wie und für wen produziert werden konnte, hing seit 1939 mehr denn je von staatlichen Vorgaben und den verfügbaren bzw. zugeteilten Rohstoffen ab. Seit Kriegsbeginn standen die Produktion und die Produktgestaltung unter dem Vorzeichen von knappen Rohstoffen. Erich hatte etwa gelernt, wie wichtig Eisen für die Herstellung von Registraturwaren ist. Für 100 Soennecken-Ordner mit oder ohne Hebel wurden 19 kg, für 100 Soennecken-

Locher Nr. 231 40 kg und für 1.000 Einhänge-Schlitzhefter 16 kg Eisen benötigt. Bei der Zuteilung von Eisen wurden nun bestimmte Parteistellen, staatliche Behörden und kriegswichtige Industrien bevorzugt behandelt. Zum Kreis der sog. „Kontingentsträger" gehörten u.a. die NSDAP, die Wehrmacht, der Reichsarbeitsdienst, die Vierjahresplan-Behörde, die Reichsbahn, die Reichspost und die Reichswerke Hermann Göring. Der Kampf um Rohstoffe führte zum einen dazu, dass auch Soennecken in den nächsten Jahren besonders jenen favorisierten Kundenkreis belieferte. Zum anderen begrenzte die nicht ausreichende Rohstoffversorgung das Angebot teilweise erheblich. Bereits im September 1939 waren verschiedene Ordner, Ablegemappen, Einhängeordner, Pultordner und Unterschriftenmappen nicht mehr lieferbar. Das Verbot der Überwachungsstelle, Palladium für Füllfederhalter zu verwenden, verhinderte die Abwicklung weiterer Aufträge.[102] Im März 1941 ließ die angespannte Rohstoffversorgung nur noch die Produktion von Kalendern mit Holzuntergestellen zu; ein Jahr später erfolgte die Lieferung von Karteikarten, Kartenreitern, Ring- und Kollegbüchern sowie Federn nur noch in kleinsten Umfängen.[103]

Soennecken-Ordner „Komet" für ungelochte Schriftstücke, 1938

Um an der Wirtschaftspolitik des NS-Regimes zu partizipieren, stieg das Unternehmen selbst in die Kriegswirtschaft ein. Erich Kurth erlebte, wie das Hauptwerk in Bonn, in dem lange die gesamte papierverarbeitende Produktion abgewickelt worden war, langsam auf die Fertigung von unmittelbarem Heeresgerätebedarf umgestellt wurde. Die Anfänge der Reorganisation hatten bereits 1937, kurz vor seinem ersten Ausbildungsjahr, begonnen und setzten sich seit dem 1. September 1939 beschleunigt fort. Mit Kriegsbeginn wurde Soennecken in jenen Kreis von Betrieben aufgenommen, die kriegswichtige Güter produzierten und bevorzugt Rohstoffe, Materialien und Arbeitskräfte zugeteilt bekamen. Was das bedeutete, bekam Erich seit Frühjahr 1942 konkret mit. Er wurde aus der Produktion von Ordnern abgezogen und in einer Abteilung eingesetzt, die Zündschnüre, Zündschrauben und Patronenhülsen herstellte. Eine weitere Abteilung war für die Produktion von Fliegerbordmunition vorgesehen. Kurth fiel es nicht weiter schwer, sich an neue Produktionsprozesse zu gewöhnen. Seine qualifizierte Ausbildung und sein bewährtes handwerkliches Geschick halfen ihm schnell weiter. Die Handgriffe saßen und wurden zügig zur Routine. Auch wenn im Hauptwerk die Fertigung von Heeresgerät einen immer größeren Raum einnahm, blieb die Produktion der Vorkriegsartikel von Bedeutung, die zwar unter den Rohstoffengpässen litt, aber doch mehr als 60 Prozent der Gesamtfertigung ausmachte.[104]

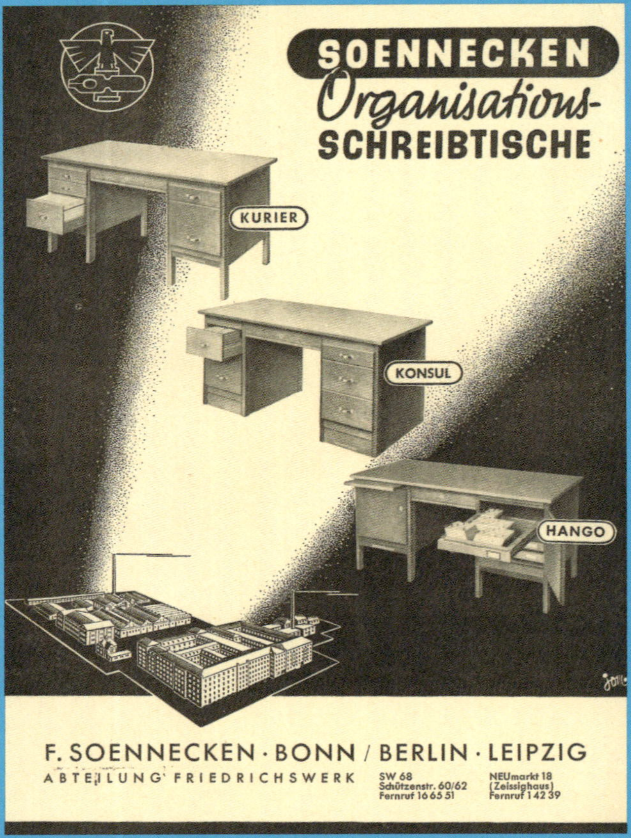

Organisations-Schreibtische, 1938

Für die Umgestaltung der Produktion wurde nun das neue Zweigwerk im elsässischen Zabern wichtig. Der Betrieb in Zabern fertigte unter der Gesamtleitung von Heinrich Stöcklein hauptsächlich Registraturwaren, insbesondere Briefordner und Schnellhefter für das Heer und kriegswichtige Rüstungsbetriebe. Daneben erfüllte das Zweigwerk ebenfalls unmittelbare Heeresaufträge und stellte Verpackungsschachteln für Kriegsgeräte her. Im Mai 1944 entfielen in Zabern 66,6 Prozent der Gesamtproduktion auf die Fertigung von Registraturmaterial, 33,3 Prozent auf die Herstellung von Verpackungsschachteln. Insgesamt verdienten im Elsass sechs kaufmännische Angestellte (davon fünf weiblich) und 119 Fach-, angelernte Spe-

Locher, 1940

Ordner „Komet“, 1938

zial- und ungelernte Hilfsarbeiter (darunter 85 Frauen) ihr Lohn und Brot.[105]
Der Krieg belastete den Betrieb noch in anderer Hinsicht von Woche zu Woche mehr. Erich bekam mit, wie es in den Abteilungen leerer und leerer wurde. Wehrmachtsstellen und das Landesarbeitsamt „durchkämmten“ förmlich das Werk und zogen eine beträchtliche Zahl seiner Kollegen zum Kriegsdienst ein. Ihm selbst blieb der Weg an die Front erspart. Da er an der Fertigung unmittelbarer Heeresgüter beteiligt war, befand sich Kurth in einer unabkömmlichen Position.
Er hörte, dass auch im Werk Zabern die Einberufungen zu empfindlichen Produktionsrückgängen führten. Im Mai 1943 musste die Fertigung von Unterschriftsmappen, Schriftenordnern und Ringbüchern ganz eingestellt werden, da sämtliche Buchbinder zur Wehrmacht eingezogen worden waren. Die Konzentration auf kriegswichtige Güter trug ebenfalls zu Einbußen in der herkömmlichen Produktion bei. So wurden Arbeitskräfte, die für die Fertigung von Munitionsschachteln benötigt wurden, aus anderen Produktionssälen abgezogen.[106] Obwohl Soennecken anerkanntermaßen in der Papierverarbeitung zu den kriegswichtigen Betrieben gehörte, fiel es dem Unternehmen ausgesprochen schwer, solche personellen Lücken zu schließen. Trotz bester Beziehungen zum örtlichen Arbeitsamt bekam das Werk in Zabern von 14 beantragten

neuen Arbeitskräften (acht Männer, sechs Frauen) nur acht zugeteilt (sechs Frauen, zwei Männer).[107]

Statt der altvertrauten Gesichter sah Erich nun häufig junge Frauen im Betrieb, unter ihnen auch Jugendliche zwischen 14 und 18 Jahren. Er verstand ihre Sprache nicht, erfuhr aber von einem Kollegen, dass fast alle Frauen aus der Ukraine stammten. Wie andere Bonner Unternehmen, u. a. die Vereinigte Jute-Spinnereien und Webereien AG, die Wessel Keramische Werke AG und die Vereinigte Leichtmetall-Werke, setzte auch Soennecken als zweitgrößter Arbeitgeber in Bonn seit dem Frühjahr 1942 vermehrt Zwangsarbeiterinnen ein, um die Produktion aufrechtzuerhalten. Das Unternehmen führte im März 1942 erste Verhandlungen mit dem Arbeitsamt, das bei der Organisation der Zwangsarbeit eine Schlüsselrolle einnahm, über den Einsatz von „100 bis 130 russische[n] Kriegsgefangene[n] oder Zuchthausgefangene[n] in Soenneckenfeld".[108] Nachdem Frauen und Männer aus dem ukrainischen Artemowsk im Juli 1942 verschleppt und in einem Durchgangslager in Wuppertal untergebracht worden waren, wählten Angestellte von Soennecken vor Ort Ostarbeiterinnen aus, die aus ihrer Sicht für einen Arbeitseinsatz in Frage kamen. Fortan plagten sich rund 160 Zwangsarbeiterinnen für den Betrieb ab.

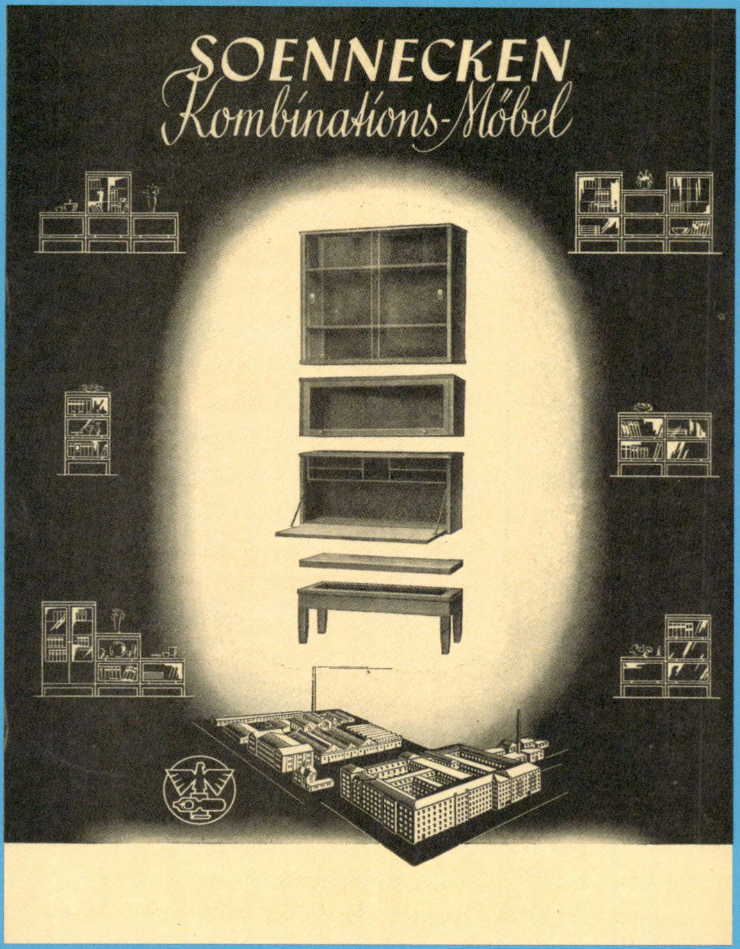

Kombinationsmöbel, 1940

Wie Erich mitbekam, trug ein junges Mädchen den Namen Olga, die mit 15 Jahren nun zur Arbeit bei Soennecken gezwungen wurde. Olga arbeitete zunächst für sechs

Bei der Fa. Soennecken beschäftigte Zwangsarbeiterinnen aus der Ukraine, 1943

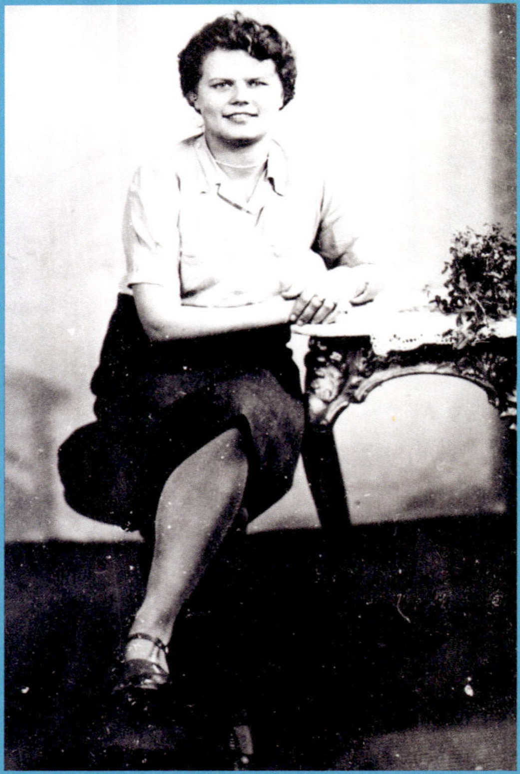

Elisawetha Itawrilenko, Zwangsarbeiterin aus der Ukraine

Monate in der Werksabteilung für Büromaterialien und musste hier Papierbögen zusammenlegen, Schreibblöcke stapeln etc. Anschließend setzte sie Soennecken in der großen Werkhalle ein, wo Zündhütchen für Patronen hergestellt wurden. Olga und ihre Leidensgenossinnen arbeiteten in Schichten von sechs bis 18 Uhr und von 18 bis sechs Uhr. Mitunter dauerte eine Schicht auch 14 Stunden an.

Wo ein Teil der Zwangsarbeiterinnen lebte, blieb Erich nicht verborgen. Sein täglicher Weg zur Arbeit führte ihn an der Gaststätte Schumacher in der Clemens-August-Straße 81 vorbei, die, teilweise von Stacheldraht umzäunt, als Lager diente. Unter der Aufsicht einer rücksichtslosen Lagerleiterin, die regelmäßig die Spinde der jungen Frauen kontrollierte und ihre privaten Habseligkeiten raubte, fristete Olga ihr Dasein. In der Umgebung der Gaststätte blieb niemandem verborgen, wie Olga und andere Zwangsarbeiterinnen in Kolonnen unter strenger Bewachung in das Werk geführt wurden, das etwa einen Fußweg von zehn Minuten entfernt lag. Von Arbeitskollegen erfuhr Erich, dass auch in der Kirschallee 1–3 und Sternenburgstraße 86 ähnliche Sammelunterkünfte von Soennecken eingerichtet worden waren. Seit dem Frühjahr 1944 bemerkte er, dass häufiger die Arbeitsplätze von Zwangsarbeiterinnen für mehrere Tage freiblieben. Der Grund: Immer mehr Frauen versuchten, aus den Betrieben und Lagern zu flüchten. Zu ihnen zählte auch Olga, die gemeinsam mit zwei Frauen im Mai 1944 die Gelegenheit zur Flucht nutzte, in Köln allerdings von der Polizei aufgegriffen und zurück zu Soennecken gebracht wurde.[109]

Der Zweite Weltkrieg rückte für die Beschäftigten seit 1942 noch in anderer Form näher. Erich gehörte zu den zahlreichen eifrigen Leserinnen und Lesern der Betriebszeitschrift *Wir von Soennecken*, die aus der Taufe gehoben wurde, um die „Betriebsgemeinschaft fester zu begründen", um zu verdeutlichen, „was an neuer Leistung für die Gemeinschaft geschaffen wurde", und um „zu helfen durch gegenseitige Unterstützung und Anregung die Arbeit besser zu machen". Schließlich fiel ihr im Krieg eine besondere Aufgabe zu. Die Zeitschrift sollte ein „treuer Mittler zwischen den Kameraden an der Front und den Kameraden in der Heimat" werden, zu „einem Band, das uns über Tausende von Kilometern hinweg zusammenhält".[110] So erfuhr Erich betroffen, wer von seinen Arbeitskollegen an der Front sein Leben lassen musste, las Erfahrungsberichte aus den Kampflinien und immer wieder Loyalitätsversprechen Soenneckens gegenüber dem NS-Regime.

Cover der Betriebszeitschrift *Wir von Soennecken* Nr. 3, 1943, mit dem Geburtshaus von Friedrich Soennecken

Trotz aller Rohstoffnöte und personeller Widrigkeiten schlug sich Soennecken wirtschaftlich lange Zeit sehr achtbar und fuhr in der NS-Diktatur ordentliche Umsätze und Gewinne ein. Seit dem Sommer 1944 wurde die Situation im Hauptwerk als auch in den Niederlassungen deutlich schwieriger. Zahlreiche Luftangriffe der Alliierten trafen die Werksanlagen teilweise schwer und führten zu schmerzlichen Einbußen in der Produktion. Erich Kurth hatte in den Monaten der eskalierenden Luftangriffe gleich doppeltes Glück. Im Oktober 1944 zog ein schweres Bombardement außergewöhnliche Zerstörungen nach sich und legte nahezu den gesamten Bonner Stadtkern in Trümmern. Der Angriff traf auch die Wohnhäuser von 80 Arbeiterinnen und Arbeitern bei Soennecken, die einen erheblichen Teil ihres Hab und Guts verloren. Die Wohnung von Erich blieb verschont. Er erlebte zwar, wie Mitte Dezember 1944 nach einem Luftangriff die gesamte Stromversorgung brach lag, befand sich aber am 4. Februar 1945 – er war erkrankt – nicht an seinem Arbeitsplatz, als das Werk in Poppelsdorf schwer getroffen wurde. Spreng- und Brandbomben suchten den Betrieb heim, ein Teil des

Gebäudes brannte bis auf das Erdgeschoss aus. Den Flammen fielen zwei Produktionssäle, vier Abteilungen, die Telefonzentrale und eine große Autogarage zum Opfer. Dass kein Mitarbeiter schwere Verletzungen davontrug, grenzte an ein Wunder. Aus den anderen Firmenstandorten trafen ebenfalls Hiobsbotschaften ein. Die Niederlassung in Berlin wurde zwischen Dezember 1943 und Februar 1945 gleich mehrmals schwer getroffen. In Leipzig legten Luftangriffe ebenfalls im Dezember 1943 sowie im Februar 1944 den Filialbetrieb vorübergehend lahm. Das alles trübte die Bilanz Soenneckens im letzten Kriegsjahr ein.[111]
Im Juli 1944 nahm Erich Kurth nach dem gescheiterten Attentat von Claus Schenk Graf von Stauffenberg auf Adolf Hitler noch an Betriebsappellen teil, die Treuebekenntnisse an das Führerhauptquartier verlasen. Die Gefolgschaft stehe geschlossen hinter dem „Führer" und dem deutschen Volk und wolle nun mit „gesteigerter Kraftanstrengung" für einen erfolgreichen Abschluss des Krieges kämpfen.[112] In der Werkszeitschrift las Kurth das Gedicht eines Betriebsobmanns, das die Loyalität des Unternehmens zum Ausdruck brachte. Dort hieß es u. a.:

„Der Führer lebt! Wir sind mit ihm verschworen
Und haben ihn als Vorbild auserkoren
Um Haus und Hof, um Weib und Kind zu retten
Vor Tod, Vernichtung, harten Sklavenketten.
Wir bleiben frei und deutsch, wie wir geboren!"[113]

Wenige Monate später waren die Luftangriffe die Vorboten einer neuen Zeit. Das Ende des „Tausendjährigen Reichs" rückte unwiderruflich näher. Erich erlebte, wie das Militär am 19. März 1945 in Bonn einmarschierte, die Werke in Soenneckenfeld und Poppelsdorf besetzte und die Produk-

tion auf ihre Interessen hin ausrichtete. Die Artikel wurden in erster Linie an die Besatzungsbehörden, danach an westdeutsche Stellen und anschließend an die Industrie geliefert. Erst danach wurden private, zivile Bedürfnisse berücksichtigt. So produzierte etwa im April 1945 die Druckerei und Buchbinderei in Poppelsdorf die Bekanntmachungen der Militärregierung, während der Betrieb im Soenneckenfeld u. a. Tische, Gestelle und Särge herstellte.[114]
Erich Kurth setzte seine Arbeit in Poppelsdorf fort, die im Zeichen der Improvisation stand – aber das hatte er ja zur Genüge in den letzten Jahren gelernt. Die Stromversorgung war mitunter eingeschränkt, Eisen, Metalle, Kunststoffe und Holz waren schwer zu beschaffen, die Aufteilung Deutschlands in Besatzungszonen einschließlich des Dschungels aus bürokratischen Vorgaben und Formularen erschwerten den Warenverkehr.[115] Erich tat das, was er immer tat. Er wurde gebraucht, verhielt sich unauffällig, lief mit und erfüllte am Arbeitsplatz seine Pflicht.

ANMERKUNGEN

1 Soennecken-Archiv Overath, Abt. 1, Nr. 6d, Fasz. 7, Bilanzbuch 1919–1947.
2 Landesarchiv Nordrhein-Westfalen, Abteilung Rheinland [künftig LA NRW R], NW 1051, Nr. 1789, Entnazifizierungsakte Alfred Soennecken, Anlage 7 zum Fragebogen.
3 WA BW, B 192, V 222, Rundschreiben Nr. 32a, 20.4.1933; Schreiben von Ernst-Georg Rüdel an Ludwig Leitz, 14.8.1933 [zur Autorenschaft des nur mit „Louis Leitz" unterzeichneten Rundschreibens].
4 Ebd., Schreiben von Heinrich Freund an Firma Louis Leitz, 11.8.1933; [o.V.], Bericht über meinen Besuch bei der GDB, 17.8.1933.
5 Ebd., Schreiben von Ludwig Leitz an Ernst-Georg Rüdel, 28.6.1933; Schreiben von Ernst-Georg Rüdel an Ludwig Leitz, 14.8.1933.
6 Ebd., Schreiben von Dr. Freiherr Raitz v. Frentz an Ludwig Leitz, 27.6.1933; Schreiben von Dr. Freiherr Raitz v. Frentz an Eberhard Leitz, 31.7.1933.
7 Ebd., Schreiben von Ludwig Leitz an Ernst-Georg Rüdel zum Stand des Soennecken-Prozesses wegen Rundschreiben 32a, 16.8.1933; Schreiben des Rechtsanwalts Rupp an das Stuttgarter Landgericht, 2. Zivilkammer in Sachen Firma F. Soennecken, Bonn gegen Firma Louis Leitz, Stuttgart-Feuerbach, 21.6.1933; Schreiben des Rechtsanwalts Dr. Wacker an die 2. Zivilkammer des Landgerichts Stuttgart in Sachen Soennecken gegen Leitz, 14.7.1933.
8 Ebd., V 216, Schreiben der Rechtsanwälte Scheuing, Rupp und Fehl an Firma Louis Leitz, 8.12.1933, 1.
9 Ebd., 2.
10 WA BW, B 192, V 216, Schreiben von Alfred Soennecken an Fa. Louis Leitz, 1.12.1933.
11 Ebd., V 222, Schreiben des Rechtsanwalts Dr. Wacker an die 2. Zivilkammer des Landgerichts Stuttgart, In Sachen Soennecken gegen Leitz, 24.7.1933.
12 LA NRW R, NW 1051, Nr. 1789, Entnazifizierungsakte Alfred Soennecken, Entnazifizierungsfragebogen.
13 StadtA Bonn, SN 159, Nr. 24, Schreiben des RA Dr. jur. K. Kemper an den Überprüfungsausschuss der Entnazifizierungsbehörde in Bonn, 14.11.1947, 2.
14 Ebd., 3; LA NRW R, NW 1051, Nr. 1789, Entnazifizierungsakte Alfred Soennecken, Anlage 2.
15 StadtA Bonn, SN 159, Nr. 24, Schreiben des RA Dr. jur. K. Kemper an den Überprüfungsausschuss der Entnazifizierungsbehörde in Bonn, 14.11.1947, 3.
16 LA NRW R, NW 1051, Nr. 1789, Entnazifizierungsakte Alfred Soennecken, Anlage 2.
17 StadtA Bonn, SN 159, Nr. 24, Schreiben des RA Dr. jur. K. Kemper an den Überprüfungsausschuss der Entnazifizierungsbehörde in Bonn, 14.11.1947, 4.
18 Ebd., Austrittsgesuch an Scharführer M. Richter, 22.5.1937.
19 Ebd., Schreiben des RA Dr. jur. K. Kemper an den Überprüfungsausschuss der Entnazifizierungsbehörde in Bonn, 14.11.1947, 3.
20 LA NRW R, NW 1051, Nr. 1789, Entnazifizierungsakte Alfred Soennecken, Fragebogen.
21 StadtA Bonn, SN 159, Nr. 24, Schreiben des RA Dr. jur. K. Kemper an den Überprüfungsausschuss der Entnazifizierungsbehörde in Bonn, 14.11.1947, 4.
22 LA NRW R, NW 1051, Nr. 1789, Entnazifizierungsakte Alfred Soennecken, Beschluss des Entnazifizierungs-Berufungsausschusses, 2.
23 StadtA Bonn, SN 159, Nr. 24, Schreiben des RA Dr. jur. K. Kemper an den Überprüfungsausschuss der Entnazifizierungsbehörde in Bonn, 14.11.1947, 3.
24 Vgl. Soennecken-Archiv Kleist, B 87, Schreiben des Kreiswalters der DAF an den Betriebsführer der Fa. Soennecken, 8.8.1936.
25 Vgl. ebd., Vertrauensratsitzung am 8.7.1936, 2.
26 StadtA Bonn, SN 159, Nr. 24, Protokoll der außerordentlichen Gesellschafterversammlung der F. Soennecken, Kommanditgesellschaft am 24.4.1935 in Berlin, Hotel Esplanade, 2.
27 LA NRW R, NW 1051, Nr. 1789, Entnazifizierungsakte Alfred Soennecken, Anlage 5.
28 StadtA Bonn, SN 159, Nr. 24, Schreiben des RA Dr. jur. K. Kemper an den Überprüfungsausschuss der Entnazifizierungsbehörde in Bonn, 14.11.1947, 9.
29 Soennecken-Archiv Overath, Abt. 1, Nr. 31, Fasz. 5, Feiertag der nationalen Arbeit am 1. Mai 1933 innerhalb der Betriebe der Firma F. Soennecken, Bonn. Ansprache des Inhabers, Herrn Dr. ing. A. Soennecken.
30 Ebd., Soennecken feiert den ersten Mai, 3.5.1934.
31 StadtA Bonn, SN 159, Nr. 24, Georg Hampel, „Auszug aus den von mir gefertigten Aktennotizen der Firma F. Soennecken in Bonn aus den Jahren 1939/1945", September 1945.
32 Ebd., Entlastungszeugnis von Peter Stockhausen, 16.7.1946 [Abschrift].
33 Ebd., Aussage Alfred Hüwels, 16.7.1946.
34 LA NRW R, NW 1051, Nr. 1789, Entnazifizierungsakte Alfred Soennecken, [o.T., undatiert]; StadtA Bonn, SN 159, Nr. 24, Schreiben von Dr. Saurbier an Johann Arnold, 29.12.1945.
35 LA NRW R, NW 1051, Nr. 1789, Entnazifizierungsakte Alfred Soennecken, Fragebogen.
36 WA BW, B 192, V 216, Schreiben von Alfred Soennecken an Ludwig Leitz, 4.2.1941.
37 Soennecken-Archiv Kleist, B 87, Dr. Soennecken an die Betriebsobmänner Kuth und Wahlbrühl, 31.1.1945.
38 Betriebszeitschrift *Wir von Soennecken* 3 (1944), Auszeichnung mit Kriegsverdienstkreuz I. Klasse, 9.
39 Soennecken-Archiv Overath, Abt. 1, Nr. 6d, Fasz. 7, Bilanzbuch 1919–1947.
40 Soennecken-Archiv Kleist, A 33.2, Military Government Germany, Property Control, I. Account on the state of business [undatiert], 3.
41 Soennecken-Archiv Overath, Abt. 1, Nr. 31, Fasz. 5, „Direktor Paul Wilms gestorben", Wochenschrift für Papier, 10.3.1938.
42 Ebd., „Pg. Paul Wilms verstorben", Westdeutscher Beobachter Bonn, 24.2.1938.
43 Ebd., Fasz. 7, Notiz zur Prokura Eintragung von Paul M. Bodenheim, 12.4.1926.
44 StadtA Bonn, SN 159, Nr. 15, undatierte Notiz zur Geschäftsgeschichte; handschriftliche Notiz. Die beiden Notizen nennen ein unterschiedliches Datum. Vgl. auch dieselbe Notiz in: Soennecken-Archiv Overath, Abt. 1, Nr. 31, Fasz. 7.
45 Soennecken Archiv Kleist, B 87, Protokoll der Sitzung des Vertrauensrates der Firma Soennecken vom 20.1.1938.
46 Ebd., Niederschrift der Vernehmung der Herrn [sic!] Dr. Wittmann und Beisegel durch den Justitiar der Firma Soennecken, Dr. Legers und Herrn Dr. Soennecken, 20.12.1937; Niederschrift der Vertrauensratsitzung der Fa. Soennecken, 20.12.1937.
47 Ebd., Protokoll der Sitzung des Vertrauensrats vom 10.6.1939.
48 Vgl. Maximilian Strnad, *Privileg Mischehe? Handlungsräume „jüdisch versippter" Familien 1933–1949*, Göttingen 2021, 109ff.
49 www.stolpersteine-berlin.de/de/wilhelmstr/92/alfred-lutgens [letzter Zugriff 4.12.2024].
50 StadtA Bonn, SN 159, Nr. 24, Protokoll der ausserordentlichen Gesellschafter-Versammlung der F. Soennecken Kommandit-Gesellschaft in Berlin, Hotel Esplanade, 24.4.1935.
51 LA NRW R, NW 1051, Nr. 1789, Entnazifizierungsakte Alfred Soennecken, Anlage 7.
52 Soennecken-Archiv Kleist, B 87, Vertrauensratssitzung, 24.5.1937.
53 Ebd., Protokoll der Sitzung des Vertrauensrates, 8.9.1939.
54 Ebd., Protokoll der Sitzung des Vertrauensrates, 17.6.1940, 2.
55 Ebd., Niederschrift des Protokolls der Vertrauensratssitzung vom 8.3.1943; Betriebsobmann Sibenhorn an Herrn Dr. Stockhausen, 4.4.1944.
56 Soennecken-Archiv Overath, Abt. 1, Nr. 6d, Fasz. 7, Bilanzbuch 1919–1947.
57 Soennecken-Archiv Kleist, A 33.2, Account of the finances [undatiert].
58 Soennecken-Archiv Overath, Abt. 1, Nr. 6d, Fasz. 7, Bilanzbuch 1919–1947.
59 BArch Berlin, R 3/2011, Reichsbetriebskartei, Eintrag F. Soennecken KG, 6.3.1944.
60 Ebd. sowie Erläuterung zur Ausfüllung des Fragebogens für die Reichsbetriebskartei.
61 Bundesarchiv-Militärarchiv Freiburg i. Br. [künftig BArch-MA], RW 21-35/6, Kriegstagebuch Rüstungskommando Köln, 2.12.1940–2.3.1941, Rückblick über die rüstungswirtschaftliche Entwicklung in der Zeit vom 1.9.1940–30.11.1940, 8.
62 Soennecken-Archiv Kleist, A 33.2, Military Government Germany, Property Control, I. Account on the state of business [undatiert], 1. *Quick-match fusees, fusees as part-products* und *projectile cases* sind die Bezeichnung im englischsprachigen Dokument, was wohl selbst auf einer Übersetzung beruht. Die deutschsprachigen Originalangaben sind nicht überliefert, die sinngemäße (Rück-)Übersetzung ist die des Autors, die auch auf Parallelüberlieferung in anderen Quellen beruht.
63 Ebd.
64 Betriebszeitschrift *Wir von Soennecken* 3 (1944), Auszeichnung mit Kriegsverdienstkreuz I. Klasse, 9.
65 Betriebszeitschrift *Wir von Soennecken* 2 (1943), Unser Zweigwerk Zabern im Elsaß, 5.
66 Soennecken-Archiv Kleist, A 33.2, Military Government Germany, Property Control, I. Account on the state of business [undatiert], 1.
67 WA BW, B 192, V 216, Schreiben [o.V.] vom 30.5.1941.
68 Soennecken-Archiv Kleist, B 102, Beschäftigtenmeldung, Fa. F. Soennecken, Werk Zabern, 31.10.1944.
69 Ebd., Firmen- und Betriebsfragebogen, 15.5.1944.
70 Ebd.
71 Soennecken-Archiv Kleist, B 87, Niederschrift der Besprechung des Vertrauensrates, 7.7.1942.
72 Ebd., B 102, Schreiben an das Arbeitsamt, Nebenstelle Zabern, betr. Freistellung der Gefolgschaftsmitglieder des Jahrgangs 1927 vom Reichsarbeitsdienst, 20.1.1944 [Abschrift].
73 Ebd., Schreiben an die Privatabteilung, 30.8.1943.
74 Ebd., Schreiben der Betriebsleitung an Herrn Dr. Soennecken, 4.9.1943.
75 Vgl. Handbook of Enemy Ammunition, Pamphlet No. 11, German Mines, Grenades, Gun Ammunition and Mortar Ammunition, German Tellermine 43 (Mushroom) with Igniter T. Mi. Z. 42 (T.Mi 43 Pilz/T. Mi.Z. 42), online unter michaelhiske.de/Allierte/

UK/Handbook/Pamphlet11/11_001.htm [letzter Zugriff 4.12.2024].

76 Soennecken-Archiv Kleist, B 102, Schreiben an die Privatabteilung, 19.3.1943.

77 Ebd., B 87, Niederschrift des Protokolls der Vertrauensratsbesprechung, 8.3.1943.

78 Ebd., Niederschrift des Protokolls der Vertrauensratsbesprechung, 18.7.1944.

79 WA BW, B 192, V 216, Schreiben Hans Helmers an die Fa. Louis Leitz, 6.4.1942.

80 Ebd., Schreiben von Hans Helmer an die Fa. Louis Leitz, 24.9.1940.

81 Ebd., Schreiben von Hans Helmer an die Fa. Louis Leitz, 19.4.1941.

82 Soennecken-Archiv Kleist, B 87, Protokoll der Sitzung des Vertrauensrates, 20.3.1940.

83 Vgl. Ingo Loose, *Die Juden in der Wirtschaft Schlesiens*, in: Andreas Brämer u.a. (Hrsg.), Jüdisches Leben zwischen Ost und West. Neue Beiträge zur jüdischen Geschichte in Schlesien, Göttingen 2014, 156–213.

84 LA NRW, Rep. 262, Nr. 2831, Wiedergutmachungsamt beim Landgericht Bonn, Rückerstattungsverfahren Synagogengemeinde Poppelsdorf gegen Dr. ing. Alfred Soennecken, Vergleich vom 14.7.1953, 1.

85 StadtA Bonn, SN 159, Nr. 24, Schreiben des RA Dr. jur. K. Kemper an den Überprüfungsausschuss der Entnazifizierungsbehörde in Bonn, 14.11.1947, 6.

86 Ebd.

87 Ebd.

88 Ebd.

89 Soennecken-Archiv Kleist, B 101, Schreiben der Privatabteilung an das Fernsprechamt Leipzig, 28.12.1943.

90 Ebd., A 33.2, Military Government Germany, Property Control, I. Account on the state of business [undatiert], 1.

91 WA BW, B 192, V 216, Schreiben von Alfred Soennecken an Ludwig Leitz, 6.12.1944.

92 Soennecken-Archiv Kleist, B 101, Schreiben von Edwin Runge an Alfred Soennecken, 7.11.1944.

93 Ebd., A 69, Schreiben des Architekten Toni Kleefisch an F. Soennecken, 7.8.1945.

94 Ebd., A 33.2, Military Government Germany, Property Control, I. Account on the state of business [undatiert], 1.

95 Ebd.

96 Ebd., 2.

97 StadtA Bonn, SN 159, Nr. 24, Nachrichten für die Truppe Nr. 325, 7.3.1945.

98 Zu Heinrich Kurth: Betriebszeitschrift *Wir von Soennecken* 2 (1943), 14.

99 Soennecken-Archiv Kleist, A33, Bilanzen 1926–1946: Bilanz nebst Gewinn- und Verlustrechnung 1934–1937.

100 Zur Lehrwerkstatt, der dreijährigen Ausbildung, dem Tagesablauf und dem Grundlehrgang: „Eisen erzieht", in: Betriebszeitschrift *Wir bei 3* 2 (1942), 10f.; Betriebszeitschrift *Wir bei Soennecken* 3 (1942), 8f.; Wolfgang Lempert, *Feilen, bis einem die Arme abfallen – Erinnerungen junger Facharbeiter an ihre metallhandwerkliche Grundausbildung in der Lehrwerkstatt*, in: Rolf Arnold/Antonius Lipsmeier (Hrsg.), Betriebspädagogik in nationaler und internationaler Perspektive. Für Joachim Munch, Baden-Baden 1989, 197–209.

101 Exemplarisch: Soennecken-Archiv Kleist, B 87, Protokoll der Sitzung des Vertrauensrates vom 20.3.1940.

102 Ebd., B 121, Soennecken teilt mit 6 (1939), 5ff.

103 Ebd., Soennecken teilt mit 2 (1941), 4; Soennecken teilt mit 2 (1942), 2ff.

104 BArch Berlin, R 3/2011, Reichsbetriebskartei Soennecken, 6.3.1944; BArch-MA, RW 21-35, Bd. 6, Kriegstagebuch Rüstungskommando Köln, 2.12.1940–2.3.1941; LA NRW R, Duisburg, 3953: Property Control Branch, I. Account on the State of Business, 20.1.1946; Soennecken-Archiv Kleist, B 102, Schreiben von Alfred Soennecken an den Leiter der Bezirksgruppe Elsass, der Wirtschaftsgruppe Papierverarbeitung, Herrn Hastlauer, 16.2.1944.

105 Betriebszeitschrift *Wir von Soennecken* 2 (1943), 5; Soennecken-Archiv Kleist, B 102, Fa. Soennecken, Einschreiben an den Wehrkreisbeauftragten Vb (Oberrhein) des Reichsministers für Rüstung und Kriegsproduktion, Kreisdienststelle Zabern (Amt für Technik), Zabern, 31.5.1944; Gauwirtschaftskammer Oberrhein, Industrieabteilung: Firmen- und Betriebsfragebogen, F. Soennecken, Bonn, Werk Zabern, Bonn, 15.5.1944.

106 Soennecken-Archiv Kleist, B 102, Zabern Stö/Wi, Monatsbericht – Monat Mai 1943 – Werk Zabern, Zabern 4.6.1943.

107 Ebd., Schreiben von Zabern Stö/Wi an Privatabteilung, Zabern, 23.6.1943.

108 Soennecken-Archiv Kleist, B 87, Niederschrift des Protokolls der Vertrauensratsbesprechung vom 4.3.1942.

109 Zum Einsatz von Zwangsarbeiterinnen bei Soennecken und zur Biographie von Olga siehe: Jolanta Altmann-Radwanska u.a., *Zwangsarbeit in Bonn 1939–1945*, Bonn 2001; Dittmar Dahlmann u.a. (Hrsg.), *„Schlagen gut ein und leisten Befriedigendes". Zwangsarbeiterinnen und Zwangsarbeiter in Bonn 1940–1945*, Bonn 2006; Julia Hildt, *Russische und ukrainische Zwangsarbeiter in Bonn während des Zweiten Weltkrieges*, Bonn 2004.

110 Betriebszeitschrift *Wir von Soennecken* 1 (1942), 2.

111 Zu den Luftangriffen und ihren Folgen: ebd.; Soennecken-Archiv Kleist, B 101, Schreiben von [unleserlich] an Edwin Runge, 10.2.1945; Schreiben von Dr. Alfred Soennecken an Edwin Runge, Bonn, 26.10.1944; B 102, Schreiben von Edwin Runge an Dr. Alfred Soennecken, Leipzig, 16.12.1943.

112 Betriebszeitschrift *Wir von Soennecken* 5 (1944), 4.

113 Ebd., 2.

114 LA NRW R, Duisburg, 3953: Property Control Branch, I. Account on the State of Business, 20.1.1946.

115 Ebd.

S.OE
SOENNECKEN

Nachkriegszeit, Wirtschaftswunder und das Ende des Familienunternehmens

Ronja Kieffer

Belastet oder nicht? Die Entnazifizierung Alfred Soenneckens

Wie viele andere Vertreter aus Industrie, Wirtschaft und Verwaltung musste sich nach dem Ende des Zweiten Weltkriegs auch Alfred Soennecken einem Entnazifizierungsverfahren stellen. In Bonn begann die systematische Entnazifizierung ein gutes Jahr nach dem Kriegsende und der Besetzung der Stadt durch alliierte Truppen: Im Frühjahr 1946 bildete die britische Militärregierung auf der Ebene der Stadt- und Landkreise und Regierungsbezirke die ersten Entnazifizierungsausschüsse. Sie bestanden aus sechs bis 16 Personen, die nach Möglichkeit ehemalige Gegner des Nationalsozialismus sein und alle Gesellschaftsschichten repräsentieren sollten. Die Hauptausschüsse wurden von Unterausschüssen unterstützt, die in einzelnen Behörden und Unternehmen oder auf Ortsebene gebildet wurden.[1] Aufgabe der Ausschüsse war es, die Verstrickung der vorgeladenen Personen mit dem NS-System mithilfe von verfügbaren Dokumenten und Zeugenaussagen zu untersuchen und zu bewerten. Am Ende des Verfahrens stand die Eingruppierung in eine der fünf Belastungskategorien, wobei die Entscheidung über die Einordnung schwer belasteter Personen in die Gruppen I und II bei der Militärregierung lag.[2]

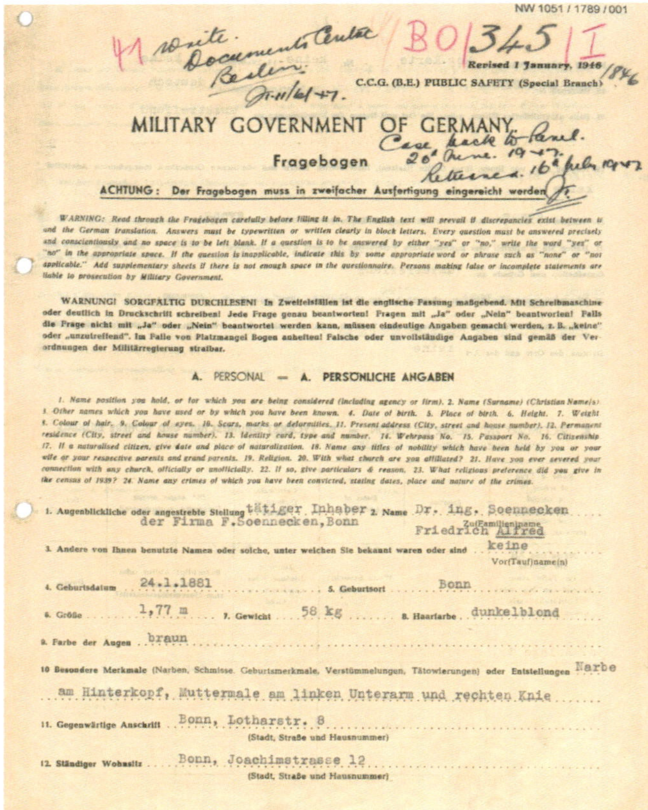
NW 1051 / 1789 / 001

BO 345 I

Revised 1 January, 1946

C.C.G. (B.E.) PUBLIC SAFETY (Special Branch)

MILITARY GOVERNMENT OF GERMANY

Fragebogen

ACHTUNG: Der Fragebogen muss in zweifacher Ausfertigung eingereicht werden

WARNING: Read through the Fragebogen carefully before filling it in. The English text will prevail if discrepancies exist between it and the German translation. Answers must be typewritten or written clearly in block letters. Every question must be answered precisely and conscientiously and no space is to be left blank. If a question is to be answered by either "yes" or "no," write the word "yes" or "no" in the appropriate space. If the question is inapplicable, indicate this by some appropriate word or phrase such as "none" or "not applicable." Add supplementary sheets if there is not enough space in the questionnaire. Persons making false or incomplete statements are liable to prosecution by Military Government.

WARNUNG! SORGFÄLTIG DURCHLESEN! In Zweifelsfällen ist die englische Fassung maßgebend. Mit Schreibmaschine oder deutlich in Druckschrift schreiben! Jede Frage genau beantworten! Fragen mit „Ja" oder „Nein" beantworten! Falls die Frage nicht mit „Ja" oder „Nein" beantwortet werden kann, müssen eindeutige Angaben gemacht werden, z. B. „keine" oder „unzutreffend". Im Falle von Platzmangel Bogen anheften! Falsche oder unvollständige Angaben sind gemäß der Verordnungen der Militärregierung strafbar.

A. PERSONAL — A. PERSÖNLICHE ANGABEN

1. Name position you hold, or for which you are being considered (including agency or firm). 2. Name (Surname) (Christian Name/s) 3. Other names which you have used or by which you have been known. 4. Date of birth. 5. Place of birth. 6. Height. 7. Weight 8. Colour of hair. 9. Colour of eyes. 10. Scars, marks or deformities. 11. Present address (City, street and house number). 12. Permanent residence (City, street and house number). 13. Identity card, type and number. 14. Wehrpass No. 15. Passport No. 16. Citizenship 17. If a naturalised citizen, give date and place of naturalization. 18. Name any titles of nobility which have been held by you or your wife or your respective parents and grand parents. 19. Religion. 20. With what church are you affiliated? 21. Have you ever severed your connection with any church, officially or unofficially. 22. If so, give particulars & reason. 23. What religious preference did you give in the census of 1939? 24. Name any crimes of which you have been convicted, stating dates, place and nature of the crimes.

1. Augenblickliche oder angestrebte Stellung tätiger Inhaber der Firma F.Soennecken,Bonn 2. Name Dr. ing. Soennecken Zu(Familien)name Friedrich Alfred Vor(Tauf)name(n)

3. Andere von Ihnen benutzte Namen oder solche, unter welchen Sie bekannt waren oder sind keine

4. Geburtsdatum 24.1.1881 5. Geburtsort Bonn

6. Größe 1,77 m 7. Gewicht 58 kg 8. Haarfarbe dunkelblond

9. Farbe der Augen braun

10 Besondere Merkmale (Narben, Schmisse, Geburtsmerkmale, Verstümmelungen, Tätowierungen) oder Entstellungen Narbe am Hinterkopf, Muttermale am linken Unterarm und rechten Knie

11. Gegenwärtige Anschrift Bonn, Lotharstr. 8 (Stadt, Straße und Hausnummer)

12. Ständiger Wohnsitz Bonn, Joachimstrasse 12 (Stadt, Straße und Hausnummer)

Nach Kriegsende musste sich Alfred Soennecken einem langwierigen Entnazifizierungsverfahren stellen.

Eine gewisse Ironie hatte es ja, dass das Formular, auf dem Alfred Soennecken die Angaben zu seiner NS-Vergangenheit eintragen musste, vermutlich in seiner eigenen Druckerei in Poppelsdorf gedruckt worden war. Die Militärregierung hatte die Druckerei im April 1945 beschlagnahmt und druckte dort seitdem Bekanntgaben für die Bonner Bevölkerung und später auch die politischen Fragebögen für die Entnazifizierung.[3] Als Alfred Soennecken am 25. Juli 1946 seinen Fragebogen ausfüllte, hatte er seine Firma schon seit einiger

Zeit nicht mehr betreten. Im August 1945 war er von der Firmenleitung suspendiert worden. Sein Vermögen und die Doppelvilla in der Joachimstraße 10/12, die ihm und seiner Frau Marjorie gehörte, standen seitdem unter der Aufsicht eines von der Militärregierung eingesetzten Treuhänders.[4]

Als die Ausschussvertreter Alfred Soenneckens Fragebogen zum ersten Mal in der Hand hielten, ahnten sie noch nicht, wie lang sich das Verfahren hinziehen würde. Der Fall wurde zunächst vor dem Entnazifizierungs-Hauptausschuss in Bonn verhandelt, und im Januar 1947 wurde Alfred Soennecken als „politisch tragbar" eingestuft und wieder zur Leitung seiner Firma zugelassen.[5] Doch das Urteil war nicht endgültig. Im Juni 1947 wurde der Fall wieder aufgenommen, nachdem belastendes Material aufgetaucht war, das den Ausschussmitgliedern im ersten Verfahren nicht bekannt gewesen war: eine Korrespondenz zwischen der Firma Soennecken und der DAF und ein Foto, auf dem Alfred Soennecken außerhalb seines Werks in SA-Uniform zu sehen war.[6]

Der ehemalige Wohnsitz von Alfred Soennecken, die Doppelvilla in der Joachimstraße 10/12, steht seit 1996 unter Denkmalschutz.

Im Sommer 1947 wurde der Hauptausschuss in je einen Ausschuss für die Stadt Bonn und für den Landkreis Bonn aufgeteilt. Der für den Fall Soennecken zuständige Stadtausschuss sprach sich bei der Neuverhandlung trotz der neuen Vorwürfe mit einem Votum von acht zu vier Stimmen erneut für die Einstufung als „Mitläufer" in Kategorie IV ohne Vermögenssperre aus.[7] Doch die Militärregierung folgte der Empfehlung nicht. Sie entschied stattdessen, „dass Soennecken ein Aktivist war und er ‚daher aus seinem Amt zu entfernen'" sei.[8] Einen Einfluss auf diese Entscheidung hatte auch der Einspruch der vier Ausschussmitglieder, die sich gegen die Einstufung als Mitläufer ausgesprochen hatten. Sie warfen den übrigen acht Ausschussmitgliedern vor, diese seien bei ihrem Votum von Gerüchten beeinflusst worden, nach denen bei einer Belastung Alfred Soenneckens dessen Firma geschlossen und somit 800 bis 1.000 Soennecken-Mitarbeiter entlassen werden müssten.[9] Außerdem waren beim Ausschuss Briefe eingegangen, die weitere Vorwürfe gegen Alfred Soennecken enthielten: Demnach hätte er in seinen Betrieben zahlreiche ehemalige SA-Männer eingestellt und einen SS-Wimpel an seinem Wagen geführt. Nach dem gescheiterten Attentat auf Adolf Hitler am 20. Juli 1944 hätte er außerdem ein Huldigungstelegramm an den Reichskanzler geschickt.[10]

Aus wessen Feder die belastenden Briefe stammten, war nicht klar, weil sie anonym eingereicht wurden. Im Versuch, den Verfasser ausfindig zu machen, wurde sogar eine Graphologin mit einer Schriftanalyse beauftragt.[11] Die zahlreichen Unterstützer Alfred Soenneckens stellten bald Vermutungen an, die eine regelrechte Verschwörung nahelegten. Es hieß, dass die Anschuldigungen aus der Firma Soennecken selbst stammten, genauer gesagt von Personen in Führungspositionen, die verhindern wollten, dass Alfred Soennecken auf seinen Posten zurückkehrte. Ihr Ziel war es angeblich, die eigenen Positionen zu bewahren und das Unternehmen langfristig sogar zu übernehmen.[12]

Schließlich ging der Fall im November 1947 noch einmal in Berufung. Nach Anhörung zahlreicher Zeugen und der Prüfung aller be- und entlastenden Materialien war der Berufungsausschuss der Ansicht, dass die Vorwürfe gegen Alfred Soennecken entkräftet werden konnten. (Ehemalige) Weggefährten und Mitarbeiter versicherten eidesstattlich, der Soennecken-Chef sei niemals ein überzeugter Nationalsozialist gewesen, sondern habe die nationalsozialistische Ideologie im Gegenteil abgelehnt.[13]

Der Parteieintritt sei demnach lediglich zum Wohl der Firma und zum Schutz seiner Belegschaft erfolgt – die sich im Verfahrensverlauf übrigens sehr für ihren Chef eingesetzt hatte: Schon während des ersten Verfahrens hatten sich 97 Prozent der Mitarbeiter bei Soennecken in einer geheimen Wahl für die Rückkehr des Firmenleiters ausgesprochen.[14] Alfred Soenneckens Fahrer versicherte derweil, der SS-Wimpel sei nur dann am Auto befestigt worden, wenn dies zu öffentlichen Veranstaltungen genutzt wurde.[15] Soennecken selbst habe den Wimpel bei seinen eigenen Fahrten nie genutzt. Weiterhin wurde festgestellt, die Anzahl an ehemaligen SA-Männern, die Soennecken eingestellt hatte, sei nicht ungewöhnlich hoch gewesen. Wohl aber habe er politisch Verfolgte – ehemalige Gewerkschafter, Regimegegner und Juden – beschäftigt und vor weiterer Verfolgung durch die Nazis geschützt.[16] Das Telegramm nach dem Attentat auf Hitler schließlich sei unter großem politischem Druck und im Rahmen einer „Sammelaktion" der Gauleitung entstanden, die auch den Text vorgegeben habe.[17]

Alfred Soennecken, 1948

Den entscheidenden Beweis für Alfred Soenneckens ablehnende Haltung gegenüber dem Nationalsozialismus sah der Berufungsausschuss schließlich in der Tatsache, dass seine zwei engsten Mitarbeiter – Alfred Hüwel und Peter Stockhausen – bekanntermaßen „überzeugte Nazigegner" gewesen seien. Angesichts dieser Tatsache „dürfte es müssig sein, die Frage zu diskutieren, welche Haltung und Einstellung Dr. S. im 3. Reich eingenommen hat".[18] Ende 1947 empfahl der Ausschuss die Einstufung Soenneckens in Kategorie V und damit die vollständige politische Entlastung.[19]

Soennecken-Direktor Peter Stockhausen mit Konrad Adenauer auf dessen 74. Geburtstag, 1950

Der Sonderbeauftragte für die Entnazifizierung im Land Nordrhein-Westfalen bestätigte die Entscheidung im Februar 1948 – aber der Fall Soennecken war immer noch nicht abgeschlossen: Die Militärregierung stoppte die Entlastung Soenneckens und die Freigabe seines Vermögens. Kurz darauf wurde der Vorsitzende des für Soennecken zuständigen Berufungsausschusses, der Bonner Rechtsanwalt Hubert Claessen, festgenommen. Aus seinem Büro waren wichtige Akten zum Entnazifizierungsverfahren Alfred Soenneckens abhandengekommen, darunter das bestätigte Entlastungsurteil des Berufungsausschusses. Claessen zufolge wurden die Akten über Nacht aus seinem abgeschlossenen Büro gestohlen. Per Anzeige in der Tageszeitung setzte er daraufhin einen Finderlohn von 5.000 Reichsmark auf die verschwundenen Dokumente aus. Auf eine Strafanzeige verzichtete er, so erklärte er, aufgrund der mangelnden Erfolgsaussichten und der Überlastung der Polizei.[20]
Erzürnt über seine Verhaftung und die Vorwürfe, er selbst habe etwas mit dem Verschwinden der Unterlagen zu tun, witterte nun auch der Rechtsanwalt eine Verschwörung und meinte, es sei das Interesse „maßgeblicher Personen in der Stadt Bonn", dass Soennecken nicht entlastet werde. Der Verdacht liege nahe, dass diese „Feinde von Dr. S." mit dem Diebstahl der Dokumente die Entlastung Soenneckens hätten verhindern wollen.[21]
Das Verschwinden der Akten sorgte erneut für eine erhebliche Verzögerung im Entnazifizierungsverfahren, verhinderte die politische Entlastung Soenneckens letztendlich aber nicht. **Nachdem die Doppelvilla in der Joachimstraße im Mai 1948 aus der Verwaltung des Treuhänders freigegeben worden war,[22] wurde Soennecken Ende 1949 nach einem dreieinhalbjährigen Verfahren endgültig entlastet.** Im Bericht des Ausschusses hieß es, es seien „dem Betroffenen eine Anzahl von Vorwürfen en[t]gegen gehalten worden, alle haben sich als gegenstandslos erwiesen".[23] Dass bei der endgültigen Bewertung auch wirtschaftspolitische Überlegungen eine Rolle gespielt haben, lässt sich nicht ganz ausschließen. In der Urteilsbegründung deutete der Berufungsausschuss deutsche Exportinteressen an, der Sonderbeauftragte für die Entnazifizierung in Nordrhein-Westfalen ließ den entsprechenden Satz aber mit dem Hinweis streichen, in den Entnazifizierungsverfahren gehe es lediglich um die „staatspolitische Beurteilung" der Betroffenen.[24]

Zwischen Tradition und Veränderung – Nachkriegszeit und Wirtschaftswunder

Ende 1949 kehrte Alfred Soennecken also endlich in sein Unternehmen zurück. Die Firma Soennecken war angeschlagen und kämpfte weiterhin mit den Folgen des Krieges.
Im letzten Kriegsjahr hatte das Unternehmen einen enormen Umsatzrückgang verzeichnet und die Werke nahmen erst allmählich ihre reguläre Produktion wieder auf.[25] Die Büromöbelfabrik in Soenneckenfeld stellte nach dem Krieg erst einmal keine Möbel für Verwaltungen, Vorzimmer und Büros her, sondern Gebrauchsgegenstände für die Besatzungsarmee, vor allem Tische – und Särge. Außerdem wurden dort beschädigte Schulbänke repariert, womit die Firma einen wichtigen Beitrag zur raschen Wiederaufnahme des Schulbetriebs nach Kriegsende leistete.[26]
Trotz der schwierigen wirtschaftlichen Lage des Unternehmens genoss der Name Soennecken nach wie vor große Reputation: **Am 23. Mai 1949 unterzeichneten die Abgeordneten des Parlamentarischen Rates das Grundgesetz als Verfassung der Bundesrepublik Deutschland mit Soennecken-Füllern.**[27]
Ein Jahr später gratulierten zahlreiche hochrangige Politiker, darunter Bundeskanzler Konrad Adenauer höchstpersönlich, zum 75-jährigen Firmengeburtstag.[28] Adenauer sprach Soennecken in seinem Gratulationsschreiben seine Anerkennung für die Verdienste um das „Wiedererstarken der deutschen Wirtschaft" und die „Wiedereingliederung der deutschen Wirtschaft in den Weltmarkt" aus. Für die Zukunft verlieh der Bundeskanzler der Hoffnung Ausdruck, es möge dem Bonner Unternehmen gelingen, „durch eine weitere Steigerung Ihrer Produktion und Ihrer Exportleistung die Geltung der deutschen Wirtschaft in der Welt zu stärken und zugleich für den deutschen Arbeiter neue Arbeitsplätze zu schaffen"[29].
Im Jubiläumsjahr 1950 nahm die Firma Soennecken auch zum ersten Mal seit dem Krieg wieder an einer Messe teil: an der Deutschen Industriemesse, die vom 29. März bis zum 2. April 1950 in Hannover stattfand.
Die Messe in Hannover war 1947 auf Initiative der britischen Besatzungsmacht als Konkurrenz zur Leipziger Messe entstanden und wurde zunächst als Export-Messe durchgeführt, um die westdeutsche Wirtschaft anzukurbeln. Auf dem Gelände des ehemaligen Rüstungsbetriebs Vereinigte Leichtmetallwerke in Hannover-Laatzen präsentierten zwei Jahre nach Kriegsende westdeutsche Hersteller rund 736.000 Besuchern aus 53 Ländern ihre Produkte und schlossen Verträge im Wert von mehr als 31 Mio. US-Dollar ab.[30] Zwei weitere Jahre später war der Andrang so groß, dass nicht alle interessierten Unternehmen an der Messe teilnehmen konnten. Daher wurde sie 1949 erstmals aufgeteilt und neben der Export-Messe wurde

Die Firma Soennecken nahm 1950 zum ersten Mal nach dem Krieg an der Deutschen Industriemesse Hannover teil.

Deutsche Industriemesse Hannover, 1950

mit der Deutschen Industriemesse eine eigene Plattform für die Hersteller technischer Produkte geschaffen. 1950 kamen zum ersten Mal auch internationale Aussteller nach Hannover.[31]

Die Firma Soennecken präsentierte sich bei ihrer ersten Teilnahme an der Deutschen Industriemesse im Jubiläumsjahr 1950 „unerhört eindrucksvoll"[32] und wurde dem Ruf als „führende Firma ihrer Branche"[33] gerecht: **Am Stand in Halle VII auf dem Hannoverschen Messegelände prangte in rund sieben Metern Höhe der Firmenname Soennecken in blauer Neon-Leuchtstoffröhrenschrift, auf einer runden Scheibe rotierte ein vier Meter großer Riesenfüllhalter und in allen vier Ecken des Standes schwebten zwei Meter hohe Riesenordner.**

Nicht nur die Besucher aus dem In- und Ausland waren von der Aufmachung beeindruckt; nachdem er die Messe eröffnet hatte, stattete auch Bundeswirtschaftsminister Ludwig Erhard dem Soennecken-Stand einen Besuch ab. Und neben Berichten in vielen anderen Medien brachte sogar die Wochenschau Filmaufnahmen vom Soennecken-Messestand.[34]

Die Neonbuchstaben wiesen den Weg in die Zukunft: Ab jetzt, so schien es, konnte es nur bergauf gehen. Der Krieg war vorbei, Alfred Soennecken politisch entlastet und endgültig auf seine Position als Firmenchef zurückgekehrt. Die junge Bundesrepublik kam nur wenige Jahre nach der Katastrophe des Zweiten Weltkriegs mit tatkräftiger Unterstützung der Alliierten erstaunlich rasch wieder auf die Beine. Dank Währungsreform und Marshallplan boomte die deutsche Wirtschaft in den 50er Jahren – von 1950 bis 1960 verdoppelte sich das Bruttosozialprodukt[35] –, und die westdeutsche Gesellschaft wurde von einer Aufbruchstimmung erfasst, der sich auch die Firma Soennecken nicht entziehen konnte. Schon gar nicht am Stammsitz in Bonn. Die neue politische Hauptstadt war zwar anfangs ein Provisorium – sobald es mit der „Ostzone" vorbei sein würde, so der Plan, sollte wieder Berlin übernehmen –, doch auch ein Provisorium muss funktionieren. Und so siedelten sich in den 50er Jahren, zunächst übergangsweise, zahlreiche Behörden und

Konrad Adenauer, Präsident des Parlamentarischen Rates und später erster Bundeskanzler der Bundesrepublik Deutschland, unterzeichnete am 23. Mai 1949 das Grundgesetz mit einem Füller der Marke Soennecken.

Messe Hannover, Überblick über die Halle VII, Papierverarbeitung und Bürobedarf, 1950. Im hinteren Teil der Halle ist der Soennecken-Stand zu erkennen.

Seit 1950 war Soennecken regelmäßiger Messegast in Hannover und beeindruckte das Publikum mit aufwendig gestalteten Messeständen.

Ministerien am Rhein an, und überall in der Stadt entstanden neue Verwaltungs- und Bürogebäude.[36]

Dass die Nachfrage nach Büroartikeln aller Art größer denn je war und weiter stieg, hatte auch mit dem tiefgreifenden strukturellen Wandlungsprozess zu tun, den die westdeutsche Gesellschaft und die Volkswirtschaft in den ersten beiden Nachkriegsjahrzehnten durchliefen. Die Bevölkerung wuchs im Verlauf der 50er Jahre auf mehr als 55 Mio. Menschen an. Gleichzeitig stieg die Erwerbstätigkeit um ein Drittel, während die Arbeitslosenquote zwischen 1950 und 1960 von 11 auf 1,3 Prozent sank – ein Trend, der sich noch bis zur zweiten Hälfte der 60er Jahre fortsetzte.[37] Das bedeutete, dass immer mehr Menschen in der Bundesrepublik arbeiteten – und das immer häufiger im Büro. Denn die Landwirtschaft verlor zunehmend an Bedeutung, während die beiden anderen Wirtschaftssektoren, das produzierende Gewerbe und die Dienstleistungen, sich kontinuierlich ausweiteten.[38]

Postministerium Bonn, 1957

An diese Entwicklungen mussten die Büroartikelindustrie und auch die Firma Soennecken sich anpassen. In der Chefetage des Bonner Unternehmens machte sich Anfang der 50er Jahre die nächste Generation bereit. 1952 beauftragte Alfred Soennecken seinen Sohn und designierten Nachfolger Alfred Walter Soennecken, sich um die „innerbetriebliche Reorganisation und Rationalisierung“[39] der Firma zu kümmern.

Die Kriegsschäden waren weitgehend beseitigt und die Betriebe wieder funktionsfähig; nun musste die Unternehmensorganisation auf Vordermann gebracht werden. Drei Bereiche sollten im Zuge der „notwendige[n] Umorganisation“ der Firma berücksichtigt werden: Erstens sollte eine räumliche Neuorganisation stattfinden, also Transportwege sollten verkürzt und ein schnellerer Materialfluss durch die Werkstätten sichergestellt werden. Zweitens benötigte die Firma dringend neue Fabrikationsmaschinen. Und drittens war ein besseres „Zusammenspiel“ der Abteilungen Verkauf, Produktion und Einkauf zu organisieren.[40]

Damit waren zugleich einige zentrale Probleme identifiziert und benannt, mit denen die Firma Soennecken in den folgenden Jahren zu kämpfen hatte. Die veralteten Maschinen sorgten nicht nur für Mängel an den Produkten, sondern verzögerten außerdem die Produktion. Weil sich in den Lagern gleichzeitig zu viel Altware befand, die nicht abgesetzt werden konnte, kam es zu teilweise erheblichen Verspätungen bei den Lieferungen. Sowohl über die mangelnde Produktqualität als auch über Lieferverzögerungen gab es immer wieder Beschwerden der Kunden.[41] Die alte Ware in den Lagern band zudem Kapital, das an anderen Stellen, etwa für neue Geräte und Maschinen, dringend benötigt wurde. Trotz der für die Branche eigentlich vielversprechenden volkswirtschaftlichen Entwicklungen war die Lage der Firma Soennecken angespannt: Im Laufe der 50er Jahre wurde der Abbau der Vorräte zur Existenzfrage für das Bonner Unternehmen.[42]

Die Maßnahmen zur „Umorganisation" des Unternehmens waren kaum angelaufen, da verstarb Alfred Soennecken im Juli 1954 überraschend im Alter von 73 Jahren. Mehr als drei Jahrzehnte lang hatte er die Geschicke des Familienunternehmens gelenkt, nun verließ er es unfreiwillig inmitten von Krise und Umbruch. Aus Lokal- und Bundespolitik, Wirtschaft und Gesellschaft

Werbe-Lastzüge fuhren den Namen Soennecken durch die Straßen, ca. 1950.

gingen zahlreiche Beileidsbekundungen ein, aus denen große Wertschätzung für den langjährigen Firmenchef und tiefe Bestürzung über seinen unerwarteten Tod sprechen.[43] Sein Sohn übernahm mit 29 Jahren die Firmenleitung. Alf, wie er sich fortan, womöglich zur besseren Unterscheidung vom Vater, nannte, war bereits seit einigen Jahren im Unternehmen tätig. Nach Kriegsende, im Juni 1945, hatte er dort eine Stelle als Technischer Betriebsassistent angetreten, durfte die Firma aber während des laufenden Entnazifizierungsverfahrens seines Vaters einige Zeit lang nicht betreten.[44] Seit den frühen 50er Jahren arbeitete er dann in der Führungsetage des Unternehmens mit. Im Prinzip war Alf Soennecken also auf die Übernahme der Verantwortung als Firmenchef vorbereitet, er trat jedoch kein leichtes Erbe an. Die großen Fußstapfen seiner beiden Vorgänger auszufüllen, war gerade in den von rasanten ge-

Alfred Soennecken kurz vor seinem überraschenden Tod, 1954

sellschaftlichen Umbrüchen geprägten 50er Jahren eine Herausforderung.
Alf Soenneckens Geschwister – sein Bruder Fritz, der in den USA lebte, und seine drei Schwestern Hertha, Annemarie und Brigitte – wurden gemäß der Erbschaftsregelung neue Teilhaberinnen und Teilhaber der Soennecken KG.[45] Seine Mutter Marjorie und seine Tante Karoline Hammerschmidt blieben zunächst ebenfalls Teilhaberinnen. Wahrscheinlich aus einer finanziellen Notlage der Firma heraus verkaufte die Familie 1956 die Unternehmensanteile der Tante an den wohlhabenden Düsseldorfer Wirtschaftsprüfer Franz Velder, der in den vorangegangenen Jahren die Jahresabschlussprüfungen für die Firma Soennecken durchgeführt hatte.[46] Bereits 1958 konnten die Anteile wieder zurückerworben und auf Alf Soenneckens zweite Ehefrau Margot (geb. Beckmann) überschrieben werden.[47]
Der zwischenzeitliche Verkauf von Familienanteilen zeigt: Es waren harte Zeiten, in denen Alf Soennecken nach dem Tod seines Vaters das Familienunternehmen übernahm. Im Betriebsjahr 1953/54 erwirtschaftete die Firma Soennecken erhebliche Verluste: Der bilanzmäßige Jahresverlust betrug rund 387.000 D-Mark. Das war nicht nur an sich ein erschreckendes Ergebnis, sondern zudem auch eine massive Verschlechterung gegenüber dem Vorjahr, in dem das Unternehmen noch einen Gewinn von immerhin rund 46.000 D-Mark hatte verzeichnen können.[48]
Die Gründe für diesen Einbruch waren offenbar auch für den Wirtschaftsprüfer nicht im Einzelnen nachvollziehbar.[49]
Klar schien aber, dass das von Alfred Soennecken vor seinem Tod angestoßene Rationalisierungsprogramm noch keine Früchte trug; die Firma kämpfte nach wie vor mit ineffizienten Strukturen und veralteten Maschinen. Die ansteigende Konjunktur auf dem Papier- und Eisensektor und eine damit verbundene Materialknappheit verschärften die ohnehin angespannte Lage, in der sich das Unternehmen befand, noch zusätzlich. In einem Brief an seine Mitarbeiterinnen und Mitarbeiter mahnte der neue Chef insbesondere die oft mangelnde Qualität der Soennecken-Produkte an und erinnerte daran, „dass die Firma auf dem Markt keine Monopolstellung besitzt, sondern dass jeder Artikel, der von uns hergestellt wird, zum gleichen Preis und neuerdings auch fast immer zu besserer Qualität von der Konkurrenz bezogen werden kann".[50]
Die Konkurrenz, das war nicht nur, aber vor allem die Firma Louis Leitz. Das Stuttgarter Unternehmen war schon genauso lange wie Soennecken im Geschäft, sein Gründer und Namensgeber hatte

Das einzige überlieferte Portraitfoto von Alf Soennecken stammt aus dem Jahr 1943 und zeigt den späteren Firmenchef als 18-Jährigen in Wehrmachtsuniform.

Ende des 19. Jahrhunderts die Hebelmechanik für Büroordner erfunden.[51] Erbitterte Patentstreitigkeiten gehörten inzwischen zwar der Vergangenheit an, der harte Wettbewerb zwischen den beiden traditionsreichen Unternehmen bestand aber nach wie vor. Und in den 50er Jahren sah es nun so aus, als hätte Leitz sich durchgesetzt: Die Stuttgarter Firma dominierte den Büroartikelmarkt und galt beim Handel mit großem Vorsprung als fortschrittlichster Hersteller von Ordnern, Heftern und Hängeregistraturen, Lochern sowie Prospekt- und Sichthüllen.[52]

Beim Kampf, den Anschluss nicht zu verlieren, traf Soennecken angesichts der Vormachtstellung von Leitz bei zahlreichen Artikeln schließlich eine Grundsatzentscheidung: Die Unternehmensführung entschied sich, stärker auf das Organisationsgeschäft anstatt auf Standardartikel zu setzen.[53] In diesem Zusammenhang wurde sogar die Aufgabe der Füllhalterproduktion in Erwägung gezogen. Mit den Füllhaltern war Soennecken einst bekannt und erfolgreich geworden, inzwischen war das traditionsreiche Geschäft aber nicht mehr rentabel und seine Weiterführung eine reine Prestigefrage.[54]

Und Prestigefragen konnte sich das Unternehmen nicht mehr leisten. Trotz aller Anstrengungen und nach einer kurzzeitigen Verbesserung im Betriebsjahr 1954/55 schaffte Soennecken es nicht dauerhaft in die schwarzen Zahlen. Im Frühjahr 1957 war die Situation regelrecht bedrohlich: Die Firma Soennecken war vollkommen illiquide und nicht mehr in der Lage, ihre Rechnungen zu bezahlen.[55] Der Abbau der Lager war bis dahin nicht konsequent umgesetzt worden, sodass nach wie vor viel zu viel Altware die Lager verstopfte. Das Vorratsvermögen hatte die „astronomische Höhe" von 6,7 Mio. D-Mark erreicht – „zur Not [...] vertretbar" waren fünf Mio.[56] Verschärft wurde die Situation durch einen überraschenden und plötzlichen Umsatzrückgang im Geschäftsjahr 1956/57.[57]

Alf Soennecken zeigte sich angesichts der bedrohlichen Lage alarmiert und forderte „einschneidende Sofortmaßnahmen". Andernfalls wäre eine Weiterführung der Geschäfte für die Inhaber des Unternehmens, also für ihn selbst und seine Familienmitglieder, „vollkommen uninteressant".[58] Dass er als Vorsitzender der Geschäftsführung einen maßgeblichen Anteil an der Lage des Unternehmens hatte, ließ Soennecken unerwähnt. Um die Firma wieder liquide zu machen, wurden verschiedene Sparmaßnahmen beschlossen, allen voran ein radikaler Abbau der Lager. Darüber hinaus sollten unter anderem die Stilllegung des eigenen Sägewerks, der Verkauf von Holzvorräten sowie der Verkauf und die Verschrottung von für die Produktion nicht mehr benötigten Maschinen und Anlagen erfolgen.[59] Und auch Entlassungen waren vorgesehen.[60] Am Ende der 50er Jah-

Die Konkurrenz zwischen Soennecken und Leitz bestand seit Jahrzehnten – in den 50er Jahren setzte sich der Stuttgarter Hersteller an die Spitze des Büroartikelmarkts.

Aufgrund der schwierigen ökonomischen Lage wurden bei Soennecken zwischenzeitlich Überlegungen angestellt, die traditionsreiche Füllhalterproduktion aufzugeben.

re blickte die Firma Soennecken somit zurück auf turbulente Jahre und voraus in eine ungewisse Zukunft.

Soennecken wird überholt – Die frühen 60er Jahre

Die nach dem Zweiten Weltkrieg begonnenen gesellschaftlichen Entwicklungen setzten sich im folgenden Jahrzehnt fort. Der tertiäre Sektor wuchs unaufhaltsam weiter. Gleiches galt für das Bruttosozialprodukt der Bundesrepublik.[61] Die 60er Jahre waren geprägt vom Glauben an Rationalität und Fortschritt. Kein Wunder, schließlich boomte die westdeutsche Wirtschaft nach wie vor in bislang ungekanntem Ausmaß und die technologische Entwicklung verlief in geradezu rasanter Geschwindigkeit.[62] Das Wirtschaftswunder war endgültig in der breiten Bevölkerung angekommen und schlug sich vor allem in einem massiv gesteigerten Konsumverhalten nieder: 1957 wurde in Westdeutschland der erste Supermarkt und 1962 der erste Discounter eröffnet.
Immer mehr Menschen konnten sich nun einen eigenen Pkw und andere Konsumgüter leisten. **In Privathaushalten nahm die Zahl an Elektrogeräten zu und in den Büros die Zahl der Computer.**[63]

Der schnelle Wiederaufbau und der wirtschaftliche Aufschwung hatten die Schrecken des Kriegs und die Entbehrungen der unmittelbaren Nachkriegszeit ebenso in Vergessenheit geraten lassen

So wie hier in Wien kauften auch in Westdeutschland die Menschen seit den späten 50er Jahren ihre Waren immer häufiger im Supermarkt ein.

wie die eigene Verantwortung. Unter der glänzenden Oberfläche von Fortschritt und Wohlstand schwelten jedoch generationelle Spannungen und kulturelle Konflikte, die in der zweiten Hälfte der 60er Jahre schließlich aufbrachen. Nach der Ermordung des Studenten Benno Ohnesorg am 2. Juni 1967 breitete sich eine Studentenbewegung aus, die lautstark Kritik an den herrschenden Verhältnissen zunächst innerhalb der Universitäten und dann immer mehr auch in der gesamten westdeutschen Gesellschaft äußerte. Nicht zuletzt wurde dabei die Elterngeneration nachdrücklich an ihre bislang verdrängte Verantwortung für die Verbrechen der NS-Zeit erinnert.[64]
Auch in weiteren gesellschaftlichen Bereichen fand ab Mitte der 60er Jahre ein grundlegender Wandel statt, so etwa im geschlechtsspezifischen Rollenverständnis: War die Berufstätigkeit von Frauen bislang gesellschaftlich nur dann toleriert worden, wenn sie keine

1956 eröffnete in Frankfurt am Main das Europäische UNIVAC-Rechenzentrum

Kinder zu versorgen hatten, und waren Ehe und Mutterschaft weitgehend die einzige Lebensperspektive für Frauen gewesen, drängten nun immer mehr Frauen auf den Arbeitsmarkt. Parallel zu dieser Entwicklung nahm die Zahl der Arbeiter drastisch ab, während die Anzahl der Angestellten und Beamten wuchs und die Arbeitswelt von einer Welle der Rationalisierung erfasst wurde.[65]
Während sich die Außenwelt also weiterhin rasant veränderte, tickten bei Soennecken die Uhren deutlich langsamer – zu langsam, wie auch intern durchaus selbstkritisch festgestellt wurde. Bei einem 1961 gehaltenen Vortrag zum betrieblichen Vorschlagswesen verwies

NDSSCHAF
Pfanni
P
IM TELEFON KLICKT ES GANZ LEISE-
SCHON WIEDER DIE VERFASSUNGSSCHÜTZER

Soennecken-Messestand in Hannover, 1961

der Redner, ein Soennecken-Mitarbeiter, auf die 85-jährige Tradition der Firma. Dieser begegne man häufig beim Rundgang durch den Betrieb und bei dessen Ausstattung, allerdings im negativen Sinne: „20–50 Jahre alt ist vieles davon und die Bediener der Maschinen sind mit ihnen alt geworden und haben den Blick verloren für die Notwendigkeiten des Tages.“[66] Dementsprechend habe Soennecken auch die Führung in vielen Bereichen verloren, in denen man früher Pionier gewesen sei.[67] Ähnlich klingt auch das Abschiedsschreiben eines Verkäufers, der nach insgesamt 20 Jahren bei Soennecken die Firma verließ. Er schrieb, im Lauf seiner Verkäufertätigkeit habe Soennecken seine dominierende Marktstellung in fast allen Bereichen eingebüßt. Schuld daran seien aus seiner Sicht die Breite des Produktprogramms, die „bekannte Unfähigkeit des Betriebes, gute Ware in ausreichenden Mengen zum richtigen Zeitpunkt zu liefern“, und die fehlende Anpassung an die Erfordernisse der Gegenwart, sowohl in qualitativer als auch in funktioneller Hinsicht.[68]
Auch den Verantwortlichen war klar, dass sich bei Soennecken etwas verändern musste, wenn man an alte Zeiten anknüpfen und den Anschluss nicht gänzlich verlieren wollte. Zumal das Unternehmen nach der Gründung der Europäischen Wirtschaftsgemeinschaft (EWG) 1957 und der Europäischen Freihandelszone (EFTA) 1959 sein geschäftliches Blickfeld in Richtung des europäischen Auslands erweitern musste und wollte.[69] **Alf Soennecken suchte daher nach neuen Teilhabern, die dringend benötigtes Kapital**

S. 156: 1968 demonstrierten Studenten in zahlreichen westdeutschen Städten so wie hier auf dem Münchner Viktualienmarkt

Mikrofilm-Ausstellungsraum auf der Messe Hannover, 1961

ins Unternehmen einbringen sollten. Zu diesem Zweck schaltete er unter anderem eine große Anzeige in der „Frankfurter Allgemeinen Zeitung“:

„Für ein im rheinischen Industriegebiet gelegenes, auf lange Tradition gegründetes Unternehmen mit weltbekannter Markengeltung wird zwecks Erweiterung der Kapazität und der Verkaufsmöglichkeiten, insbesondere im EWG- und EFTA-Raum, Teilhaber mit 3 bis 4 Millionen Kapitaleinlage gesucht[.] Das Produktionsprogramm ist vielschichtig und weitgehend krisenfest. Eine 1000köpfige Stammbelegschaft sowie ein bedeutendes Anlagevermögen stehen zur Verfügung.“[70]

Ob sich tatsächlich jemand auf die Anzeige meldete, ist nicht bekannt. 1961 verhandelte Alf Soennecken jedenfalls mit Rolf Ippen, dem Geschäftsführer der „Westfälischen Allgemeinen Zeitung“ (WAZ), über eine Beteiligung der WAZ-Gruppe an der Firma Soennecken. Im Frühsommer 1961 standen die Verhandlungspartner dann auch kurz vor einem Vertragsabschluss.

Soennecken setzte auf die Mikrofilm-Technologie und vertrieb seit Mitte der 50er Jahre die Registraturen für Kodak-Fabrikate.

Der Eintritt der WAZ-Gruppe bei Soennecken war für den 1. Juli vorgesehen, Alf Soennecken sollte die Geschäftsführung aufgeben und seine Funktion als Komplementär an eine neu zu gründende GmbH & Co. abgeben. Doch dann erschien der laut den Vertragsentwürfen vorgesehene Einfluss der WAZ-Vertreter Soennecken doch zu groß, und der ließ den Deal platzen.[71]
Da die Verhandlungen anfangs aber so gut gelaufen waren, hatte Soennecken nicht mit anderen potenziellen Geschäftspartnern gesprochen. Angesichts der verfahrenen Situation bat er daher Ulrich Haberland um Rat und Unterstützung. Der Vorstandsvorsitzende der Bayer AG beriet Alf Soennecken seit 1959 mehrfach im persönlichen Gespräch.[72] Ob der Leverkusener Chemiekonzern dem Bonner Unternehmen auch finanzielle Hilfestellung leistete, ist nicht bekannt. Beim Konkurrenten Leitz wurde über die Verbindung zwischen Soennecken und Haberland und den von ihnen vertretenen Unternehmen gemutmaßt. Plausibel erscheint die Vermutung, dass das gemeinsame Interesse am Mikrofilm-Geschäft die beiden auf den ersten Blick so unterschiedlichen Firmen zusammenbrachte.[73]
Bei der Mikrofilm-Technologie, die in der ersten Hälfte des 19. Jahrhunderts erfunden wurde, werden Fotografien auf Film gespeichert und dann verkleinert, damit sie leichter aufbewahrt werden können. Zum Betrachten werden die auf dem Film gespeicherten Bilder mithilfe von speziellen Lesegeräten wieder vergrößert. **Mikrofilm war und ist auch für Unternehmen ein beliebtes Speichermedium, weil es die sichere und langfristige Aufbewahrung großer Datenmengen ermöglicht. Papier braucht viel Platz und ist verhältnismäßig kurzlebig.** Abgesehen davon, dass es mit der Zeit porös wird und irgendwann ganz zerfällt, kann es auf viele andere Arten, auch zufällig oder versehentlich, zerstört werden, etwa durch Zerreißen, Ausbleichen oder Verbrennen. Mikrofilm hingegen ist bei richtiger Aufbewahrung mehrere Jahrhunderte lang haltbar und kann notfalls auch ohne Lesegerät, nur mithilfe einer Lupe, ausgelesen werden.[74]
Alf Soennecken hielt den Mikrofilm für DAS Medium der Zukunft. Er sei der Ansicht, so schrieb er im Juli 1961 an Ulrich Haberland, dass „in einigen Jahren in Europa kein Mensch mehr nach Briefordnern, Lochern oder Schnellheftern fragen wird“[75] – in der Rückschau eine deutliche Fehleinschätzung. Seine Firma vertrieb schon seit 1956 die Registraturen für die entsprechenden Mikrofilm-Fabrikate der US-amerikanischen Firma Kodak in der Bundesrepublik. Marktführer für Filme auf dem westdeutschen Markt war die Bayer AG mit ihrer Tochterfirma und der Marke Agfa.[76] In seinen Briefen teilte Soennecken Haberland mit, dass seine „Verbindung mit Kodak getrübt sei“, und verwies mehrfach auf „vereinbarungsgemäss[e]“ Gespräche mit Bayer-Vertretern über eine mögliche Zusammenarbeit mit Agfa.[77]

Als Ulrich Haberland im September 1961 überraschend verstarb, endeten auch der Kontakt zwischen der Firma Soennecken und der Bayer AG und die Gespräche über eine Kooperation auf dem Mikrofilm-Sektor. Die Suche nach einem Teilhaber ging in Bonn aber weiter und war letztlich doch noch von Erfolg gekrönt. Anfang 1962 erfuhr die Öffentlichkeit von den neuen Verhältnissen bei Soennecken. „Soennecken stellt sich um“, titelte die „Bonner Rundschau“ am 28. Februar; drei Wochen später berichtete auch die „Frankfurter Allgemeine Zeitung“ über „große Ausbaupläne“ bei der Firma Soennecken.[78]

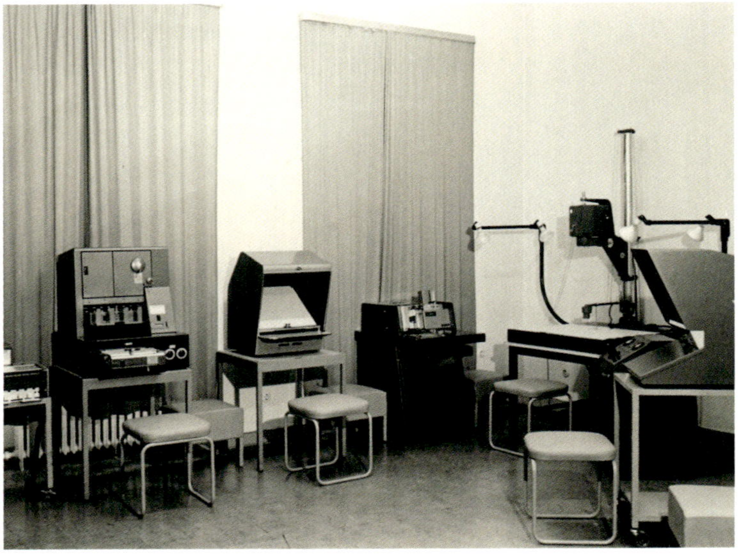

1961 gab es am Soennecken-Stand auf der Messe Hannover einen eigenen Mikrofilm-Ausstellungsraum. Fünf Jahre später gab Soennecken das Mikrofilm-Geschäft auf.

Den Berichten in der allgemeinen und Fachpresse zufolge war ein neuer Teilhaber bei dem Bonner Unternehmen eingestiegen, der auf den ersten Blick gar nichts mit Büroartikeln zu tun hatte. Die Braunkohlen- und Brikett-Industrie-Aktiengesellschaft (BUBIAG) war eigentlich in der Energiebranche zuhause. Sie war Teil der Schaffgotsch-Bergwerksgesellschaft, einer Finanzholding mit zahlreichen Beteiligungen in verschiedenen Branchen.[79] Warum die BUBIAG 1962 eine „namhafte Kommanditbeteiligung“[80] in Höhe von 1,2 Mio. D-Mark bei Soennecken erwarb, war sicher nicht allen Beobachtern klar. In der Presse hieß es, sie führe damit „die Ausdehnung in der weiterverarbeitenden Industrie konsequent fort“.[81] Andersherum erschien die Sache derweil eindeutiger: Das BUBIAG-Kapital sollte es der Firma Soennecken ermöglichen, ihre Expansionspläne zu verwirklichen, die sich sowohl auf die geografische Verbreitung als auch auf das Sortiment bezogen.[82]

In der Geschäftsführung änderte sich durch den Einstieg der BUBIAG nicht viel: Alf Soennecken blieb alleiniger Komplementär und Vorsitzender der Geschäftsführung sowie eines neu gegründeten dreiköpfigen Beirats, dem außer ihm ein Vertreter der BUBIAG und eine neutrale Person angehörten.[83] Für die Fachhändler und Geschäftspartner besonders wichtig: In einem Schreiben an den Verband Papier, Bürobedarf und Schreibwaren versicherte Alf Soennecken, dass die neue Beteiligung nichts an der engen Zusammenarbeit seines Unternehmens mit dem Fachhandel verändern werde.[84] Insgesamt schätzte man die ungewöhnliche Zusammenarbeit als positiv für die Branche ein. Immerhin war Soennecken bereits seit fast 90 Jahren im Geschäft, genoss hohes Ansehen bei Händlern und Kunden und hatte nach wie vor einen großen Anteil am Marktgeschehen: **1962 wurde der Schreibwarenmarkt zu rund 85 Prozent von Leitz, Elba und Soennecken beliefert und bestimmt.**[85] Zwischen den drei Ordnerproduzenten gab es enge Absprachen über Preise und Lieferbedingungen und sogar über das Produktdesign. Mitte der 60er Jahre führten sie etwa gleichzeitig Ordner mit kurzen Rückenschildern ein.[86] Bis 1962/63 war zudem der Verkauf von Ordnern und Ordnermechaniken im Export durch entsprechende Absprachen und Vereinbarungen geregelt. An der sogenannten „Ordner-Konvention" beteiligten sich neben den drei deutschen Marktführern noch die niederländische Firma Jansen und der Wiener Hersteller Bene. Nach gegenseitigen Preisunterbietungen von allen Seiten löste sich die Konvention aber auf.[87]

Als besonders zukunftsträchtiges Geschäftsfeld bezeichnete Soennecken in den Pressemitteilungen zum Einstieg der BUBIAG erneut den Mikrofilm. Man könne, so wurde das Unternehmen in der „Bonner Rundschau" zitiert, „heute den Inhalt von 22 Ordnern auf einen Mikrofilm bringen, der nicht größer sei als eine Zwanziger-Zigarettenpackung".[88] Es gab allerdings eine Besonderheit des Mikrofilm-Geschäfts bei Soennecken: Als einziger Geschäftsbereich wurde es über den Direktverkauf abgewickelt, weil der hohe technische Beratungsbedarf über den „Umweg" des Fachhandels nicht gewähr-

Mitte der 60er Jahre wollte Soennecken seine Kräfte auf die Büroeinrichtung konzentrieren.

leistet war. Zehn Jahre lang funktionierte diese „Doppelstruktur", dann zog Soennecken sich 1966 überraschend aus dem Mikrofilm-Geschäft zurück und überließ es dem vorigen Geschäftspartner Kodak. In der Fachpresse erklärte das Bonner Unternehmen, sein Profil schärfen und sich „mit allen Kräften den neuen Aufgaben der Büroorganisation, der Einrichtung von Büros und Verwaltungen, der Gestaltung von Arbeitsplätzen und Entwicklung neuer Arbeitsmethoden und dem zweckmäßigen Einsatz von Ordnungsmitteln" widmen zu wollen. Die „Konzentration der Kräfte" sei das Gebot der Stunde.[89] Im Laufe des vergangenen Jahrzehnts hatte insbesondere beim Geschäft mit Büromöbeln der Beratungsbedarf zugenommen. **Statt einzelner Schreibtische oder Büroschränke, die ohne größeren Aufwand hergestellt, gelagert und verkauft werden konnten, verlangte das moderne Büro nach flexiblen Einrichtungen, die sich exakt an die Bedürfnisse ihrer Nutzer anpassen ließen. Neben der Funktionalität wurde immer mehr auch die Bedeutung der richtigen Arbeitsplatzgestaltung für die Produktivität zum Thema.** Diese neuen Anforderungen verlangten von den Herstellern und Fachhändlern nicht nur viel Flexibilität bei der Produktion und Lagerung, sondern erforderten auch die Auseinandersetzung mit neuen Themenfeldern, wie etwa der Raumplanung oder der technischen Einrichtung von Verwaltungs- und Bürogebäuden, um die notwendige Beratungskompetenz zur Verfügung stellen zu können.[90] Angesichts dessen war eine enge Zusammenarbeit zwischen Herstellern und Fachhandel wichtiger denn je und der Ausstieg aus dem Mikrofilm-Geschäft für Soennecken insofern eine konsequente Entscheidung.

Hans Stempel. Büroeinrichtung im Wandel

Ronja Kieffer

Seit den frühen 60er Jahren arbeitet Hans Stempel, Jahrgang 1936, beim Bonner Büroartikelhersteller Soennecken. Geboren und aufgewachsen ist er in der nur wenige Kilometer entfernten Domstadt Köln. Dort ging es immer lebendiger zu als im eher beschaulichen Bonn, doch das hat Hans schon bei den vielen Ausflügen, die seine Eltern mit ihm und seiner Schwester Elisabeth rheinaufwärts unternommen haben, nicht gestört. Ihm gefällt es in der geschichtsreichen Universitätsstadt, vor allem seit sie Hauptschauplatz der deutschen Politik ist. Hans erinnert sich noch, wie aufgeregt er damals war, als er am 7. September 1949 an den Feierlichkeiten anlässlich der Konstituierung des ersten deutschen Bundestages teilnehmen durfte. Auch wenn er als 13-Jähriger noch nicht viel von Politik verstand, hatte er sich von der hoffnungsvollen Stimmung anstecken lassen, die die in den Straßen von Bonn versammelten Menschen erfasste.[91]

Bonn, Bundestag, konstituierende Sitzung, 7. September 1949

Jetzt, gute anderthalb Jahrzehnte später, hat das Provisorium – Bonn als Regierungssitz – immer noch Bestand, was Hans auch deshalb freut, weil er so immer genug zu tun hat. Wie viele Kinder seiner Generation hat Hans mit Soennecken-Füllern schreiben gelernt und kennt den Markennamen daher seit seiner Kindheit. Für die Herstellung oder den Vertrieb von Füllern, Ordnern oder Ringbüchern ist er bei seinem Arbeitgeber aber nicht zuständig. Stattdessen widmet sich Hans der Beratung von Unternehmen und Institutionen bei der Einrichtung ihrer

Soennecken Schulfüller S 6, 1950er Jahre

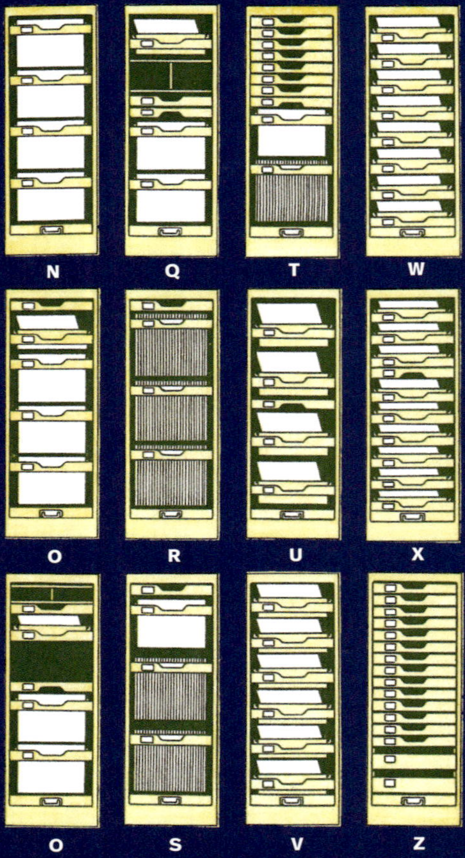

Soennecken-Hango-Ordnung Nr. 27, 1949

Soennecken-Treeck-Stahl-Serie
Organisationsmöbel, Beistellschrank Nr. 7111-11,
1960er Jahre

Büroräume. Die unter dem Firmenchef Alf Soennecken aufgebaute Planungsabteilung für Büroeinrichtung und Organisation, in der Hans arbeitet, ist für die „Planung und Gestaltung rationeller Büros“ zuständig.[92] Diese Aufgabe ist vielschichtiger, als es auf den ersten Blick erscheinen mag, und stellt Hans und seine Kollegen immer wieder vor neue Aufgaben und Herausforderungen.

Wenn sie die Augen schließen und sich ein Büro vorstellen, dann sehen die Menschen heute, Mitte der 60er Jahre, ein anderes Bild als noch vor zehn oder 20 und erst recht als vor 50 oder gar 150 Jahren. In seiner Zeit bei Soennecken hat Hans so einiges über die Geschichte des Büros gelernt. Büros sind komplexe Orte, die durch das Zusammenwirken verschiedener Faktoren gestaltet werden: Da wäre zunächst einmal die äußere Hülle, also das Gebäude oder der Raum, in dem ein Büro untergebracht ist. Dieses architektonische Gehäuse muss mit „Inhalt“ gefüllt werden, mit einer Inneneinrichtung, die aus dem entsprechenden Mobiliar und den notwendigen Maschinen besteht. Anders als etwa Wohnräume müssen Büros nicht in erster Linie gemütlich sein, sondern funktional. Ihre Inneneinrichtung orientiert sich am Prinzip der Effizienz und Produktivität.[93]

Doch was bedeutet das konkret? Die Antwort auf diese Frage hat sich im Verlauf der Jahrzehnte verändert und mit ihr haben sich auch die Anforderungen an die Gestaltung und Ausstattung eines Büroraums gewandelt. Mit der funktionalen Ausdifferenzierung kaufmännisch-administrativer Tätigkeiten und der Zunahme staatlicher Bürokratie begann gegen Ende des 19. Jahrhunderts die Zeit der Großraumbüros.[94] Dank des um 1884 entwickelten Stahlskelettbaus konnte der wachsende Bedarf an neuen Bürogebäuden und -räumen schnell gedeckt werden. Gefüllt wurden diese modernen Gebäude in der Regel mit einem gleichförmigen, standardisierten Mobiliar, das platzsparend, funktional und ergonomisch sein sollte.[95]

In den Großraumbüros des späten 19. und frühen 20. Jahrhunderts gab es keinen Platz für Individualität. Schreibtische, Bürostühle und Aktenschränke wurden meist seriell und in großen Mengen angefertigt. So entstand eine Vielzahl identischer Arbeitsplätze, von denen man sich möglichst wenig Ablenkung für die Mitarbeiter und daher eine hohe Effizienz bei der Erledigung der anfallenden Arbeiten erhoffte.[96] Noch in den 50er Jahren gab es aufgrund der starken Standardisierung kaum Beratungsbedarf über die passende Ausstattung von

Von einer gleichförmigen Büroausstattung erhofften sich Unternehmen unter anderem eine hohe Effizienz bei ihren Mitarbeiterinnen und Mitarbeitern.

Soennecken-Büromöbel nach dem Baukastenprinzip, 1961

Großraumbüros. Hatte sich die Geschäftsführung eines Unternehmens für einen Schreibtisch oder einen Büroschrank entschieden, so wurde dieser einmal in großen Mengen eingekauft und fertig war die Büroeinrichtung.
Für Hans ist die Vorstellung, in einem solchen Büro arbeiten zu müssen, ein Graus. Es ist ihm schleierhaft, wie sein Vater, der lange als Buchhalter in einem großen Kölner Unternehmen tätig war, das all die Jahre ausgehalten hat. Die wenigen Male, die Hans seinen Vater an dessen Arbeitsplatz im Großraumbüro besucht hat, sind ihm nicht gerade positiv in Erinnerung geblieben ... Zum Glück hat sich im Laufe des letzten Jahrzehnts einiges verändert. Inzwischen ist nicht mehr maximale Gleichförmigkeit gefragt, sondern maximale Flexibilität. Die heutige (Büro-)Welt verändert sich so schnell, dass bei der Inneneinrichtung von Büros die Zukunft schon mitgedacht und einkalkuliert werden muss. Statt einmal und – zumindest theoretisch – für immer angeschaffter starrer Möbelstücke, mit denen jede Veränderung zu einer kostspieligen

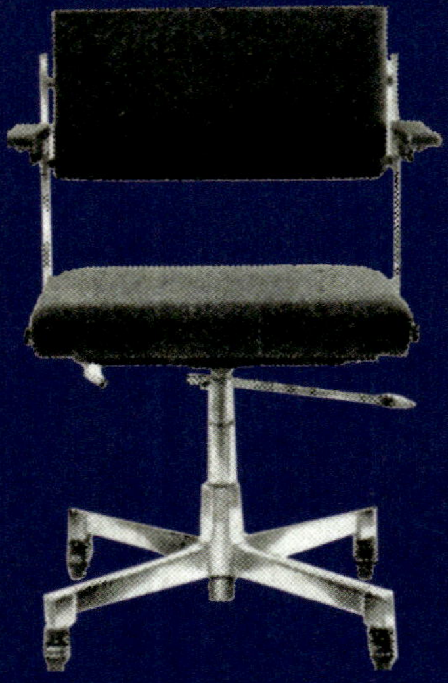

Soennecken-Treeck-Stahl-Serie Organisationsmöbel, Chefsessel, 1960er Jahre

Angelegenheit wird, sind heute Möbel gefragt, die je nach Raum und Zweck flexibel angepasst und nach Bedarf auseinandergenommen und wieder neu zusammengefügt werden können – Möbel nach dem Baukastenprinzip wie die „Wandelbaren Büromöbel“ (WB) und das „Hango-wbo-Programm“ von Soennecken.[97]
Im besten Fall sollen die Büromöbel außerdem mehrere Funktionen gleichzeitig erfüllen. Das gilt vor allem für Schreibtische. Der Schreibtisch ist eines der ältesten und das zentrale Artefakt der Büroarbeit, schon aus den Kontoren und Schreibstuben des Mittelalters war er nicht wegzudenken. Auf dem Schreibtisch wurde und wird geschrieben, gezeichnet und gestempelt; es werden Dokumente, Bücher, Mappen, Kalender und noch vieles mehr abgelegt. Ein eigener Arbeitstisch bietet zudem Platz zur Individualisierung.[98] Im Büro der 60er Jahre besteht der ideale Schreibtisch nicht nur

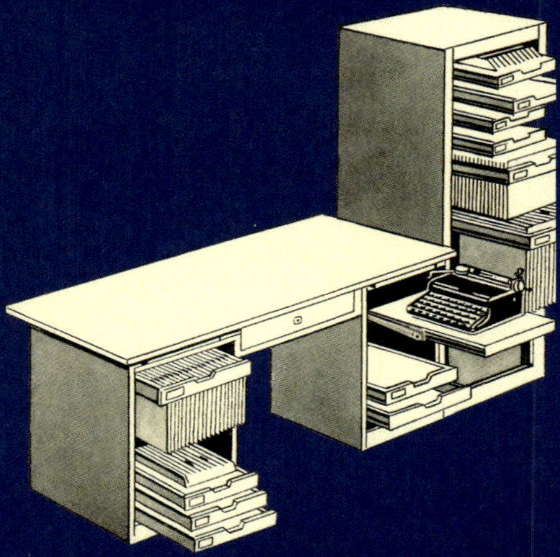

Soennecken Hango-Ordnung, Schreibtisch, 1952

Chefbüro „BN-2000“ von F. Soennecken, 1966

Büroschreibtisch Hango von Soennecken mit versenkbarem Schreibmaschinenteil, 1955

aus einer reinen Arbeitsfläche, sondern er verfügt über eine eigene „Innenausstattung" mit Schubladen verschiedener Größen, in denen notwendige Utensilien untergebracht werden können, die im Büroalltag schnell zur Hand sein müssen – Stifte, Notizzettel, Stempel, Locher usw.
Gerade in Vorzimmern sind in den Schreibtischschubladen eingehängte Registraturen gefragt, damit wichtige Akten und Vorgänge mit einem Handgriff verfügbar sind. Praktisch sind außerdem Zwischenböden, auf denen sich etwas ablegen und zwischenlagern lässt. Und im besten Fall lässt sich der Schreibtisch durch eine Ausziehplatte sogar noch vergrößern und damit kurzfristig neuen Anforderungen anpassen.[99] Apropos Anforderungen: Auch wenn immer mehr Büros inzwischen mit Computern ausgestattet sind, ist die Schreibmaschine nach wie vor eines der wichtigsten Arbeitsgeräte, vor allem in Vorzimmern und Sekretariaten. Eigens für Arbeitsplätze mit Schreibmaschinen gibt es sogenannte Ver-

Soennecken-Büroschrank WB 182, 1951

senktische, bei denen die Arbeitsfläche, auf der die Schreibmaschine steht, herabgesenkt werden kann. Das ermöglicht es der Sekretärin, beim Schreiben eine bequeme Position einzunehmen.[100]

Soennecken-Bücherschrank Senator 2270, 1952

Bei der Beratung seiner Kunden lässt sich Hans von der Überzeugung leiten, dass zu einem „rationellen", auf Effizienz ausgerichteten Büro auch ästhetische Aspekte gehören. Die Mitarbeiterinnen und Mitarbeiter eines Unternehmens oder einer Behörde sollen in einer funktionalen und zugleich angenehmen Umgebung arbeiten – nur dann können sie effizient ihre Arbeit erledigen. Die Einrichtung soll daher nicht nur zweckmäßig sein, sondern auch ansprechend aussehen, und das gilt nicht mehr nur für Vor- und Chefzimmer, die repräsentative Funktionen erfüllen müssen.[101]

Von Bedeutung sind außerdem gute Lichtverhältnisse und eine angenehme Raumtemperatur.[102] Hans ist froh, dass sich die Zeiten geändert haben und dass ein Büro längst nicht mehr nur ein auf maximale Effizienz ausgerichteter Raum mit in Reih und Glied angeordneten, identischen Schreibtischen ist, an denen die Mitarbeiterinnen und Mitarbeiter wie am sprichwörtlichen Fließband gleichförmig und ohne Ablenkung ihre Arbeit erledigen.[103] Wenn man so will, entsteht ein gut funktionierendes Büro erst aus dem gelungenen Zusammenspiel von „materieller" Umgebung – Raum, Möbeln, Ausstattung und Medien – und menschlichen Handlungen.[104]

Auf die Erkenntnis, dass der Mangel an Privatsphäre und die häufig enorme Lautstärke in Großraumbüros nicht unbedingt förderlich für Konzentration und Gesundheit – kein Wunder, dass Hans' Vater so oft mit

Kopfschmerzen nach Hause kam – und damit letztlich auch für die Produktivität der Mitarbeiter sind, hat die Branche durch die Entwicklung mobiler, wandelbarer und mitunter sogar schallschluckender Trennwände reagiert.[105] Durch deren Einsatz können kurzfristig und flexibel individuelle Arbeitsplätze geschaffen werden, ohne dass neue Räumlichkeiten für Einzelbüros beschafft werden müssen. Die mobilen Trennwände ermöglichen also eine flexible Raumaufteilung; ähnlich wie bei den anpassbaren Büromöbeln können sich Unternehmen somit schnell an veränderte Gegebenheiten anpassen.[106]

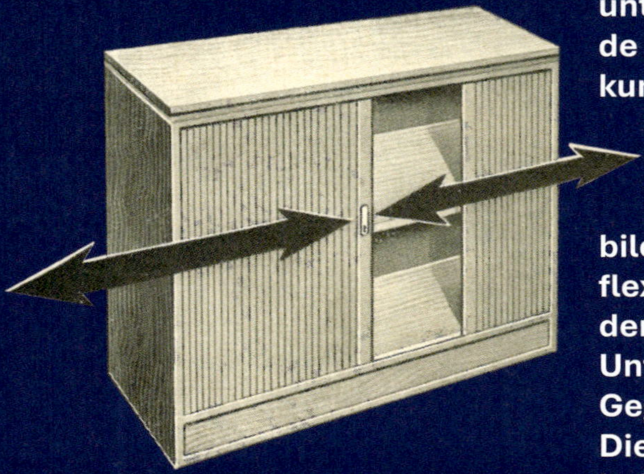

Soennecken WB 260 - wandelbare Büroschränke mit Stehrolladen, 1952

Die durch die Abtrennung entstehenden Arbeitsnischen erinnern an die sogenannten „Studiolo" des Mittelalters, kleine Studierzimmer, in die sich die Mönche und Gelehrten – die Vorgänger der heutigen Büromitarbeiter – zurückzogen, um konzentriert und ungestört von den Ablenkungen der Außenwelt arbeiten zu können.[107] Das gleiche Prinzip gilt auch heute noch, wobei die mobilen Trennwände den modernen Büroangestellten eine Balance zwischen Rückzug an den individuellen Arbeitsplatz und Teilhabe am Büroleben ermöglichen.[108]

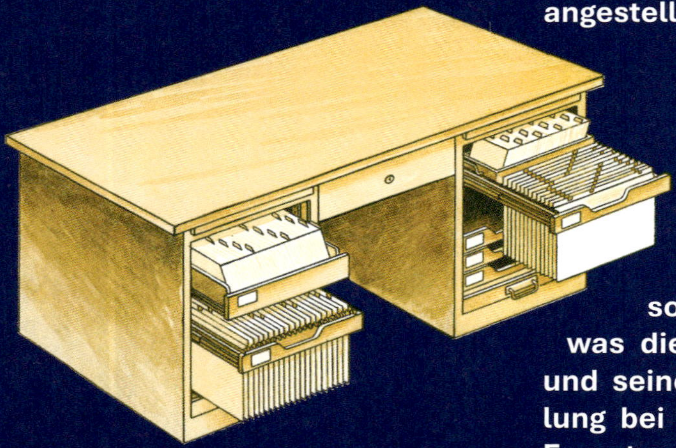

Soennecken-Hango-Ordnung Nr. 15, Buchhaltungseinrichtung, 1949

Eins ist klar: An die sich schnell verändernden Anforderungen musste und muss sich die Branche kontinuierlich anpassen – sowohl was die Produkte, als auch, was die Dienstleistungen angeht. Hans und seine Kollegen in der Planungsabteilung bei Soennecken sind also nicht nur Experten für Büromöbel, sondern für eine funktionale und ästhetische Raumplanung. Ihre Beratungsfunktion umfasst die gesamte Büroeinrichtung und -ausstattung, also letztlich das Ausfüllen der äußeren, architektonischen Hülle nach dem zeitgemäßen Verständnis einer produktiven Arbeitsumgebung.[109] Und wo wäre eine solche produktive Arbeitsumgebung wichtiger als im

Zentrum der deutschen Politik! Hans ist gespannt, was die Zukunft bringen wird – für die Bürowelt, für Bonn und für ihn und seine Arbeit bei Soennecken.

Die Planungsabteilung für Büroeinrichtung und Organisation wurde von Alf Soennecken eingerichtet, 1970.

„Und dann ging die Sonne unter über dem Hause Soennecken“[110] – Das Ende des Familienunternehmens

Nur ein Jahr nach der Ankündigung, das Unternehmensprofil schärfen zu wollen, verließ die Familie Soennecken das eigene Unternehmen. Der Einstieg der BUBIAG als Teilhaberin hatte das Ruder bis zu diesem Zeitpunkt nicht herumreißen können. Die Bilanz des Geschäftsjahrs 1965/66 wies einen Jahresverlust von knapp 1,3 Mio. D-Mark auf. An diesem Punkt wurde sogar eine Liquidation des Unternehmens durchgerechnet. Weil eine Sanierung aus eigener Kraft aber weiterhin möglich erschien, entschied man sich gegen die Liquidierung.[111] Stattdessen ging die Suche nach einem neuen Teilhaber in die nächste Runde, diesmal aber als Geschäftspartner für die BUBIAG. Alf Soennecken hatte in den vorangegangenen Jahren seinen operativen Einfluss in der Firma fast vollständig verloren. 1964 war er aus der Geschäftsführung ausgeschieden und hatte seitdem nur noch den Posten des Beiratsvorsitzenden innegehabt. Nach dem katastrophalen Jahresergebnis 1965/66 entschloss er sich, das sinkende Schiff zu verlassen und seine Geschäftsanteile zu verkaufen.[112] Der BUBIAG war das nur recht; sie gab zu, Soennecken als Mitgesellschafter loswerden zu wollen.[113] Die Zusammenarbeit zwischen den Geschäftspartnern war offenbar alles andere als harmonisch verlaufen.[114] Die BUBIAG-Vertreter warfen Alf Soennecken „Amokläufe, die völlig sinnlos waren“, vor. Er habe sich vernünftigen Vorschlägen bewusst in der Absicht widersetzt, der BUBIAG zu schaden.[115]

Das Ringbuch war eine der großen Erfindungen von Friedrich Soennecken.

Ob diese Vorwürfe nun berechtigt waren oder nicht, Alf Soennecken hinterließ das Familienunternehmen in einem desolaten Zustand. In seinen zwölf Jahren als Verantwortlicher war es ihm nicht gelungen, die zum Teil seit der Nachkriegszeit bestehenden und bekannten Probleme zu beheben und das Unternehmen an die sich verändernden Anforderungen der modernen Konsumgesellschaft anzupassen. Das Fachmagazin „pbs Report“ stellte im Herbst 1967 die Frage, warum nach 1945 „die Sonne [...] über dem Hause Soennecken“ untergegangen sei. Auf der Suche nach einer Antwort kommen in dem Artikel vor allem verpasste Innovationen und ungenutzte Potenziale zur Sprache. Insbesondere den selbst geschaffenen Ringbuch-Sektor – das Ringbuch war eine der großen Erfindungen des Firmengründers Friedrich Soennecken[116] – habe

Soennecken nach dem Zweiten Weltkrieg kampflos der Konkurrenz überlassen.
Immer wieder habe es zahlreiche gute Ideen zur Produktentwicklung und vielversprechende Werbekonzepte bei Soennecken gegeben, doch nichts davon sei umgesetzt worden. Über die Gründe und Verantwortlichkeiten dafür habe man sich in Bonn auch auf Nachfrage ausgeschwiegen. Dass es jedenfalls nicht an den hoch motivierten Mitarbeiterinnen und Mitarbeitern gelegen haben konnte, machte der Autor des Artikels seiner Leserschaft eindeutig klar.[117]
Über die Person Alf Soennecken ist nicht viel bekannt. Die wenigen vorhandenen Anhaltspunkte lassen darauf schließen, dass er der Aufgabe, das angeschlagene Familienunternehmen nach dem Tod des Vaters weiterzuführen und wieder in die Erfolgsspur zu leiten, nicht gewachsen war. Von seinen Geschäftspartnern wurde ihm wiederholt Unfähigkeit vorgeworfen.[118] Anfang der 60er Jahre berichtete er Ulrich Haberland in einem Brief von gesundheitlichen Problemen: Nach einer „sehr arbeitsreichen Woche“ und einem Krankenhausaufenthalt seiner Mutter habe er „verschiedene Herzanfälle“ erlitten. Bei der Untersuchung seien aber keine organischen Ursachen festgestellt worden. Er habe, so schrieb Soennecken an Haberland, daraus sofort die Konsequenzen gezogen und sich „in die mir von meinen Professoren vorgeschriebene Spezialbehandlung“ begeben.[119]
Das lässt zwar keine Diagnose, aber doch den Rückschluss zu, dass Alf Soennecken sich zumindest zeitweise äußerst belastet gefühlt haben muss. Vieles deutet darauf hin, dass auf Alf Soennecken der sprichwörtliche „Fluch der dritten Generation“[120] lastete. Der Blick auf Familienunternehmen zeigt, dass sie nicht selten unter der Führung der „Enkelgeneration“ ihr Ende finden. Die Gründe dafür sind vielfältig. Sie können in äußeren Faktoren wurzeln: Wachstum, Diversifizierung und technischer Fortschritt sind auch unabhängig von der konkreten Generationenfrage eine Herausforderung für die Kontinuität von Dynastien.[121]
Hinzu kommen interne Faktoren, die eher auf der Beziehungsebene liegen und oftmals auch mit den Persönlichkeiten der handelnden Personen zu tun haben. Ein solcher Faktor könnte etwa eine unvollständige Übergabe im Sinne einer fehlenden Vorbereitung der Enkel bzw. Söhne auf die bevorstehenden Aufgaben sein. Der Historiker David Landes hat zudem noch einen weiteren Risikofaktor ausgemacht – den Erfolg: „In dem Maß, wie ein Unternehmen an Macht und Ansehen gewinnt, stellen seine Erben fest, dass es für sie sehr viele andere interessantere und amüsantere Dinge zu tun gibt, als die Rolle des Firmenchefs zu spielen.“[122] Dass Letzteres möglicherweise auf Alf Soennecken zugetroffen haben könnte, dafür gibt es nur einen einzigen Anhaltspunkt. Im März 1965 wurde Soennecken im „Spiegel“ in einer Notiz zum damaligen CSU-Vorsitzenden Franz-Josef Strauß erwähnt. Demnach fuhr Strauß „nach einem Umtrunk in der

Bonner ‚Eve-Bar' mit dem Büroartikel-Fabrikanten Alf Soennecken, ‚Eve'-Barfrau Mariake, Barmixer Fred und einer Striptease-Tänzerin zum Bonner Haus des Unternehmers, wo die Gesellschaft bis neun Uhr morgens weiterfeierte".[123] Ein Beleg für ein ausschweifendes Partyleben Soenneckens ist das freilich nicht.

Der Rückzug aus dem Familienunternehmen scheint für Alf Soennecken jedenfalls ein logischer Schritt gewesen zu sein, zumal das Verhältnis mit der BUBIAG konfliktreich und eine Verbesserung der Situation des Unternehmens nicht absehbar war. Soennecken suchte erneut externen Rat, diesmal beim Aufsichtsratsvorsitzenden der Deutschen Bank, Hermann Josef Abs. Abs beriet Soennecken in den Jahren 1966 und 1967 mehrfach und stellte unter anderem den Kontakt zur Zellstofffabrik Waldhof für eine mögliche Beteiligung her. Die BUBIAG, zeitgleich selbst in Gesprächen mit der Firma Pelikan, verweigerte allerdings die Herausgabe von Geschäftsunterlagen.[124] **Letztlich wurde keine der beiden Firmen neue Teilhaberin bei Soennecken, sondern ausgerechnet der seit Jahrzehnten schärfste Soennecken-Konkurrent, die Firma Louis Leitz.** Schon 1962, als Soennecken zum ersten Mal nach Teilhabern gesucht hatte, waren bei Leitz erste vorsichtige Überlegungen angestellt worden, beim Bonner Wettbewerber einzusteigen.[125] Hatte es sich damals eher um Gedankenspiele gehandelt, wurden die Verhandlungen Ende der 60er Jahre bald konkreter. Bei den Gesprächen mit der BUBIAG gewannen die Leitz-Vertreter den Eindruck, dass das branchenfremde Unternehmen offenbar Schwierigkeiten hatte, die Probleme bei Soennecken allein zu lösen: „Die Herren wissen, dass sie der Hilfe Sachkundiger bedürfen, und das ist eben die Firma Leitz."[126]

Dementsprechend bestand Leitz im Fall des Einstiegs bei Soennecken auf der alleinigen Geschäftsführung. In dem Wissen, dass das Unternehmen monatlich Verluste von 125.000 bis 135.000 D-Mark erwirtschaftete, einigten sich Leitz und BUBIAG schließlich auf eine paritätische Beteiligung an der Firma Soennecken. Der Gesellschaftsvertrag wurde auf zehn Jahre geschlossen. Die BUBIAG, die ja bereits 40 Prozent der Anteile an Soennecken hielt, zahlte 20.000 D-Mark, um weitere zehn Prozent der Geschäftsanteile der Familie Soennecken an der Firma Soennecken und der geschäftsführenden Soennecken GmbH zu erhalten. Leitz zahlte einen Betrag von einer Mio. D-Mark für die übrigen 50 Prozent.[127] Die Familie Soennecken erlaubte die Weiterführung des Namens Soennecken – unter der Voraussetzung, dass er nur von Unternehmen verwendet werden durfte, die Organisationsmittel herstellten und vertrieben.[128] **Im Sommer 1967 war dann nach 92 Jahren das Ende des Familienunternehmens gekommen: Mit Ablauf des 30. Juni 1967 schied die „Gruppe Soennecken" aus der Firma Soennecken aus.**[129]

ANMERKUNGEN

1 Cornelia Rauh-Kühne, *Die Entnazifizierung und die deutsche Gesellschaft*, in: Archiv für Sozialgeschichte 35 (1995), 35–70, hier 58.
2 Ebd.
3 Soennecken-Archiv Kleist, A 33.2, Military Government Germany, Property Control, I. Account on the state of business [undatiert], 2.
4 LArch NRW, Abt. Rheinland, Duisburg, BR 0336 03953, Military Government, Property Control Branch, Notice of Custody, 8.8.1947; Military Government, Property Control Branch, Letter of Appointment of Custodian, 8.8.1947.
5 LArch NRW, NW 1051, Nr. 1789, Denazification of the Manufacturer Dr. Soennecken, Bonn, 19.8.1947.
6 Ebd., Dr. F. A. Soennecken – Urteil der Public Safety (S.B.), 18.7.1947.
7 Ebd., Report on the meeting of the Main Denazification Panel, held on 14 July 1947.
8 Ebd., Dr. F. A. Soennecken – Urteil der Public Safety (S.B.), 18.7.1947; Case Summary, Dr. Alfred Soennecken, 21.7.1947.
9 Ebd., Schumacher, Pappenholz, Krudewig, Ley an HQ Mil Gov (Special Branch), 16.7.1947.
10 Ebd., Entnazifizierungs-Berufungsausschuss des Regierungsbezirks Köln, Entnazifizierungssache Dr. Alfred Sönnecken [sic], 17.11.1949, 2–3.
11 Ebd., [Stellungnahme zum Fall Soennecken, o.D.].
12 StadtA Bonn, SN 159, Nr. 24, [Zum Entnazifizierungsverfahren Dr. Soennecken], 18.6.1947; Dr. jur. K. Kemper, Rechtsanwalt, an den deutschen Überprüfungsausschuss der Entnazifizierungsbehörde in Bonn (Abschrift), 14.11.1947.
13 StadtA Bonn, SN 159, Nr. 24.
14 Ebd., Protokoll der Sitzung des Betriebsrats und Entnazisierungskomitees am 8. Aug. 1947; Protokoll der außerordentlichen Betriebsversammlung am 31. Juli 1947.
15 LArch NRW, NW 1051, Nr. 1789, Entnazifizierungs-Berufungsausschuss des Regierungsbezirks Köln, [Entnazifizierungssache Alfred Soennecken], 17.11.1949.
16 StadtA Bonn, SN 159, Nr. 24, u.a. Stadtverwaltung Menden (Sauerland), Bürgermeister Dr. Saurbier, an Herrn Johann Arnold [Mitglied des Arbeiterrates der Firma Soennecken], Bonn, 29.12.1945.
17 LArch NRW, NW 1051, Nr. 1789, Entnazisierungs-Berufungsausschuss des Regierungsbezirks Köln, [Entnazifizierungssache Alfred Soennecken], 17.11.1949.
18 Ebd., Entnazifizierungs-Überprüfungsausschuss der Stadt Bonn, Sitzung am 29. November 1947 (beglaubigte Abschrift), 5.12.1947, 2.
19 Ebd., 1.
20 Ebd., Dr. jur. Hubert Claessen, Betr.: Entnazisierung des Fabrikanten Dr. Soennecken und die gegen mich wegen Verhaltens gegen die Interessen der alliierten Streitkräfte erhobene Anklage, 10.9.1948.
21 Ebd., 9, 12.
22 LArch NRW, BR 0336, Nr. 03953, Der Kreisbeauftragte für gesperrte Vermögen beim Finanzminister des Landes Nordrhein-Westfalen Stadt/Landkreis Bonn, Betr.: Freigabe der Häuser, Bonn, Joachimstr. 10 und 12, 13.5.1948.
23 LArch NRW, NW 1051, Nr. 1789, Entnazifizierungs-Berufungsausschuss des Regierungsbezirks Köln, Entnazifizierungssache Dr. Alfred Sönnecken [sic], 17.11.1949, 2.
24 Ebd., 4 sowie ebd., Der Sonderbeauftragte für die Entnazifizierung im Lande Nordrhein-Westfalen an den Entnazifizierungs-Berufungsausschuß für den Regierungsbezirk Köln, 12.12.1949, 1.
25 Der Jahresabschluss für das Berichtsjahr 1945 (1.7.1944–30.6.1945) wies einen Rückgang des Umsatzes von fast 9 Mio. RM gegenüber dem Vorjahr und eine Unterbilanz in Höhe von rund 2,25 Mio. RM auf. Als Ursachen wurden der Mangel an Betriebsstoffen und ständige kriegsbedingte Arbeitsunterbrechungen genannt. Soennecken-Archiv Kleist, A 70, Paul Stöbe, Wirtschaftstreuhänder Köln, Bericht über die Prüfung des Jahresabschlusses zum 30. Juni 1945 der Firma F. Soennecken, Bonn (Abschrift), 21.1.1946.
26 Soennecken-Archiv Overath, Helmut Vogt, Vortrag am 7. September 1996 zur Eröffnung der Ausstellung „Soennecken in Poppelsdorf", 12; ders., *Wirtschaftsregion*, 212.
27 Stiftung Haus der Geschichte, Zeitgeschichte(n) – Der Museumspodcast, *1949 – Das Grundgesetz*, podcast.hdg.de/zeitgeschichten/grundgesetz.html [letzter Zugriff 15.10.2024]. Drei Jahre später wurde auch der Deutschlandvertrag mit Soennecken-Füllern unterzeichnet. Das Auswärtige Amt bedankte sich im Juni 1952 im Auftrag des Bundeskanzlers bei Alfred Soennecken für die zur Verfügung gestellten Füller, die von fast allen Unterzeichneten genutzt worden seien. Soennecken-Archiv Kleist, B 45, Auswärtiges Amt, Der Chef des Protokolls, an Alfred Soennecken, 6.6.1952.
28 Soennecken-Archiv Kleist, A 21, Konrad Adenauer an F. Soennecken, 20.11.1950.
29 Ebd.
30 Wolfgang Stencke, *Die erste „Export-Messe" in Hannover*, in: Deutschlandfunk, 18.8.2022, www.deutschlandfunk.de/exportmesse-hannover-100.html [letzter Zugriff 9.10.2024]; o.V., *Wie aus der „Fischbrötchen-Messe" die Hannover Messe wurde*, in: NDR, 18.8.2022, www.ndr.de/geschichte/schauplaetze/Wie-aus-der-Fischbroetchen-Messe-die-Hannover-Messe-wurde,hannovermesse2124.html [letzter Zugriff 9.10.2024].
31 Herbert Morgenbesser, *Deutsche Industrie-Messe Hannover. Rückblick und Ausblick*, in: Wirtschaftsdienst 4 (1955), 189–192; Hannover Messe, www.hannovermesse.de/de/ueber-uns/ueber-die-messe/geschichte-der-hannover-messe/ [letzter Zugriff 15.10.2024].
32 Soennecken-Archiv Kleist, B 39, Betrifft: Messe in Hannover 1950. Für Herrn Dr. ing. A. Soennecken. Von Schmidt/Abt. 3, 12.4.1950, 1.
33 Ebd., Frühjahrsmesse HANNOVER 1950, 12.4.1950.
34 Ebd.
35 Schildt, *Sozialgeschichte*, 30.
36 Vogt, *Wirtschaftsregion*, 227.
37 Schildt, *Sozialgeschichte*, 13, 17; Bundesagentur für Arbeit, *Arbeitslosigkeit im Zeitverlauf*, in: DeStatis. Statistisches Bundesamt, www.destatis.de/DE/Themen/Wirtschaft/Konjunkturindikatoren/Lange-Reihen/Arbeitsmarkt/lrarb003ga.html [letzter Zugriff 25.9.2024].
38 Vgl. Schildt, *Sozialgeschichte*, 19, 30.
39 Soennecken-Archiv Kleist, B 53, Aktenvermerk. Besprechung im Büro von Herrn Soennecken jun. am 26.9.52 über die Rationalisierung des Betriebes, 26.9.1952, 1.
40 Ebd.
41 Ebd., A 65, Organisationsanweisung Nr. 30/53. Betr.: Lagerbestände der Auslieferungsläger, 28.9.1953; ebd., B 120, [Brief A. Soennecken an Mitarbeiter und Mitarbeiterinnen], 4.4.1955, 2.
42 Ebd., A 67, Betr.: Abbau der Vorräte. Von Dr. P. Fuss für Herrn Thiemann, 3.10.1957.
43 Ebd., B 45, Beileidsschreiben zum Tod von Dr. ing. Alfred Soennecken.
44 LArch NRW, R NW 1049, Nr. 51828, Military Government of Germany, Fragebogen Alfred Walter Soennecken, 14.8.1946. Laut seinem Fragebogen schrieb sich Soennecken nach dem Abitur zum Sommersemester 1943 an der Universität Bonn ein, bevor er 1944 zur Wehrmacht einberufen wurde. Zum Wintersemester 1945 setzte er sein Studium fort. Welches Fach er studierte, ist nicht bekannt.
45 Soennecken-Archiv Kleist, A 33.5, Dr. Franz Velder, Wirtschaftsprüfer, Bericht über den Jahresabschluss zum 30.6.1955 der F. Soennecken KG. in Bonn, [o.D.], 1–2.
46 WA BW, B 192, V154, Düsseldorf an Feuerbach, 12.12.1959.
47 Soennecken-Archiv Kleist, A 33.10, Bericht des Wirtschaftsprüfers Dr. Hillmeister, Köln über die bei der Firma F. Soennecken KG., Bonn, Kirschallee 1–3 vorgenommene Prüfung der Zwischenbilanz zum 31. Dezember 1958, [o.D.], 2.
48 Ebd., A 33.4, Dr. Franz Velder, Wirtschaftsprüfer, Bericht über den Jahresabschluss zum 30.6.1954 der F. Soennecken K.G. in Bonn, Bericht-Nr. 570/55, 15.1.1955.
49 Ebd., 15.
50 Ebd., B 120, [Brief A. Soennecken an Mitarbeiter und Mitarbeiterinnen], 4.4.1955.
51 Feldenkirchen/Hilger, *Leitz*, 29.
52 Soennecken-Archiv Kleist, B 41, Betrifft: Besuche in München/Regensburg/Nürnberg/Erlangen/Bayreuth, 24.10.1955, Stoffels an Hr. Soennecken; ebd., B 140, Ab 14.5.1957 beschlossene Sparmassnahmen, 30.7.1957.
53 Ebd., B 140, Protokoll über die Besprechung der Geschäftsleitung am Samstag, den 8.6.57, 13.6.1957, 3.
54 Ebd.
55 Ebd., Protokoll der Besprechung am 4.12.1957 (Entwurf), 6.12.1957.
56 Ebd., A 67, Betr.: Abbau der Vorräte. Von Dr. P. Fuss Für Herrn Thiemann, 3.10.1957.
57 Ebd., B 140, Protokoll der Besprechung am 4.12.1957 (Entwurf), 6.12.1957.
58 Ebd., Protokoll über die Sitzung der Geschäftsleitung am 5.7.57 nachmittags, 11.7.1957, 1–2.
59 Soennecken-Archiv Kleist, A 67, Protokoll der Besprechung am 18.9.1957, 19.9.57.
60 Ebd., B 140, Ab 14.5.1957 beschlossene Sparmassnahmen, 30.7.1957.
61 Vgl. Schildt, *Sozialgeschichte*, 30.
62 Zwischen 1962 und 1970 verdreifachten sich etwa die Aufwendungen für Forschung und Entwicklung in der Bundesrepublik: ebd., 31.
63 Manuel Schramm, *Konsumgeschichte. Version: 3.0*, in: Docupedia-Zeitgeschichte, 2.9.2020, docupedia.de/zg/Schramm_konsumgeschichte_v3_de_2020 [letzter Zugriff 15.10.2024]; Feldenkirchen/Hilger, *Leitz*, 18.
64 Axel Schildt, *Neue Linke und Studentenbewegung*, in: Bundeszentrale für politische Bildung, 9.1.2008, www.bpb.de/themen/zeit-kulturgeschichte/68er-bewegung/51815/neue-linke-und-studentenbewegung/ [letzter Zugriff 15.10.2024]; Klaus Schönhoven, *Aufbruch in die sozialliberale Ära. Zur Bedeutung der 60er Jahre in der Geschichte der Bundesrepublik*, in: Geschichte und Gesellschaft 25 (1999), 123–145.
65 Schönhoven, *Aufbruch*, 135f.; Schildt, *Sozialgeschichte*, 31; Feldenkirchen/Hilger, *Leitz*, 18.
66 Soennecken-Archiv Kleist, B 21, Das Vorschlagwesen [sic]. Vortrag gehalten von Herrn

Mackrodt am 30.8. und 13.9.1961, 4.9.1961, 5. Das betriebliche Vorschlagswesen ist Teil des Ideenmanagements. Dabei „entwickeln Beschäftigte tendenziell aus eigenem Antrieb, mit selbstgewählten Methoden und außerhalb der eigentlichen Arbeitszeit Verbesserungsvorschläge für eine selbstgewählte Problemstellung". Hans-Dieter Schat, *Erfolgreiches Ideenmanagement in der Praxis. Betriebliches Vorschlagswesen und Kontinuierlichen Verbesserungsprozess implementieren, reaktivieren und stetig optimieren*, Wiesbaden 2017, 4.

67 Soennecken-Archiv Kleist, B 21, Das Vorschlagwesen [sic]. Vortrag gehalten von Herrn Mackrodt am 30.8. und 13.9.1961, 4.9.1961, 5.

68 Ebd., B 123 Teil 2, [o.T.], August/September 1962.

69 Ebd., B 123_Beirat, o.V., *Soennecken stellt sich um*, in: Bonner Rundschau, 28.2.1962; ebd., B 123 Teil 1, o.V., *Bubiag beteiligt sich an Soennecken*, in: Stuttgarter Nachrichten, 17.3.1962. Die Europäische Wirtschaftsgemeinschaft (EWG) wurde 1957 durch die Römischen Verträge von Deutschland, Frankreich, Italien und den Benelux-Staaten mit dem Ziel der Schaffung eines gemeinsamen Marktes gegründet. Als Alternative zur EWG wurde zwei Jahre später die Europäische Freihandelszone (European Free Trade Association = EFTA) von den Ländern Dänemark, Norwegen, Österreich, Portugal, Schweden und der Schweiz vereinbart. Es handelte sich um eine zwischenstaatliche Organisation zur Förderung von Wirtschaft und Handel, deren grundlegendes Ziel der Abbau von Zöllen zwischen den Mitgliedsstaaten war.

70 WA BW, B 192, V154, [Anzeige FAZ, o.D.].

71 Soennecken-Archiv Kleist, B 85, Alf Soennecken an Ulrich Haberland, 23.6.1961.

72 Ebd., Korrespondenz Alf Soennecken – Ulrich Haberland.

73 WA BW, B 192, V154, Düsseldorf an Feuerbach, 12.12.1959.

74 Jürgen Hermann, *Die Geschichte des Mikrofilms*, 13.4.2021, www.wjw-digital.de/wjw-blog/geschichte-der-mikrofilme-microfilme-bzw-mikrofiche-microfiche/ [letzter Zugriff 15.10.2024].

75 Soennecken-Archiv Kleist, B 85, Alf Soennecken an Ulrich Haberland, 14.7.1961, 19.7.1961, 15.8.1961.

76 Silke Fengler, *Agfa AG*, in: Historisches Lexikon Bayerns, www.historisches-lexikon-bayerns.de/Lexikon/Agfa_AG [letzter Zugriff 9.10.2024].

77 Soennecken-Archiv Kleist, B 85, Alf Soennecken an Ulrich Haberland, 14.7.1961.

78 Ebd., B 123_Beirat, o.V., *Soennecken stellt sich um*, in: Bonner Rundschau, 28.2.1962; o.V., *F. Soennecken hat große Ausbaupläne*, in: FAZ, 17.3.1962.

79 O.V., *Die Reste kommen*, in: Der Spiegel, 18.8.1974, www.spiegel.de/wirtschaft/die-reste-kommen-a-a69f07a1-0002-0001-0000-000041651513?context=issue [letzter Zugriff 15.10.2024]; o.V., *Ende einer Dynastie*, in: Die Zeit, 16.8.1974.

80 Soennecken-Archiv Kleist, B 122, o.V., *Bubiag erwirbt Kommanditbeteiligung bei Soennecken*, in: Burghagens Zeitschrift für Bürobedarf 1073 (1962). Genaue Zahlen wurden in den Presseberichten nicht genannt, vermutet wurde eine Beteiligung in Höhe von rund 40 Prozent mit einem Betrag zwischen drei und fünf Mio. D-Mark. Siehe auch ebd., o.V., *Soennecken hat große Ausbaupläne*, in: Papierhändler-Fachblatt (Oesterreich) 7 (1962); o.V., *Bubiag-Beteiligung bei Soennecken*, in: Büro-Rundschau 4 (1962).

81 Soennecken-Archiv Kleist, B 122, o.V., *Bubiag-Beteiligung bei Soennecken*, in: Büro-Rundschau 4 (1962).

82 Ebd.

83 1963 trat die neugegründete Soennecken GmbH mit einer Beteiligung in Höhe von 20.000 D-Mark als Komplementärin und Mitglied der Geschäftsführung in die Soennecken KG ein. Die Beteiligungsverhältnisse entsprachen denen der KG: Die Familie Soennecken hielt 60 Prozent, die BUBIAG 40 Prozent der Anteile, Hessisches Wirtschaftsarchiv [künftig HWA], Deutsche Börse AG, Abt. 115, Nr. 2001, BUBIAG, Ordentliche Hauptversammlung, 30.4.1964, Frankfurt a.M.

84 Soennecken-Archiv Kleist, B 122, o.V., *Firma F. Soennecken, Bonn: Beteiligung der BUBIAG*, in: Kaufmannspost 11 (1962); o.V., *Zusammenarbeit Bubiag-Soennecken*, in: Bürotechnische Sammlung 89 (1962); o.V., *Soennecken auch in Zukunft über den Fachhandel*, in: Büromarkt 10 (1962).

85 Ebd., o.V., *Soennecken hat große Ausbaupläne*, in: Papierhändler-Fachblatt (Oesterreich) 7 (1962).

86 Ebd., B 94. Siehe auch ebd., B 30, Betr.: Ordnermarkt EXPORT, 1.2.1963; Betr.: Konvention LEITZ, ELBA, BENE, JANSSEN [sic] und SOENNECKEN, 4.12.1962.

87 Ebd., B 30, Betr.: Konvention LEITZ, ELBA, BENE, JANSSEN [sic] und SOENNECKEN, 4.12.1962; Betr.: Ordnermarkt EXPORT, 1.2.1963.

88 Ebd., B123_Beirat, o.V., Soennecken *stellt sich um*, in: Bonner Rundschau, 28.2.1962.

89 Ebd., B 34, *Wann sollte man sich von einem Produkt trennen?* Von Benno M. Krüger, Geschäftsführer des Gesamtvertriebs der Firma F. Soennecken, Bonn, [in: Führungspraxis, Februar 1966].

90 Ebd.

91 Helmut Vogt, *Die Anfänge der Bundesrepublik Deutschland in der provisorischen Hauptstadt Bonn 1949/1950*, in: Internetportal Rheinische Geschichte, rheinische-geschichte.lvr.de/Epochen-und-Themen/Themen/die-anfaenge-der-bundesrepublik-deutschland-in-der-provisorischen-hauptstadt-bonn-19491950/DE-2086/lido/57d130731aba22.31860853#relat ed-objects [letzter Zugriff 27.1.2025].

92 Soennecken-Archiv Kleist, B 122, Mu[s]terbrief an alle Büro-Zeitschriften, 27.9.1962.

93 Gianenrico Bernasconi/Stefan Nellen, *Einleitung*, in: dies. (Hrsg.), Das Büro. Zur Rationalisierung des Interieurs, 1880–1960, Bielefeld 2019, 9–26, hier 10–12.

94 Gottschall, *Frauenarbeit*, 62–64.

95 Sebastian Wörwag, *Arbeitsräume – eine lange und wechselreiche Geschichte*, in: ders./Christian Reutlinger (Hrsg.), Arbeitsräume. Geschichte – Modelle – Visionen, Wiesbaden 2021, 27–76, hier 47–48.

96 Ebd.

97 Soennecken-Archiv Kleist, A 19, Hango-wbo-Möbel, April 1962; Soennecken-Archiv Kleist, B 122, Soennecken-Kataloge, 1962. wbo steht für „wandelbare Büro-Organisation"; ebd., o.V., *Neuer, reaktionsfähiger Möbeltyp erforderlich*, in: Wirtschaft und Technik 5 (1962); ebd., B 44, Soennecken-Katalog „Wandelbare Büromöbel", August 1963.

98 Wörwag, *Arbeitsräume*, 32.

99 Soennecken-Archiv Kleist, A 19, BONNA Organisations-Schreibtisch 140 [1962].

100 Ebd., B 122, Hango-wbo-Maschinen-Versenktische [1962].

101 Ebd., o.V., Soennecken *und die wandelbare Büroorganisation*, in: Erfolg 8 (1962).

102 Bernasconi/Nellen, *Einleitung*, 10.

103 Wörwag, *Arbeitsräume*, 45f.

104 Christoph A. Büttner/Felix Raczkowski, *Büroarbeit und ihre Medien. Zur Einleitung*, in: AugenBlick – Konstanzer Hefte zur Medienwissenschaft 89 (2024), 5–20, hier 8.

105 Soennecken-Archiv Kleist, B 48 und B 49, Soennecken-Prospekt [1963], Schallschluckende Trennwände.

106 Ebd.

107 Wörwag, *Arbeitsräume*, 48f.

108 Ebd., 49.

109 Soennecken-Archiv Kleist, B 34, *Wann sollte man sich von einem Produkt trennen?* Von Benno M. Krüger, Geschäftsführer des Gesamtvertriebs der Firma F. Soennecken, Bonn, [in: Führungspraxis, Februar 1966].

110 Ebd., B 97, o.V., Soennecken *nicht ohne Sonne*, [in: pbs Report, Oktober 1967].

111 WA BW, B 192, V144, Dipl. Ing. Volkhard Weicken, Bericht für Firma F. Soennecken, Bonn, 16.1.1967, 3; Soennecken-Archiv Kleist, A 33.15, Vorläufige Gewinn- und Verlustrechnung für die Zeit vom 1. Juli 1965 bis 30. Juni 1966.

112 Soennecken-Archiv Kleist, A 19, BONNA Organisations-Schreibtisch 140 [1962].

113 Ebd., 2.

114 Soennecken-Archiv Overath, Ordner 330, Aktenvermerk, Besprechung am 17.9.1985 im Park-Hotel in Bremen, 18.9.1985, 1.

115 Ebd., 2.

116 Ettighoffer, Soennecken, 30.

117 Soennecken-Archiv Kleist, B 97, o.V., Soennecken *nicht ohne Sonne*, [in: pbs Report, Oktober 1967].

118 Soennecken-Archiv Overath, Ordner 330, Notizen zur Klageschrift Alfred Soennecken ./. gdb und Soennecken GmbH, 30.8.1985, hier 2; WA BW, B 192, V144, Gespräch mit Herrn Benno Krüger von der Firma F. Soennecken am 16. Juli 1966 im Hotel Excelsior, Köln.

119 Soennecken-Archiv Kleist, B 85, Alf Soennecken an Ulrich Haberland, 9.6.1960.

120 Sergio Aiolfi, *Der Fluch der dritten Generation*, in: Neue Zürcher Zeitung, 8.11.2012, www.nzz.ch/der-fluch-der-dritten-generation-ld.835880 [letzter Zugriff 9.10.2024].

121 David S. Landes, *Die Macht der Familie. Wirtschaftsdynastien in der Weltgeschichte*, München 2006, 20.

122 Ebd.

123 O.V., *Franz-Josef Strauß*, in: Der Spiegel, 9.3.1965, www.spiegel.de/politik/franz-josef-strauss-a-eb abbe4d-0002-0001-0000-000046169756 [letzter Zugriff 9.10.2024].

124 Soennecken-Archiv Kleist, B45, Alf Soennecken an Hermann J. Abs, 13.9.1966. Siehe ebd. auch den weiteren Briefwechsel Soennecken – Abs 1966–1967.

125 WA BW, B 192, V154, Soennecken sucht Geldgeber, 18.8.1960.

126 WA BW, B 192, V144, [Titel unleserlich], 8.2.1967.

127 WA BW, B 192, V144, Rechtsanwälte Ellscheid, Nussbaum, Hirtz an Bubiag und Leitz, Betr.: Firma F. Soennecken, 23.5.1967, 3; Soennecken-Archiv Overath, Ordner 330, Kauf- und Abtretungsvertrag v. 31.5.1967.

128 WA BW, B 192, V144, Rechtsanwälte Ellscheid, Nussbaum, Hirtz an Bubiag und Leitz, Betr.: Firma F. Soennecken, 23.5.1967, 4.

129 Ebd., 2.

Soennecken im Wandel

Ronja Kieffer

Das (vorläufige) Ende der Firma Soennecken

Nach dem Ausstieg der Familie war die zentrale Maßnahme zur Rettung der Firma Soennecken aus Sicht der neuen Teilhaber die Stilllegung der Büromittelfabrikation in Poppelsdorf. Der Betrieb war unrentabel und die produzierten Mengen waren zu klein, um kostengerecht hergestellt und vertrieben zu werden. Die größten Verluste machten Ordner und Schnellhefter, aber auch die Herstellung der übrigen Ordnungsmittel lohnte sich wirtschaftlich nicht.[1] Lediglich die etwas höherpreisigen Soennecken-Locher sollten weiter produziert werden; der Fokus, auch für Investitionen der neuen Teilhaber, sollte in der Zukunft aber auf der Herstellung und dem Vertrieb von Büromöbeln liegen.[2] Aus der Sicht der Firma Leitz war das ein geschickter Schachzug. Den Markt für Registraturmittel beherrschte das Stuttgarter Unternehmen ohnehin bereits, und durch die Soennecken-Beteiligung konnte es jetzt erstmals auch den Organisationsmöbel-Sektor bedienen, ohne die Möbel über Dritte beziehen oder eine eigene Produktion aufbauen zu müssen. Gleichzeitig blieb nach dem Zusammengehen mit Soennecken nur noch ein großer Wettbewerber auf dem Büroartikelmarkt übrig, nämlich die Wuppertaler Firma Kraut & Meienborn, bekannt unter dem Markennamen Elba.

Das südliche Einfahrttor des ehemaligen Soennecken-Werks in Bonn-Poppelsdorf

Die Schließung des Werks Poppelsdorf, die mit zahlreichen Entlassungen auch langjähriger Soennecken-Mitarbeiter einherging, sorgte in Bonn für Unmut. Im lokalen „General-Anzeiger“ machten Gewerkschaftsvertreter und ehemalige Mitarbeiter im Februar 1968 ihrem Ärger über die „Massenentlassung“ bei Soennecken Luft. Ein ehemaliger Mitarbeiter stellte öffentlich die Frage, warum nicht statt des Personals Artikel rationalisiert würden, und erklärte, schon vor Jahren auf Fehlinvestitionen hingewiesen zu haben, ohne dass die Betriebsleitung darauf reagiert habe. Der Bonner DGB-Vorsitzende, der in dem Artikel ebenfalls zu Wort kam, bezweifelte die Notwendigkeit der bis dahin etwa 300 Entlassungen und warf der Firma Louis Leitz vor, sie habe sich durch den Einstieg bei Soennecken „einen

Im Zuge der Soennecken-Sanierung blieb nur das für die Büromöbelproduktion zuständige Werk Soenneckenfeld übrig.

unliebsamen Konkurrenten vom Halse schaffen wollen“.[3] Diesem Vorwurf widersprach der von Leitz eingesetzte Geschäftsführer Hansgeorg Bätcher zwei Wochen später an gleicher Stelle vehement. Er erklärte, wenn Leitz nicht als Gesellschafter bei Soennecken eingetreten wäre, hätte es nicht mehr lange gedauert, bis wegen der unrentablen Produktion im Werk Poppelsdorf das gesamte Unternehmen seine Tore hätte schließen müssen.[4]

Mitte 1968 wurde das Werk Poppelsdorf endgültig stillgelegt. Ein Jahr später wurde das ehemalige Werksgelände für 3,6 Mio. D-Mark an die Stadt Bonn verkauft. Auch das Werk Hillesheim (Plastik-Fertigung) wurde geschlossen.[5] Übrig blieb das für die Büromöbelproduktion zuständige Werk Soenneckenfeld, das durch einen Neubau von Fabrikationshallen erweitert werden sollte.[6] Die Sanierung der Firma Soennecken erwies sich als schwieriger als gedacht. Abgesehen von den Anstrengungen der Umstrukturierung und einer schlechten Auftragslage gab es vor allem im Personalbereich Probleme: Nach der Neuordnung der Gesellschafterverhältnisse verließen mehrere Führungskräfte aus verschiedenen Abteilungen das Unternehmen. Der Versuch, diesen Verlust mit nachrückendem Personal auszugleichen, misslang. In allen zentralen Bereichen – technische Leitung, Verkauf und Betriebswirtschaft – fehlte den verantwortlichen Personen nach Auffassung des Beirats die erforderliche Befähigung.[7]

Besonders problematisch war, dass auch die Zusammenarbeit zwischen den drei Bereichen sich „mehr als mangelhaft" gestaltete. Zu diesem Schluss kam eine von den Gesellschaftern beauftragte Unternehmensberatung: „Die für eine gesunde Firma notwendige Zusammenarbeit dieser drei Säulen eines Betriebes ist praktisch nicht vorhanden."[8] Den Untersuchungen der Unternehmensberater zufolge arbeitete jede Abteilung für sich allein, ohne dass ein Austausch von Informationen stattfand. Auch die Kommunikation der Abteilungen mit der Geschäftsleitung war demnach unzureichend.[9] Soennecken-Geschäftsführer Bätcher war mit der Abwicklung des Werks Poppelsdorf derart ausgelastet (und irgendwann auch überlastet), dass er diese Probleme zu spät in ihrem vollen Ausmaß erkannte. Im Juli 1969 erklärte Bätcher ausdrücklich, dass er eine Neuorganisation der Firma Soennecken für „nahezu hoffnungslos"[10] hielt. Angesichts von Bilanzverlusten in Millionenhöhe[11] hatten zu diesem Zeitpunkt auch die Gesellschafter die Liquidation des Unternehmens bereits diskutiert, wollten die Soennecken-Sanierung jedoch fortführen.[12]

Ein weiteres wirtschaftlich schwieriges Jahr später entschied sich die Firma Leitz dann aber doch zum Ausstieg bei Soennecken. In den vergangenen Monaten war man in Stuttgart zu der Überzeugung gelangt, „daß Soennecken der Anschluß in die Führungsgruppe der Büromöbel-Industrie nicht mehr gelingen wird, auch bei außerordentlich großen Investitionen nicht".[13] Die BUBIAG zeigte für diese Entscheidung kein Verständnis und warf Leitz vor, die Firma habe durch die Beteiligung bei Soennecken lediglich einen Konkurrenten ausschalten wollen und gar kein echtes Interesse an der Weiterführung der Möbelfabrik in Soenneckenfeld gehabt. Leitz wiederum wies diese Anschuldigungen weit von sich und begründete den geplanten Schritt mit den wenig vielversprechenden Aussichten für eine rentable Möbelfertigung bei Soennecken.[14]

Nach von rauem Ton und gegenseitigen Vorwürfen geprägten Verhandlungen stimmte die BUBIAG dem frühzeitigen Ausscheiden von Leitz aus dem auf zehn Jahre geschlossenen Gesellschaftervertrag schließlich zu. Um Belegschaft und Geschäftspartner nicht weiter zu verunsichern und somit die Sanierung bei Soennecken nicht zu gefährden, sollte Leitz aber vorerst im Beirat verbleiben und nach außen hin weiterhin als Soennecken-Vertreterin auftreten, also eine verdeckte Stellvertretung ausüben.[15]

Doch trotz dieser Maßnahme kehrte in Bonn keine Ruhe ein. Im Oktober 1970 gelangte die Information über die zum 1. Januar 1971 geplante Kooperation von Soennecken mit der Firma Treeck durch die versehentliche Bekanntgabe auf der Generalversammlung der BUBIAG früher an die Öffentlichkeit als vorgesehen. Die Firma Treeck mit Sitz in Dortmund gehörte, genau wie die BUBIAG, zur Schaffgotsch-Gruppe und stellte Einrichtungsgegenstände aus

Stahlblech und einfache Stahlbüromöbel her. Mit der Kooperation, die konkret in einer Übernahme des Treeck-Vertriebs durch die Firma Soennecken bestand, sollte deren Angebotspalette vergrößert werden.[16] Die Ankündigung verursachte Aufregung bei den Fachhändlern der Schreibwaren- und Büroartikelbranche, die offenbar besorgt waren, durch die Erweiterung des Produktangebots ihren Status als exklusive Geschäftspartner der Hersteller Soennecken und Leitz zu verlieren.

Über dieses Thema gerieten Leitz und die BUBIAG erneut aneinander, weil Leitz sich sofort auf die Seite des Fachhandels schlug. Der Fachhandel, so schrieb Manfred Leitz im November 1970 an Hans Ulrich Graf Schaffgotsch, sei für Leitz „der einzig brauchbare Partner", seit mehr als 50 Jahren arbeite man in Stuttgart „in ganz unbedingter Ausnahmslosigkeit" und „in ausgezeichneter Weise" ausschließlich mit dem Schreibwaren- und Bürobedarfsfachhandel zusammen. Soennecken hingegen sei für diesen nie ein ebenso zuverlässiger Partner gewesen.[17] Die BUBIAG reagierte enttäuscht auf die aus ihrer Sicht mangelnde Loyalität des Geschäftspartners. Sie habe immer versichert, sich ebenfalls an die „Fachhandelstreue" zu halten, und erwartete von Leitz, dem „hysterischen Geschwätz des Fachhandels" mit „Ruhe und Gelassenheit" zu begegnen.[18]

Im Zuge dieser Auseinandersetzung geriet Soennecken also erneut zwischen die Fronten und eine erfolgreiche Sanierung wurde allmählich immer unwahrscheinlicher. Bei Louis Leitz glaubte ohnehin niemand mehr daran, dass der ehemalige Konkurrent noch zu retten war.[19] Mit Wirkung zum 1. Juli 1971 übertrug der Stuttgarter Hersteller seine Kommanditanteile in Höhe von 50 Prozent auf die Forestone Kunststoff GmbH & Co. KG Dr. Foerster Nachf. in Worms.[20] Das Unternehmen mit dem sperrigen Namen war ebenfalls Teil der Schaffgotsch-Gruppe. Die BUBIAG firmierte inzwischen unter dem Namen Elikraft, seit sie mit ihrer gleichnamigen Tochterfirma verschmolzen war. Soennecken befand sich damit vollständig im Besitz der Schaffgotsch-Bergwerksgesellschaft. Im September 1971 wurden Mitarbeiter und Öffentlichkeit über die neuen Verhältnisse informiert. Die wahren Gründe für den angeblich „im guten Einvernehmen" erfolgten Austritt von Leitz wurden dabei höchstens angedeutet und offiziell zwei Ursachen verkündet: Erstens, so hieß es, könne sich Soennecken nur durch erhebliche Investitionen in der Spitzengruppe der Möbelhersteller halten und die Firma Leitz wolle ihre Mittel auf die eigenen Anliegen konzentrieren. Und zweitens wolle Leitz einer Kooperation und eventuellen späteren Verschmelzung zwischen Soennecken und Treeck nicht im Wege stehen.[21]

Zusammen mit der Vereinbarung über den Austritt von Leitz bei Soennecken regelten die beiden Unternehmen auch die „Warenzeichennutzung" neu: Sie vereinbarten, dass Leitz sowohl in der Bundesrepublik als auch im Ausland weiterhin Produkte mit dem

Markennamen Soennecken und mit den charakteristischen zwei Ringen verkaufen durfte und dafür einen prozentualen Anteil des jeweils erwirtschafteten Jahresgewinns an Soennecken abtreten musste.[22] Davon betroffen waren zum einen alle einfachen Ordnungsmittel, unter anderem Ordner, Hefter, Locher und Ringbücher – kurz, all jene Büroprodukte, die Leitz ins eigene Sortiment übernommen hatte, als die Soennecken-Fertigung in Poppelsdorf eingestellt worden war –, und zum anderen alle Artikel, die als „Bausteine" von Registraturen dienten, wie zum Beispiel Hängeregister für Aktenschränke.[23] Somit konnte Leitz das in den vorangegangenen Jahren etablierte Produktportfolio beibehalten, ohne durch die Beteiligung am Unternehmen Soennecken weiterhin ein wirtschaftliches Risiko einzugehen.
Letztlich bewahrheiteten sich die Befürchtungen der Firma Leitz: **Die Soennecken-Sanierung scheiterte.** Nachdem die Elikraft im Herbst 1972 festgestellt hatte, dass für die Weiterführung der Möbelproduktion erneut erhebliche Investitionen notwendig wären, beschloss sie Anfang 1973 die Stilllegung des Werks Soenneckenfeld. Auch den zwischenzeitlich unternommenen Versuch, Soennecken als Handelsgesellschaft weiterzuführen, gab sie schließlich auf. Zum Jahresende 1973 stellte die Firma Soennecken jegliche geschäftliche Tätigkeit ein.[24] **Zwei Jahre später wurde vor dem Amtsgericht Bonn das Konkursverfahren über das Vermögen der Soennecken KG und GmbH eröffnet.**[25]

Die Wiederbelebung der Marke Soennecken

Die Details des Soennecken-Konkurses, das Konkursverfahren an sich und die Jahre danach sind heute nicht mehr im Einzelnen nachvollziehbar, weil es keine historische Überlieferung für diese Zeit gibt.[26] Medienberichten zufolge verlor die Schaffgot'sche Unternehmensgruppe beim Versuch der Soennecken-Sanierung 15 Mio. D-Mark.[27] In einem Bericht der Wirtschaftsprüfungsgesellschaft Vereinigte Deutsche Treuhand-Gesellschaft (einer Vorgängerin der heutigen KPMG) über das Ergebnis einer Sonderprüfung bei der Elikraft wurde der zwischen 1964 und 1974 bei Soennecken erlittene Verlust sogar auf rund 30,8 Mio. D-Mark beziffert.[28] Im Zuge des Konkursverfahrens wurde die F. Soennecken KG liquidiert und aufgelöst. Die geschäftsführende Soennecken GmbH wurde im September 1978 gelöscht, nachdem das Konkursverfahren bereits im Dezember 1977 mangels Masse eingestellt worden war.[29]

Am 7. August 1978 gründete die Elikraft zusammen mit dem Rechtsanwalt Friedrich Graf Luckner die Soennecken Gesellschaft für Büroorganisation mbH mit Sitz in Frankfurt am Main. Ein Jahr später folgte die Übertragung der Warenzeichen auf diese „neue" Soennecken GmbH.[30] Eine Geschäftstätigkeit führte sie nicht aus, sondern war offenbar vor allem für die Bewahrung und „Verwaltung" der Marke

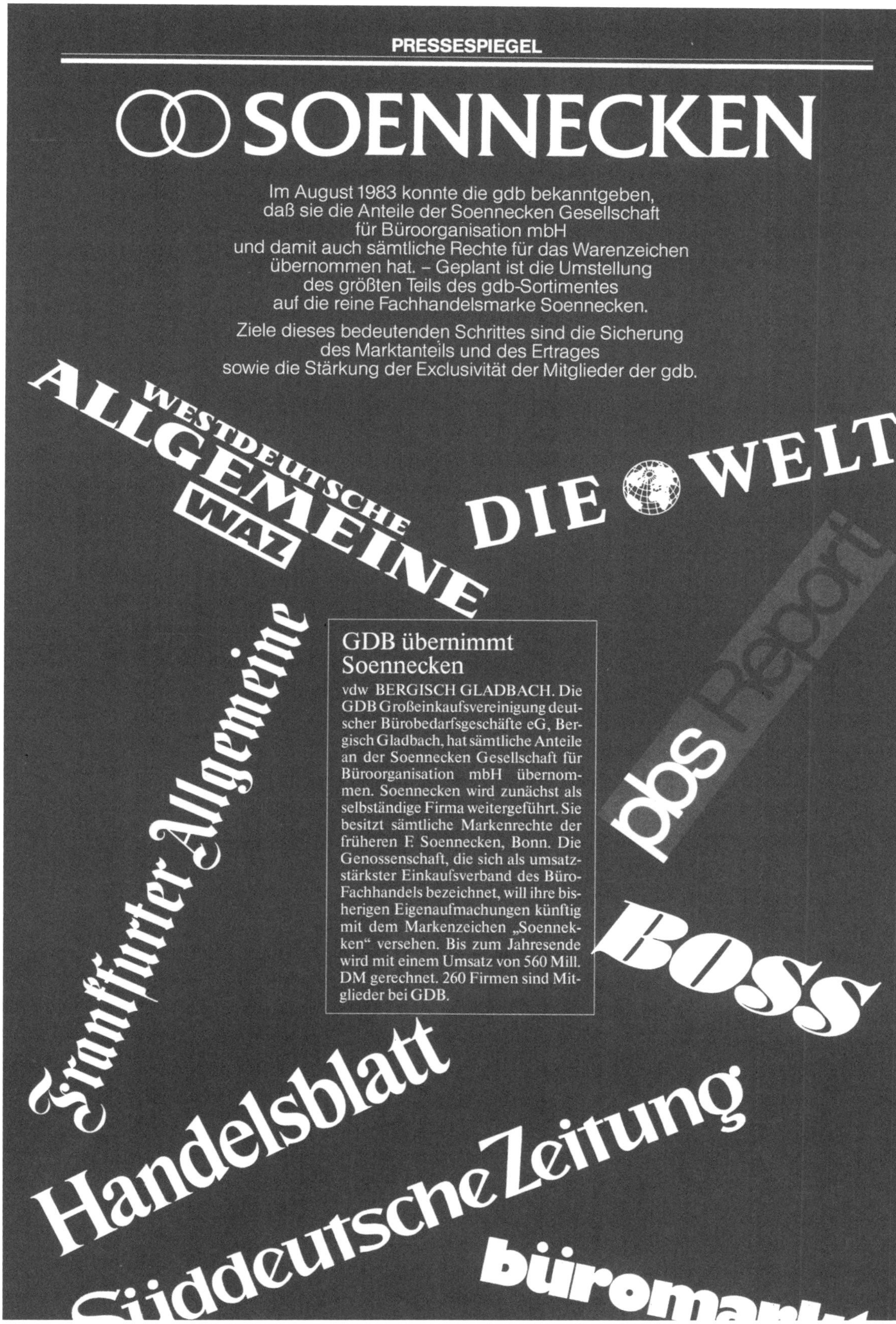

PRESSESPIEGEL

SOENNECKEN

Im August 1983 konnte die gdb bekanntgeben, daß sie die Anteile der Soennecken Gesellschaft für Büroorganisation mbH und damit auch sämtliche Rechte für das Warenzeichen übernommen hat. – Geplant ist die Umstellung des größten Teils des gdb-Sortimentes auf die reine Fachhandelsmarke Soennecken.

Ziele dieses bedeutenden Schrittes sind die Sicherung des Marktanteils und des Ertrages sowie die Stärkung der Exclusivität der Mitglieder der gdb.

GDB übernimmt Soennecken

vdw BERGISCH GLADBACH. Die GDB Großeinkaufsvereinigung deutscher Bürobedarfsgeschäfte eG, Bergisch Gladbach, hat sämtliche Anteile an der Soennecken Gesellschaft für Büroorganisation mbH übernommen. Soennecken wird zunächst als selbständige Firma weitergeführt. Sie besitzt sämtliche Markenrechte der früheren F. Soennecken, Bonn. Die Genossenschaft, die sich als umsatzstärkster Einkaufsverband des Büro-Fachhandels bezeichnet, will ihre bisherigen Eigenaufmachungen künftig mit dem Markenzeichen „Soennekken“ versehen. Bis zum Jahresende wird mit einem Umsatz von 560 Mill. DM gerechnet. 260 Firmen sind Mitglieder bei GDB.

Fast ein Jahrzehnt nach dem Konkurs des ehemaligen Familienunternehmens wurde die Marke Soennecken durch die Großeinkaufsvereinigung Deutsche Bürobedarfsgeschäfte (gdb) wiederbelebt.

Soennecken zuständig. **Erst 1983 wurde die ruhende Marke Soennecken dann „wiederbelebt“, als die gdb, die Großeinkaufsvereinigung Deutscher Bürobedarfsgeschäfte, die Soennecken GmbH und sämtliche Rechte für die Warenzeichen übernahm und an den eigenen Unternehmenssitz in Bergisch-Gladbach umsiedelte.**[31]

Die gdb wurde 1926 in Köln als „Gekabe“ (Großeinkaufsvereinigung Kölner Bürobedarfsgeschäfte eGmbH) gegründet. Der Zweck der Vereinigung, der auch in der Satzung festgehalten wurde, war „die wirtschaftliche Förderung der angeschlossenen Mitglieder in jeder geeigneten Form“.[32] In den Jahren nach der Gründung erweiterte sich der Kreis der Mitglieder – Fachhändler der Bürobedarfsbranche – rasch weit über den Kölner Raum hinaus auf das gesamte Gebiet des damaligen Deutschen Reichs und die Genossenschaft firmierte mehrfach um. 1930 trat sie erstmals als „GDB“ auf. In der Festrede zu ihrem 25-jährigen Bestehen betonte der damalige Aufsichtsratsvorsitzende Helmut Hopmann im Mai 1951 noch einmal den erklärten Zweck der Genossenschaft. Richtunggebend sei die Tatsache, „daß Einzelne, deren Kräfte nicht [ausreichen], allein ein großes Ziel zu erreichen, sich zur gegenseitigen Unterstützung gleichberechtigt [zusammenschließen], um gemeinsam eine große Aufgabe zu bewältigen“.[33]
Bis 1983, dem Jahr, in dem sie die Soennecken GmbH übernahm, wuchs die gdb auf 268 Mitglieder mit einem Geschäftsguthaben von rund 18 Mio. D-Mark an.[34] Sie betrieb zum einen ein eigenes Großhandelsgeschäft mit Papier und Produkten der gleichnamigen Eigenmarke, die in großen Mengen ein- und an die Mitglieder weiterverkauft wurden. Zum anderen übte sie für ihre Mitglieder die Zentralregulierung und das Delkrederegeschäft aus. Die Genossenschaft übernahm also das Forderungsrisiko, das die Fachhändler beim Einkauf bei der Industrie eingingen, und erhielt für diese Dienstleistung eine Provision.[35] Für dieses Geschäft war sie auf eine gute Zusammenarbeit mit der Industrie – den Herstellern und Lieferanten – angewiesen. Die wurde allerdings auf eine harte Probe gestellt, als die gdb 1983 die Soennecken GmbH kaufte und sich entschied, die Marke Soennecken unter dem Slogan „Qualität aus Tradition“ als neue Eigenmarke der Genossenschaft zu etablieren.[36]

Gegenseitige Unterstützung zur gemeinsamen Bewältigung einer großen Aufgabe – das war erklärter Zweck der gdb.

Soennecken. Qualität aus Tradition, Werbeanzeige 1987

Soennecken Kolleg-Buch, 1986

Bei der Ausübung von Zentralregulierung und Delkrederegeschäft hatte sich die gdb nämlich zum Verkauf von Markenartikeln verpflichtet. Mit der Übernahme der Marke Soennecken, nach eigener Einschätzung „eine bekannte Marke [...] mit Tradition und immer noch bestehender Akzeptanz bei den Handelsbetrieben und Endverbrauchern“[37], trat die Genossenschaft in Konkurrenz mit den Herstellern, mit denen sie zugleich als Vertreterin ihrer Mitglieder verhandelte – aus Sicht der Industrie ein Affront, wenn nicht gar eine regelrechte Kriegserklärung. Um die weitere Zusammenarbeit sicherzustellen, waren Kompromisse nötig: So setzte etwa der ehemalige Soennecken-Rivale Leitz zwischenzeitlich durch, dass die gdb keine Ordner der Marke Soennecken verkaufen durfte.[38]

Ein Grund für die Übernahme der Soennecken-Markenrechte war die Unzufriedenheit der gdb mit der „Verkaufskraft“ ihrer bisherigen Eigenmarke. Das gdb-Warenzeichen besaß aus Sicht der Verantwortlichen „nicht die Ausstrahlungs- und Geltungskraft [...], um eine verbraucherfähige Marke der achtziger Jahre zu sein“.[39] Im Verlauf des Jahres 1984 wurden dementsprechend alle gdb-Artikel auf die Marke Soennecken umgestellt. Trotz des Konflikts mit der Industrie verlief die Etablierung der neuen Marke erfolgreich: Das Marketingkonzept fand die Zustimmung der Mitglieder und der Umsatz des neuen Soennecken-Sortiments entwickelte sich von Beginn an positiv.[40] Der langjährige gdb-Vorstand Werner Flath bezeichnete den Kauf der Soennecken-Markenrechte im Rückblick als „einschneidende Zäsur“, die der Genossenschaft „zu einem in weiten Verbraucherkreisen erstaunlich bekannten Namen“ verhalf.[41] Dass der Name Soennecken wieder mit Leben gefüllt wurde und Profit abwarf, blieb nicht unbemerkt. **Im August 1985 ging beim Landgericht Köln eine Klage gegen die gdb auf „Löschung von Warenzeichen und Unterlassung unzulässigen Firmengebrauchs“ ein. Der Urheber: Alf Soennecken.**[42] Der ehemalige Chef des inzwischen liquidierten Familienunternehmens warf der gdb vor, seine Namensrechte zu verletzen, weil sie sich bei der Nutzung des Markennamens „Soennecken“ weder auf seine Genehmigung noch auf eine Firmenkontinuität zur ehemaligen F. Soennecken KG berufen könne.[43]

Mit diesen Vorwürfen hatten Alf Soenneckens Anwälte die gdb bereits im Juli desselben Jahres konfrontiert und eine Abmahnung nach Bergisch Gladbach gesandt. Die Genossenschaft wies die Anschuldigungen zurück und warf dem ehemaligen Familienunternehmer im Gegenzug eine „leichtfertige Beeinträchtigung [ihrer] geschäftlichen Aktivitäten“ vor.[44] Darauf reagierte Alf Soennecken mit der bereits erwähnten Klage. Seine Anwälte verwiesen darauf, dass die Familie Soennecken bei ihrem Ausscheiden aus dem Unternehmen das Recht zur Weiterführung der Firma an die Bedingung geknüpft hätte, dass diese ihren Geschäftszweck beibehalte, also weiterhin in der Büroartikelindustrie tätig sei. Sie argumentierten, mit der Auflösung der F. Soennecken KG sei auch das Recht erloschen, die Firma weiterzuführen, und die „Übertragung der Firma mit dem Namensbestandteil ‚Soennecken'" auf einen Dritten hätte eine erneute ausdrückliche Erlaubnis durch Alf Soennecken erfordert. Demnach sei auch die Übertragung der Warenzeichen durch den Konkursverwalter unwirksam gewesen.[45]

Und nicht zuletzt sei die Verwendung der Marke Soennecken eine Verbrauchertäuschung. Die gdb erwecke den Eindruck, sie führe die Produktion und den Verkauf von „wohlbekannten" Soennecken-Produkten fort. Dadurch wolle sie eine Tradition vorspielen, die sie gar nicht habe, und führe so „gewollt und bewußt" das Publikum in die Irre.[46] Alf Soennecken verlangte von der gdb, auf die Nutzung des Namens und der Marke Soennecken zu verzichten, der Löschung der beim Deutschen Patentamt eingetragenen Warenzeichen zuzustimmen und die Firma Soennecken GmbH aufzugeben.[47]

Bei einer von Alf Soennecken initiierten persönlichen Besprechung mit Vertretern der gdb zeigte sich, dass der ehemalige Geschäftsführer das Vorgehen gegen die Genossenschaft und die „neue" Firma Soennecken bereits seit einiger Zeit vorbereitet hatte. Sein Ziel war es offenbar, entweder eine Beteiligung an letzterer oder eine finanzielle Entschädigung zu erhalten. In einer Aktennotiz über das Gespräch berichtete ein gdb-Vertreter, seinem persönlichen Eindruck nach wolle Alf Soennecken, „nachdem der Name nun wieder Reputation bekommen hat", versuchen, sich ins Gespräch zu bringen und einen Nutzen aus den Aktivitäten der neuen Firma zu ziehen.[48]

Letztlich einigten sich die Parteien außergerichtlich: **Gegen eine Abfindungszahlung von 30.000 D-Mark zog Alf Soennecken seine Klage zurück und erkannte die Wirksamkeit der Gründung der Soennecken Gesellschaft für Büroorganisation mbH und der Warenzeichenübertragung an.[49] Zusätzlich übertrug Alf Soennecken der Soennecken GmbH gegen eine Zahlung von 20.000 D-Mark das bis dahin in seinem Eigentum befindliche Soennecken-Archiv.[50]**

Die neue Service- und Logistikzentrale in Overath entsteht, 1989.

Aus der gdb wird Soennecken

Damit war der Rechtsstreit vorerst erledigt und bei der gdb verlief die Etablierung der Marke Soennecken als Eigenmarke weiterhin erfolgreich. Ab 1988 wurden überregionale Werbekampagnen mit Anzeigen in auflagenstarken Zeitungen und Zeitschriften wie „Bunte", „Stern" und „Spiegel" durchgeführt, um den Bekanntheitsgrad der Eigenmarke mit dem neuen Slogan „Soennecken – Die Büro-Kraft" zu erhöhen. Jährliche Umsatzsteigerungen zeugten vom Erfolg der Marketingmaßnahmen und von der Akzeptanz der Marke bei gewerblichen und privaten Verbrauchern. Der Aufbau einer exklusiven Eigenmarke für die Mitglieder der Genossenschaft schien trotz aller Schwierigkeiten der richtige Weg zu sein, um im stark markenfokussierten Bürofachhandel erfolgreich zu bestehen.[51]

Im Jahr 1990 bezog die gdb ihre neue Service- und Logistikzentrale im knapp 30 Kilometer von Köln entfernten Overath. Etwa zeitgleich mit dem Umzug an den neuen Standort wurden bei der gdb Überlegungen über eine Umbenennung der Genossenschaft angestellt. Die aktuelle und bereits seit rund 60 Jahren bestehende Firmierung als „Großeinkaufsvereinigung Deutscher Bürobedarfsgeschäfte" war aus Sicht der Verantwortlichen nicht mehr zeitgemäß, weil sie sowohl die aktuelle und zukünftige Funktion der Genossenschaft als auch deren internationale Ausrichtung nicht mehr abdeckte.[52] Zur Diskussion stand neben verschiedenen Varianten, in denen das Kürzel gdb weiterverwendet wurde, auch der Firmenname Soennecken eG.[53]

Der Name Soennecken hatte seine Strahlkraft in den vorangegangenen Jahren ja bewiesen. Die Eigenmarke, deren Sortiment am Anfang der 90er Jahre mehr als 1.000 Artikel umfasste, war inzwischen akzeptiert und etabliert. Eigenen Angaben zufolge machte die gdb gut 60 Prozent ihres Umsatzes im Lagergeschäft mit Soennecken-Produkten.[54] Insofern erschien es folgerichtig, dass die Genossenschaft in Betracht zog, den Namen auch als Firmenbezeichnung zu verwenden. Die zuständige Industrie- und Handelskammer Köln hatte keine firmenrechtlichen Bedenken.[55]

Widerspruch kam erneut aus einer bereits bekannten Richtung: Alf Soennecken hielt die geplante Umbenennung der Genossenschaft „unter Verwendung meine[s] Namens" für einen Verstoß gegen die 1985 getroffene Vereinbarung und erhob bei der IHK Köln Einspruch.[56] Die beabsichtigte Namensänderung gehe, so Alf Soennecken, über den Inhalt des damals geschlossenen Vergleichs weit hinaus und sei „geeignet, die geschäftlichen Aktivitäten von mir, meiner Frau und meiner beiden [...] Firmen nachhaltig zu stören und zu beeinträchtigen".[57] Bei den beiden Firmen handelte es sich Soennecken zufolge um den von seinem Großvater 1875 in Remscheid gegründeten Verlag F. Soennecken, Bonn (aus dem kurz darauf die F. Soennecken

KG hervorging), und eine 1970 in Koblenz gegründete und in seinem Alleinbesitz befindliche Soennecken GmbH.[58] Beide Firmen erhielten laut Alf Soennecken immer wieder Bestellungen für Artikel der zur gdb gehörenden Soennecken GmbH in Bergisch Gladbach.[59]

Auch diesmal einigten sich die beiden Parteien. Die gdb teilte dem Amtsgericht Bergisch Gladbach im Oktober 1991 mit, die Einigung mit Alf Soennecken enthalte ausdrücklich die Berechtigung der Genossenschaft, zukünftig den Firmennamen Soennecken eG zu tragen.[60] **Am 13. Mai 1992 beschloss die Generalversammlung per Satzungsänderung die Änderung der Firma von gdb Großeinkaufsvereinigung Deutscher Bürobedarfsgeschäfte in Soennecken eG.**[61]

Was Alf Soennecken betrifft, ist sein weiterer Lebensweg nach der letzten Intervention bei der gdb weitgehend unbekannt. Seit seinem Ausscheiden aus dem ehemaligen Familienunternehmen lebte er auf einem Hof in der Wesermarsch nahe Bremen, wo er eine umfangreiche Sammlung seines Großvaters aufbewahrte.[62]

1992 wurde die Genossenschaft erstmals in Soennecken eG umbenannt.

Sein Wohnhaus machte, so wurde es 1985 in einem internen Aktenvermerk der gdb beschrieben, einen „durchaus musealen Eindruck".[63] Trotz seines großzügigen Anwesens hatte Alf Soennecken offenbar erhebliche wirtschaftliche Probleme, die wohl auch ein Grund für seine Klagen gegen die gdb waren. Sein Geld verdiente er vor allem mit Gelegenheitshandel von Naturprodukten wie Torf und Schilf für Reetdächer und mit einer Vertragswerkstatt zur Anfertigung von Stoßstangen für Oldtimer. Zwischenzeitlich soll er zudem eine Schafzucht gehabt haben.[64]

1990 trennte Alf Soennecken sich, vermutlich aus Geldnot, von der Sammlung seines Großvaters, die als Dauerleihgabe vom Museumsdorf Cloppenburg übernommen wurde. Es handelte sich um über 700 Schreibgarnituren des 18. und 19. Jahrhunderts und ein Konvolut kalligraphischer Blätter, die Friedrich Soennecken zu Beginn des 20. Jahrhunderts mit dem Ziel zusammengetragen hatte, sie in einem Museum der Schrift und Schreibkultur auszustellen.[65] Fast ein Jahrhundert später, im Jahr 1991, wurde die Sammlung des Firmengründers dann erstmals in einer großen Ausstellung präsentiert.[66] Alf Soennecken verstarb 1998 auf seinem Anwesen in der Wesermarsch.[67]

Die Umbenennung der gdb sorgte derweil noch an anderer Stelle für Unmut, nämlich bei der zweiten großen deutschen Einkaufsgenossenschaft, der Büro Actuell eG. Sie wurde im gleichen Jahr wie die gdb, 1926, unter dem Namen Papier- und Schreibwarenhändler Rhein-Main-Gruppe gegründet. 1930 wurde sie zur RMP-Einkaufsvereinigung erster Bürobedarfsgeschäfte am Rhein, Main und in der Pfalz, 1974 erfolgte dann die Umfirmierung in Büro Actuell eG.[68] Die beiden Genossenschaften unterschieden sich vor allem in ihrer Mitgliederstruktur: Die ehemalige gdb hatte viele gewerbliche Händler mit großer Marktmacht in den eigenen Reihen und verfügte daher in der Branche über einen größeren Einfluss als die Büro Actuell eG. Dafür war letztere innovativer, flexibler und zudem bei den Endverbrauchern sichtbarer, weil sich unter ihren Mitgliedern viele kleinere Händler und Einzelhandelsgeschäfte befanden und stärker in Marketingmaßnahmen investiert wurde. Diesen Wettbewerbsvorteil fürchtete sie durch die Umbenennung der gdb nun zu verlieren.[69] Angesichts der großen Herausforderungen, denen die gesamte Branche in den folgenden Jahren gegenüberstehen sollte, sahen sich die beiden Genossenschaften allerdings bald gezwungen, die gegenseitige Missgunst noch einmal zu überdenken.

Paul Schmitz. Eine Branche im Wandel

Benedikt Erdmann

Der Kölner Unternehmer Paul Schmitz feiert bald seinen 65-jährigen Geburtstag. Früher war das der Zeitpunkt, in Rente zu gehen. Paul Schmitz denkt nicht daran, macht sich aber gleichwohl Gedanken darüber, wie er sein Unternehmen führen und verändern muss, um es erfolgreich an seine Kinder übergeben zu können. Er führt das Unternehmen in dritter Generation und möchte, dass diese Familientradition nicht mit ihm endet.

Gegründet hat das Unternehmen der Großvater seiner Ehefrau als Papierhandlung im Jahr 1932. Es waren schwierige Zeiten damals und der Unternehmensgründer machte sich einen Namen mit der zuverlässigen Belieferung von Gewerbebetrieben, aber vor allem dem stark wachsenden Verwaltungsapparat in Köln. Das Gesicht nach außen war eine Papierwarenhandlung am Rande der Kölner Innenstadt.

Bis heute bewundert Paul Schmitz den Unternehmensgründer dafür, wie er das Unternehmen durch die dunkle Zeit des Zweiten Weltkriegs geführt und nach dessen Ende im Rahmen des deutschen Wirtschaftswunders zu enormer Größe geführt hat. Bereits in den 50er Jahren ist er der Großeinkaufsgenossenschaft Deutscher Bürobedarfsgeschäfte – kurz: gdb – beigetreten. Paul Schmitz ist wie der Unternehmensgründer überzeugtes und aktives Mitglied der Genossenschaft, die heute Soennecken eG heißt. Mit dem Namen Soennecken verbindet er besondere Erinnerungen, denn er weiß, dass sein Schwiegergroßvater stets ein bedeutender Kunde des Bonner Unternehmens Soennecken war – des Namensgebers seiner heutigen Genossenschaft.

Zum Erfolg des Unternehmens hat wesentlich beigetragen, dass der Gründer neben dem Handel mit Papierwaren und Büroartikeln einen zweiten Geschäftszweig aufgebaut hat, nämlich den Vertrieb und die Reparatur von technischen Produkten im

gdb-Logo, 1988

Büro. Bereits 1939 wurde der Beruf des Büromaschinenmechanikers anerkannt und der Unternehmer sah sofort die Geschäftsmöglichkeit. Als Xerox 1959 mit dem damals revolutionären Xerox 914 das erste kommerziell erfolgreiche Kopiergerät auf den Markt brachte, erkannte er auch diese Chance schnell und stieg in das Geschäft ein.

Ende der 60er Jahre kamen seine beiden Söhne ins Unternehmen. Sein älterer Sohn Peter – der Schwiegervater von Paul Schmitz – kümmerte sich vor allem um das stark wachsende Bürobedarfsgeschäft, während der jüngere Klaus sich stärker zu den technischen Produkten hingezogen fühlte. So kam es dann auch, dass das Unternehmen nach dem Tod des Gründers unter den beiden Brüdern aufgeteilt wurde: Peter übernahm das Bürobedarfsgeschäft und die Papeterie, während Klaus das Geschäft mit Büromaschinen übernahm und sich einen neuen Standort in einem neu entwickelten Gewerbegebiet suchte.

Xerox 914, 1959

Paul Schmitz selbst stieg erst in den 80er Jahren in das Unternehmen ein. Er hatte sich während seines Studiums der Betriebswirtschaftslehre in seine Kommilitonin Juliane verliebt. Nachdem sich Juliane und Paul entschlossen hatten, das Leben miteinander zu verbringen, stieg Paul nach einigen beruflichen Umwegen in den Betrieb des Schwiegervaters ein, erwarb sich dessen Respekt durch Fleiß und Weitsicht und übernahm 1990 die Geschäftsleitung, während sich sein Schwiegervater nach und nach aus dem aktiven Geschäftsleben zurückzog.

Paul übernahm ein florierendes und wirtschaftlich kerngesundes Unternehmen. Doch Mitte der 90er Jahre verdüsterte sich der Horizont merklich. Ausschlaggebend war vor allem eine Intensivierung des Wettbewerbs durch neue Anbieter, die – anders als das Unternehmen von Paul Schmitz –

bundesweit agierten und dies mittels einer zentralen Logistik bewerkstelligten. Diese Unternehmen bauten ein Zentrallager und beschäftigten in den jeweiligen Vertriebsregionen lediglich Außendienstmitarbeiter. Möglich wurden diese zentralen Logistikkonzepte durch den Markteintritt von Paketdiensten – allen voran UPS, FedEx und Hermes. Angelockt wurden diese Dienstleister durch den Erfolg von Unternehmen wie Otto und Quelle, die den Versandhandel in Deutschland groß gemacht haben.

Paul Schmitz trieb in diesen Jahren die Frage um, wie er gegen diese deutlich größeren und kapitalstärkeren Wettbewerber mit ihrer Zentrallogistik bestehen könnte. Viele seiner Branchenkollegen fanden auf diese Frage keine überzeugende Antwort und verkauften daher ihre Betriebe an die neuen Wettbewerber. Diese behielten dann die übernommenen Unternehmen als Vertriebsniederlassung, schlossen die Logistik und trennten sich von zahlreichen Funktionen, die zentral kostengünstiger bewerkstelligt werden konnten.

Auch Paul Schmitz fragte sich, ob es noch zeitgemäß sei, die Logistik selbst zu betreiben, zumal ihm sein Logistikstandort in Köln angesichts der hohen Kosten und des zunehmenden Verkehrs immer ungeeigneter erschien. Er fragte sich, warum seine Genossenschaft – die Soennecken eG – nicht dasselbe tat wie die neuen Wettbewerber. Würde die Genossenschaft die Logistik für ihn betreiben, könnte er seine Immobilie verkaufen, bräuchte keine eigenen Lieferfahrzeuge mehr und müsste auch keinen Warenbestand mehr finanzieren. Seine Überlegung: Würden viele Bürofachhändler die Soennecken eG als Logistiker und Großhändler beauftragen, müsste sich angesichts der enormen Einsparungen bei den Mitgliedsfirmen eine solche Zentrallogistik doch bestimmt finanzieren lassen.

Logo des Paketdienstes UPS

Mit großem Interesse schaute er nach Niedersachsen, denn dort hatten einige Bürofachhändler Mitte der 90er Jahre genau das getan: Sie hatten ein Gemeinschaftsunternehmen gegründet und diesem den Einkauf, die Lagerhaltung und die Logistik der angeschlossenen Betriebe anvertraut. Doch diese Kollegen waren räumlich weit weg und er konnte sich nicht entschließen, dort mitzumachen. Also modernisierte er seinen eigenen Betrieb, investierte in die Kundenbearbeitung und suchte sich seine Nische in einer immer wettbewerbsintensiveren Branche.

In seiner Vorsicht sah er sich bestätigt, als eine Schwesterorganisation seiner Soennecken eG – die Büro Actuell eG in Frankfurt – durch den Aufbau einer solchen Zentrallogistik in wirtschaftliche Schwierigkeiten geriet. Auch die Sonnecken eG sah sich dadurch zunächst in ihrer Skepsis gegenüber einem zentralen Logistikkonzept bestätigt. Aber sie erkannte auch, dass eine leistungsfähige und zeitgemäße Zentrallogistik für eine Vielzahl ihrer Mitglieder eine Grundvoraussetzung für die weitere Existenz sein würde. Mit großem Interesse und Wohlwollen beobachtete Paul Schmitz daher die Annäherung der beiden Genossenschaften Büro Actuell und Soennecken, die schließlich in einer Fusion und dem Aufbau der heute leistungsstärksten Logistik der Branche am Soennecken-Standort in Overath bei Köln mündete.

Soennecken-Logistik, Overath

Auch Paul Schmitz entschloss sich nach reiflichen Überlegungen, seine eigene Logistik aufzugeben und diese seiner Genossenschaft anzuvertrauen. Niemand anderes kam für ihn infrage. Schließlich musste er sich zu 100 Prozent darauf verlassen können, dass alles reibungslos funktionierte, dass er nicht zu viel für die

Dienstleistung und die Handelsprodukte bezahlte und mit seinen Daten kein Schindluder getrieben wurde. Von wem konnte er das erwarten, wenn nicht von seiner Genossenschaft?

Seinem Unternehmen hat diese Entscheidung gutgetan. Er kann sich auf seine Kunden konzentrieren und weiß Einkauf, Lagerung und Versand bei der Soennecken eG in guten Händen. Der Betrieb ist damit weniger komplex, braucht weniger Kapital und ist wesentlich flexibler.

Seine beiden Kinder sind ebenfalls an einem Einstieg in das Unternehmen interessiert. Aber sie zögern noch, denn sie fragen sich angesichts der enormen Herausforderung ihrer Branche vor dem Hintergrund einer zunehmenden Digitalisierung der Büroarbeit, bei welchen Kunden und Produkten die Zukunft des Unternehmens liegt. Diese Frage beschäftigt sie gemeinsam mit vielen Kolleginnen und Kollegen und Mitarbeiterinnen und Mitarbeitern der Soennecken eG selbst. Insofern freut er sich, in ein Umfeld eingebunden zu sein, mit dem er und seine potenziellen Nachfolger diese Fragen diskutieren können und kräftige Unterstützung bekommen. Er erinnert sich oft an den Wahlspruch von Friedrich Wilhelm Raiffeisen, einem der Begründer der Genossenschaftsbewegung: „Was dem Einzelnen nicht möglich ist, das vermögen viele.“ Paul Schmitz ist überzeugt, dass dieses Motto aktueller ist denn je.

Die 90er Jahre als Jahrzehnt der Krisen und Umbrüche

Die 90er Jahre waren in Deutschland ein Jahrzehnt tiefgreifender Veränderungen. Nachdem im Herbst 1989 Zehntausende Menschen friedlich gegen das SED-Regime demonstriert hatten, fiel am 9. November 1989 die Berliner Mauer. Mit der DDR endete die rund 40-jährige Teilung der beiden deutschen Staaten und Gesellschaften, deren lange herbeigesehnte Wiedervereinigung allerdings nicht reibungslos verlief. Die Umsetzung der Währungs-, Wirtschafts- und Sozialunion stellte sich als schwieriger Anpassungsprozess heraus, in dessen Verlauf es zur weitgehenden Deindustrialisierung und zu Massenarbeitslosigkeit in Ostdeutschland kam. Innerhalb von wenigen Jahren holte die ehemalige DDR außerdem den grundlegenden Strukturwandel nach, den die Bundesrepublik bereits seit Mitte der 60er Jahre durchlief.[70] Galt unmittelbar vor der Wende noch etwa die Hälfte der Beschäftigten in Ostdeutschland als „Arbeiter", war es 1994 nur noch weniger als ein Viertel: „Die erhebliche Tertiärisierungslücke der DDR [...] wurde quasi über Nacht beseitigt"[71].

Für die Bürobedarfsbranche eröffnete sich durch die Wiedervereinigung und das rasante Wachstum des tertiären Sektors ein neuer Markt. Viele westdeutsche Firmen beteiligten sich nun an Unternehmen in der ehemaligen DDR oder eröffneten eigene Filialen in den neuen Bundesländern.[72]

Dementsprechend erweiterte sich auch der Mitgliederkreis der Soennecken eG, die ihre Position als umsatzstärkste europäische Einkaufskooperation der Branche zunächst festigen konnte. Erstmals kamen neben niederländischen nun auch spanische und italienische Mitgliedsunternehmen dazu.[73]

Gleichzeitig sorgten aber die beginnenden Aktivitäten der „Global Player" aus Frankreich, den Niederlanden und den USA zunehmend für Unruhe in der Branche: Bereits im Jahr 1990 wurde der Stuttgarter Händler Bierbrauer + Nagel vom Konzern Buhrmann-Tetterode aus den Niederlanden aufgekauft.[74] Bierbrauer + Nagel war das erste von insgesamt 22 deutschen Unternehmen, die bis Ende 1996 von internationalen Investoren aufgekauft wurden. Betroffen waren vor allem Händler für den gewerblichen Bürobedarf und EDV-Zubehör, darunter auch viele Mitglieder der Soennecken eG.[75] Im Jahr 1998 folgte die Übernahme von 15 weiteren regionalen Handelsunternehmen mit gleichem Schwerpunkt, und im August desselben Jahres entstand mit dem Kauf der Louis Leitz International GmbH & Co. KG durch die schwedische Unternehmensgruppe Esselte AB der weltweit größte Hersteller von Büroartikeln.[76] Nach Jahrzehnten auf der „Sonnenseite der Konjunktur" musste sich die Branche nun also mit einschneidenden und langfristigen Veränderungen in den Marktstrukturen auseinandersetzen.[77]

Was folgte, war eine schwere Identitätskrise der deutschen Büroartikelbranche – und der Soennecken eG. Infolge der Aufkaufwelle befanden sich 30 bis 40 Prozent des Umsatzes der Genossenschaft in den Händen von ausländischen Anbietern. Diese verblieben zwar zunächst in der Genossenschaft, doch es war allen Beteiligten klar, dass es dabei auf lange Sicht nicht bleiben würde. Zu dem wirtschaftlichen Risiko gesellten sich „kulturelle" Spannungen. Die

Nach der Wiedervereinigung erweiterte sich der Mitgliederkreis der Soennecken eG auf Unternehmen in den neuen Bundesländern im Osten Deutschlands.

neuen Marktteilnehmer arbeiteten mit einem Geschäftsmodell, das sich grundsätzlich von dem der deutschen Händler unterschied und diese unter massiven Wettbewerbsdruck setzte: Sie arbeiteten mit einer zentralen Logistik, indem sie jeweils ein großes Zentrallager betrieben, von dem aus sie deutschlandweit Kunden belieferten.[78]
Der Versandhandel, also der Verkauf von Produkten auf Distanz, existierte in Deutschland bereits seit den 20er Jahren, zu den ersten Versandhändlern zählten die Kaffeerösterei Eduscho und der Schuhhersteller Baur. Beide waren Spezialversandhändler, sie konzentrierten sich zunächst nur auf ein einziges Produkt. Nach dem Zweiten Weltkrieg bauten viele kleinere Spezialversandhändler ihr Sortiment aus, während gleichzeitig neben dem bereits seit 1927 existierenden Quelle Versand große Universalversandhändler wie Otto und Neckermann entstanden, die von vornherein ein breites, kaufhausähnliches Sortiment anboten.[79]
Im Gegensatz zum Einkauf im Geschäft verläuft der Versandhandel unpersönlicher: Angebot und Einkauf erfolgen über Kataloge und Bestellformulare bzw. seit den 2000er Jahren verstärkt und heute überwiegend über das Internet,[80] eine direkte Interaktion zwischen Verkäufern und Kunden findet nicht statt. Der Versand der bestellten Produkte geschieht entweder, wie im Fall des 1972 von Otto gegründeten Hermes-Versands, über einen eigenen Zustelldienst oder über externe Dienstleister. Mit United Parcel Service (UPS) ist bereits seit 1976 der erste internationale Paketdienst auf dem deutschen Markt tätig, im gleichen Jahr gründeten 18 deutsche Speditionen mit DPD Deutscher Paketdienst den ersten privaten deutschen Paketdienst. Die Marktveränderungen durch die in den folgenden Jahrzehnten weiter zunehmende Präsenz von (internationalen) Paket- und Kurierdiensten erreichten Mitte der 90er Jahre schließlich auch die Büroartikelbranche.[81]
Darüber, dass das sich in der Branche ausbreitende Geschäftsmodell für sie selbst nicht infrage kam, waren sich die Soennecken eG und viele ihrer Mitglieder einig. Doch sie hatten zugleich keine Antwort auf die enorme Herausforderung, der sie gegenüberstanden und die sich mit der Zeit zur existenziellen Krise entwickelte, weil nicht alle Händler dem steigenden Wettbewerbsdruck standhalten konnten. Auch bei der Büro Actuell eG wurde der Aufbau der Zentrallogistik schließlich von der Glaubens- zur Existenzfrage. Nachdem der Vorstand einen entsprechenden Vorschlag aus den eigenen Reihen zunächst noch vehement abgelehnt hatte – was zur Abspaltung einer Juniorengruppe und der Gründung der Bürologistik GmbH & Co. KG in Northeim führte –, entschied man sich wenig später und sehr zum Ärger der Industrie doch für den Aufbau eines eigenen Zentrallagers. Die Genossenschaft beauftragte einen externen Dienstleister mit dem Bau eines Lagers in der hessischen Gemeinde Langgöns – und verkalkulierte sich dabei massiv. Das Lager erwies sich als ungeeig-

Die Kölner Genossenschaftsmesse war in den 90er Jahren eine wichtige Kommunikationsplattform der Büroartikelbranche, 1993.

net und zu teuer und brachte die Büro Actuell eG an den Rand des wirtschaftlichen Ruins.[82]

Am Ende der 90er Jahre befanden sich also beide großen deutschen Einkaufsgenossenschaften der Büroartikelbranche in der Krise. Angesichts dessen und der nicht zu leugnenden Tatsache, dass der Trend eindeutig in Richtung von „Größe und flächendeckender Präsenz“[83] ging, sahen sich Soennecken und Büro Actuell nun zu Gesprächen über eine mögliche Zusammenarbeit gezwungen. Die beiden Genossenschaften führten bereits seit 1981 jährlich eine gemeinsame Einkaufsmesse in Köln durch, die sich rasch zu einer wichtigen Kommunikationsplattform für Mitglieder und Lieferanten entwickelt und Anfang der 90er Jahre mit mehr als 300 Ausstellern ihren Höhepunkt erreicht hatte.[84]

Eine weitergehende Kooperation war lange nicht infrage gekommen.[85] Nun aber fanden, maßgeblich initiiert von den Aufsichtsräten, Gespräche zwischen den Vorständen statt, die zu einer – notgedrungenen – Kooperation der beiden Genossenschaften führten. **1998 beschlossen Soennecken und Büro Actuell den Zusammenschluss in Form eines Joint Ventures mit einer gemeinsamen Tochtergesellschaft, die das operative Geschäft für beide Genossenschaften wahrnehmen sollte, während diese ihre rechtliche Selbstständigkeit behielten: Die Branion GmbH nahm im Sommer 1999 ihre Tätigkeit am Standort Overath auf.**[86]

BÜRO ACTUELL
KOMPETENZ & SERVICE

SOENNECKEN

SOENNECKEN und BÜRO ACTUELL

gehen gemeinsam in die Zukunft

Die BÜRO ACTUELL eG und die SOENNECKEN eG planen, ihre Kräfte zu bündeln und wesentliche Aktivitäten durch eine gemeinsame Tochtergesellschaft wahrnehmen zu lassen.

In dem Gemeinschaftsunternehmen werden die Einkaufs- und die Verkaufsaktivitäten für beide Genossenschaften koordiniert und zusammengefaßt. Ferner ist vorgesehen, die Lagergeschäfte der beiden Genossenschaften zusammenzuführen. Zugleich steht das Waren- und Logistikangebot LOG/SERVE den Mitgliedern beider Genossenschaften zur Verfügung.

Mit dieser Zusammenführung fällt der Startschuß für die Entstehung der weltweit größten und leistungsstärksten Fachhandelsorganisation der Branche. Mit einem Gesamtumsatz von 2,8 Mrd. DM und über 900 Mitgliedsfirmen in Europa befinden sich die Händler dieser Genossenschaften in einer hervorragenden Ausgangsposition innerhalb einer zunehmend konzentrierten Handels- und Herstellerlandschaft.

Alle Mitgliedsfirmen werden über das Vorhaben umfassend informiert. Aufgrund der Bedeutung dieses Schrittes für beide Genossenschaften laden SOENNECKEN und BÜRO ACTUELL ihre Mitglieder zu außerordentlichen Generalversammlungen ein.

Overath und Frankfurt, den 25.11.1998

Dr. B. Erdmann H. Lucke E. Poeschmann W. Römer R. Schulte

Ende der 90er Jahre schloss sich die gdb mit Büro Actuell, der zweiten großen deutschen Genossenschaft der Büroartikelbranche, zusammen.

INTERVIEW: Wolfgang Römer

Wolfgang Römer wurde 1943 in Hannover geboren und arbeitete nach seiner Lehre zunächst bei Pelikan, bevor er Anfang der 80er Jahre zur gdb kam. Von 1987 bis 2001 war er Vorstand der gdb bzw. der Soennecken eG.

Herr Römer, wie sind Sie in die Bürobedarfsbranche gekommen?
Ich bin in Hannover geboren und aufgewachsen und war nach meiner Lehre beim Unternehmen Pelikan tätig, zunächst in der Verwaltung und später dann im Vertrieb. In meinen Jahren bei Pelikan habe ich die deutsche Bürobedarfsbranche sehr gut kennengelernt und war dementsprechend bald ziemlich fit, was den Büromarkt in Deutschland betraf. Und weil das Unternehmen auch international tätig war, konnte ich auch schon internationale Luft schnuppern und meinen Horizont erweitern.
Anfang der 80er Jahre ergab sich dann der Kontakt zur gdb, die damals von Werner Flath geleitet wurde. Wir haben gleich eine gute Basis gefunden und die Genossenschaft erschien mir interessant, ich hatte den Eindruck, dass ich mich dort einbringen und entfalten könnte.

1983 hat die gdb das Unternehmen Soennecken übernommen. Wie haben Sie das erlebt?
Die Übernahme von Soennecken war im Grunde mein Einstieg bei der gdb. Als ich dort anfing, hat mich Werner Flath gleich in die Gespräche eingeweiht, die er mit den Soennecken-Vertretern geführt hat, und mir dann sogar die Verhandlungen übertragen. Wir haben in der Übernahme viel Potenzial gesehen, denn der Name Soennecken hatte durchaus eine gewisse Bedeutung und war am Markt schon bekannt.
Der Name unserer Genossenschaft hingegen – Großeinkaufsvereinigung Deutscher Bürobedarfsgeschäfte – war eher ein Handicap und uns war klar, dass wir einen Markennamen brauchten. Außerdem konnten wir durch die Übernahme von Soennecken eine breite Abnehmerschaft gewinnen und unser Sortiment erweitern. Das erschien uns als geeigneter Auftakt für unsere Expansionspläne. Die Übernahme verlief relativ glatt und ging schnell über die Bühne. Die waren froh, dass sie den Laden los waren, und wir waren im Besitz der Marke und konnten darauf aufbauen.

Wie verlief dieser Aufbau?
Wir haben uns zunächst einmal mit den Partnern der ehemaligen Firma Soennecken vertraut gemacht, also mit den Händlern, die uns damals noch nicht bekannt waren. Es handelte sich nicht um die marktbeherrschenden Händler und wir mussten ziemlich viel Arbeit leisten, um sie zu gewinnen und ihnen klarzumachen, was wir wollten und was wir bieten konnten. Aber mit der Kraft der Genossenschaft entwickelten sie sich dann wesentlich schneller weiter.
Der nächste Schritt war unsere Beteiligung an der Branchenmesse, die einmal im Jahr in Frankfurt stattfand. Wir haben mit unserem kleinen, damals noch nicht optimalen Sortiment angefangen, uns dort zu präsentieren, aber es war uns wichtig, überhaupt dabei zu sein, vor allem, um unsere Kontakte in der Branche auszubauen. So haben wir uns weiterentwickelt, und irgendwann kam der Gedanke auf: Wenn wir hier erfolgreich sind, dann müssten wir doch eigentlich auch international Erfolg haben. Und dann haben wir uns intern zusammengesetzt und uns überlegt, welche internationalen Märkte wir angehen wollen.

Wie sind Sie bei der Expansion auf die internationalen Märkte vorgegangen?
Mit der Hilfe einer holländischen Mitarbeiterin haben wir zunächst Kontakte zu niederländischen Bürobedarfsfirmen aufgenommen. Einige bedeutende Firmen waren uns bekannt, viele aber auch nicht, sodass viel Akquisitionsarbeit nötig war. Aber es hat Spaß gemacht und in relativ kurzer Zeit hat sich eine Zusammenarbeit entwickelt und bald hatten wir ein erweitertes Abnehmerfeld in den Niederlanden. Das hat uns natürlich dazu ermuntert, uns die Landkarte vorzunehmen und nach weiteren Ländern zu schauen.
Frankreich war leider ein großer Reinfall. Dort gab es bereits eine ähnliche Organisation und unsere Expansionspläne haben denen offenbar Sorge bereitet. Dementsprechend waren schon die Anfangsgespräche sehr unterkühlt und es gab danach wenig Bereitschaft, die Beziehungen weiter auszubauen. Ganz anders lief es in Italien und Spanien. Dort haben wir auf Anhieb jeweils mehrere Händler für die Zusammenarbeit gewinnen können, die sich sehr positiv weiterentwickelt hat. Mit Österreich, Luxemburg und der Schweiz kamen dann noch drei weitere internationale Märkte dazu. Und nicht zu vergessen, haben wir uns nach der Wiedervereinigung auch des ostdeutschen Marktes angenommen ...

Wie lief das ab?
Wir haben von vornherein gesagt, dass wir für den ostdeutschen Markt nur Mitarbeiter aus Ostdeutschland einstellen wollten. Das war nicht ganz einfach. Zum einen mussten wir erst einmal klarmachen, wer wir sind und was wir erwarten, und zum anderen mussten die

potenziellen Mitarbeiter auch bereit sein, unsere Anforderungen zu erfüllen. Da gab es schon auch Vorbehalte. Ich habe in dieser Zeit viel über den Umgang mit Menschen gelernt. Es war eine erfreuliche Zeit, die aber auch mit viel Herzklopfen verbunden war.

Welche Herausforderungen gab es in dieser Zeit noch für die Genossenschaft und ihre Mitglieder?
Die wirtschaftliche Entwicklung war schwierig, das Geld floss in den 90er Jahren nicht gerade in Strömen. Da wollten jede Investition und jede Personalentscheidung wohlüberlegt sein. Und außerdem musste man sehr viel dafür tun, die eigenen Waren loszuwerden. Wir haben viel Motivation, Engagement und Aufwand investiert, um den Handel beim Marketing und Verkauf zu unterstützen. Die wenigsten Händler haben zum Beispiel ihre Schaufenster selbst dekoriert, deshalb gab es bei uns eine Dekotruppe, die von Händler zu Händler gefahren ist und sich vor Ort um die Dekoration gekümmert hat.
Die Werbung und das richtige Sortiment waren für unsere Mitglieder ganz wichtig. Unsere Marketingabteilung hat jedes Jahr eine große Veranstaltung durchgeführt, bei der wir das Sortiment mit den Mitgliedern abgestimmt haben. In einem großen Saal haben wir alle Neuheiten ausgestellt und dann gemeinsam entschieden, was ins Sortiment aufgenommen wird und was nicht. Wir hatten großes Glück, dass die Mitglieder bereit waren, sich einzubringen und Verantwortung zu übernehmen. Es war eine sehr positive Zusammenarbeit!

Apropos Zusammenarbeit: Wie kam es zum Zusammenschluss von Soennecken und Büro Actuell?
Ende der 90er Jahre kam der Gedanke auf, ob es auch angesichts der zunehmenden Marktmacht der „Globals“ nicht sinnvoll wäre, die Kräfte zu bündeln. Das erste fruchtbringende Gespräch zwischen den beiden Genossenschaften fand 1998 in Frankfurt statt und im Dezember haben wir den Kooperationsvertrag geschlossen. Wir haben uns dann zusammengesetzt und uns über Sortimente, Strategien und die Marktbearbeitung ausgetauscht. Aber es blieb beim Gedankenaustausch, eng zusammengewachsen sind wir zunächst nicht.
Über den „Dachnamen“ Branion, unter dem die Kooperation stand, waren wir übrigens nicht happy. Ich weiß nicht, ob es an individuellen Präferenzen gelegen hat oder daran, dass die Händler den Namen nie für voll genommen haben, aber er hat sich nicht durchgesetzt. Daher kann man froh sein, dass das Unternehmen sich letztendlich entschieden hat, zum Namen Soennecken zurückzukehren.

Ein neues Geschäftsmodell für die Zukunft

Während der Zusammenschluss nach außen als „historische Chance“[87] bezeichnet wurde, ging es hinter den Kulissen weniger harmonisch zu. Zunächst einmal brachte die Kooperation einen hohen Organisationsbedarf mit sich: So musste etwa formal eine einheitliche Organisationsstruktur für die beiden weiter existierenden Genossenschaften und die Tochtergesellschaft geschaffen werden und die Mitarbeiterinnen und Mitarbeiter der Büro Actuell mussten entscheiden, ob sie zusammen mit ihrem Arbeitgeber von Frankfurt am Main nach Overath umziehen wollten.[88] Hinzu kamen „geballt auftretende“ Reklamationen der Genossenschaftsmitglieder über Rückstände bei zentralen Produkten, fehlerhafte Kommissionierung und zu lange Versandzeiten.[89]

Produkte aus dem Soennecken-Exklusivmarken-Sortiment, 1999

Und auch aus wirtschaftlicher Sicht verliefen die ersten Jahre des Joint Ventures alles andere als zufriedenstellend: Bei allen drei Gesellschaften – also den beiden Genossenschaften und der gemeinsamen Tochterfirma – war 1999 und 2000 eine negative Umsatzentwicklung zu beobachten.[90] Das Problem war grundlegend: Beim Zusammenschluss der beiden Genossenschaften waren zwei Unternehmenskulturen aufeinandergetroffen, die sich als inkompatibel erwiesen. Beim Ringen um das passende Geschäftsmodell für die Zukunft schien eine Einigung unmöglich. Letztlich lief alles auf eine Frage hinaus: Sollte die Genossenschaft sich dem US-amerikanischen Geschäftsmodell anpassen und eine eigene Zentrallogistik aufbauen oder nicht?[91]

Bei der Branion-Generalversammlung im Jahr 2001 brachen die schwelenden Konflikte offen auf: Einem Bericht der Fachpresse zufolge ging es dort äußerst turbulent zu und die „Missstände der Genossenschaft [traten] auf geradezu peinliche Weise zu Tage“, sodass die damaligen Geschäftsführer „von aufgebrachten Mitgliedern in die Defensive gedrängt“ wurden und schließlich eingestehen mussten, „dass sie nicht Herr der Lage waren“.[92]

Eine Grundsatzentscheidung war angesichts dieser Ereignisse unausweichlich – und sie wurde getroffen. Im November 2001 entließen die Aufsichtsräte mit einer Ausnahme alle Vorstände der Branion GmbH. Übrig blieb Dr. Benedikt Erdmann, seit 1996 Soennecken-

Vorstand, der sich entgegen der Grundhaltung seiner Genossenschaft für eine eigene Zentrallogistik ausgesprochen hatte. Mit Erdmanns Verbleib im Branion-Vorstand war die Entscheidung für das zukünftige Geschäftsmodell der Genossenschaft also gefallen. Als zweiter gleichberechtigter Geschäftsführer wurde der erfahrene Sanierer Viktor Jarosch eingesetzt.[93]

Die nächste große Aufgabe, die den neuen Geschäftsführern bevorstand, war die Fusion von Büro Actuell und Soennecken. Dass die Kooperation der beiden Genossenschaften auf eine Fusion hinauslaufen würde, war im Grunde schon bei der Entscheidung über das Joint Venture klar gewesen.[94] Die Personalunion bei den Vorständen der jeweiligen Genossenschaften und der gemeinsamen Tochterfirma war aufgrund des Interessenkonflikts auf Dauer rechtlich nicht durchsetzbar. Auf der Branion-Tagung am 25. Juni 2003 in Bonn, in deren Rahmen die zur Abstimmung über die Fusion einberufenen außerordentlichen Generalversammlungen der Genossenschaften stattfanden,[95] erklärte Geschäftsführer Erdmann, der Kooperationsvertrag sei lediglich ein Provisorium gewesen, ein Zwischenschritt in einem unumkehrbaren Prozess. So habe die Büro Actuell etwa ihren Standort aufgegeben und mit den Mitarbeiterinnen und Mitarbeitern, die nicht nach Overath mitgegangen waren, auch das eigene *Know-How* verloren. Nun sei für die Genossenschaften die Zeit gekommen, den nächsten Schritt zu tun und die Unverbindlichkeit zu beenden: „Es heißt Farbe bekennen."[96]

Dr. Benedikt Erdmann blieb 2001 als einziges Vorstandsmitglied im Amt.

Die Fusion erschien den Verantwortlichen als notwendige Maßnahme, um in einer Branche zu bestehen, in der sich die Wettbewerbssituation infolge der seit Jahren stattfindenden Konzentrations- und Internationalisierungsprozesse deutlich verschärft hatte. Die fusionierte Gesellschaft wäre, so das Kalkül, groß und „sichtbar" genug, um den gestiegenen Anforderungen gerecht zu werden und die Wettbewerbsfähigkeit ihrer Mitglieder zu sichern und zu verbessern.[97] In Zahlen ausgedrückt, sollte aus zwei separaten Genossenschaften, die mit 219 Mitgliedern einen Umsatz von 398 Mio. Euro (Soennecken) und mit 454 Mitgliedern einen Umsatz von 475 Mio. Euro (Büro Actuell) erwirtschafteten, ein Unternehmen mit 673 Mitgliedern und einem Gesamtumsatz von 873 Mio. Euro

Generalversammlung, 2003

Fusion von Büro Actuell und Soennecken, 2003

werden.[98] **Die Mitglieder der Genossenschaften hielten den „nächsten Schritt" für richtig: Auf den außerordentlichen Generalversammlungen in Bonn beschlossen sie mit einer großen Mehrheit von insgesamt 99,3 Prozent rückwirkend zum 1. Januar 2003 die Fusion von Büro Actuell und Soennecken zur Branion eG.**[99]

Die Genossenschaften fusionierten als gleichwertige Partner, wobei die Fusion aus rechtlichen und steuerlichen Gründen durch Verschmelzung der Soennecken eG auf die Büro Actuell eG erfolgte.[100] In der neuen Branion eG wurde das Delkrederegeschäft der fusionierten Genossenschaften zusammengefasst. Die Branion GmbH als operative Tochtergesellschaft wurde in Branion Marketing + Service GmbH umbenannt, das Großhandelsgeschäft wurde in die Branion LogServe GmbH ausgegründet und das E-Commerce-Geschäft durch die Trade Pilot GmbH betrieben.[101]

BRANION THE OFFICE COMPANY

Branion-Logo, 2003

Die größte Herausforderung war und blieb die Umsetzung des neuen Geschäftsmodells. Im Zuge der Kooperation hatte die Genossenschaft das verlustreiche Lagergeschäft in Langgöns übernommen, das auch weiterhin keine schwarzen Zahlen schrieb und somit eine

Seit 2019 beliefert die Soennecken eG ihre Mitglieder und Kunden im Norden und Nordosten Deutschlands vom Logistikstandort in Melsdorf bei Kiel aus.

erhebliche wirtschaftliche Belastung darstellte. Aus diesem Grund traf man in Overath eine ob der ungewissen Zukunft der Branche riskante Entscheidung: Statt die Logistik weiterhin einem Fremddienstleister zu überlassen, entschied man sich zur Auflösung des Lagers in Langgöns und zur Integration der gesamten Logistik am Standort Overath. Vorgesehen war, dass die Mitglieder nach Abschluss dieses Prozesses auf einen Bestand von rund 10.000 Herstellerartikeln sowie das gesamte Exklusivmarken-Sortiment zurückgreifen können sollten.[102]

Im Jahr 2009 nahm das neue Logistikzentrum in Overath mit mehr als 100 neuen Mitarbeiterinnen und Mitarbeitern seinen Betrieb auf.[103] Seitdem konnten Genossenschaftsmitglieder ihr Warengeschäft teilweise oder vollständig über das Logistikzentrum abwickeln und mussten demnach keine eigenen Lager mehr betreiben.[104] Das Konzept ging auf: Im ersten vollen Betriebsjahr des neuen Logistikzentrums schrieb die Soennecken-Großhandelstochter LogServe erstmals seit ihrer Gründung im Jahr 1996 schwarze Zahlen und entwickelte sich im Lauf des folgenden Jahrzehnts zum Marktführer im Branchengroßhandel.[105] Zwischen 2015 und 2018 wuchs die Auftragslage um 70 Prozent, was schließlich auch das Logistikzentrum in Overath an seine Kapazitätsgrenze brachte und eine deutliche Erweiterung der Lagerfläche durch die Inbetriebnahme einer neuen Multifunktionshalle erforderte.[106] 2019 wurde zudem ein neuer Logistikstandort in Melsdorf bei Kiel in Betrieb genommen, von dem aus seitdem die Mitglieder und Kunden im Norden und Nordosten Deutschlands beliefert werden.[107]

In der Rückschau stellte sich die Entscheidung für den „Umbau" der damaligen Branion – und damit für den Aufbruch traditioneller und mitunter festgefahrener Branchenstrukturen – als richtig heraus. Aus Sicht der Verantwortlichen wurde damit der entscheidende Schritt für die Weiterexistenz und -entwicklung der Genossenschaft getan, die sich in der Folge von der Einkaufsorganisation mit enger Allianz zur Markenindustrie zum Großhandels- und Dienstleistungsunternehmen wandelte.[108] Wegweisend waren im Rahmen dieser Entwicklung auch die gemeinsam mit den Mitgliedern beschlossenen Einstiege ins Direktgeschäft mit gewerblichen Großkunden im Jahr 2010 und ins Eigengeschäft vier Jahre später.[109]

Rückkehr zu einem großen Namen der Branche

Parallel zum „Umbau" der Genossenschaft arbeitete man in Overath an der Weiterentwicklung der Eigenmarke Soennecken, mit der Branion immerhin ein Viertel des Rohertrags erwirtschaftete.[110] Eine 2003 bundesweit durchgeführte Marktforschungsstudie zeigte das nach wie vor gute Standing der traditionsreichen Marke, die besonders von Altersgruppen ab 45 Jahren mit hoher Qualität assoziiert wurde. Gleichzeitig fehlte es aber an einem klaren Markenprofil, was die Geschäftsführung auf eine uneinheitliche Produkt-, Preis- und Kommunikationspolitik in der Vergangenheit zurückführte.[111] Durch den Relaunch sollte die Marke Soennecken einen neuen Marktauftritt erhalten und im umsatzstarken Marktsegment zwischen hochpreisigen Premium- und preisgünstigen No-Name-Produkten positioniert werden.[112] Die Charakterisierung der Marke Soennecken im Geschäftsbericht der Branion eG verwies, durchaus leicht ironisch und sicherlich unbeabsichtigt, auf die Zeit des Familienunternehmens Soennecken im 20. Jahrhundert: „Die Marke profiliert sich durch Preis und Qualität, nicht durch Innovationen. Soennecken-Produkte und die Marke sind solide, berechenbar und absolut verlässlich, der Auftritt der Marke ist ruhig und sachlich, aber bestimmt."[113]

Abstimmung der Genossenschaftsmitglieder auf der Generalversammlung 2007

Generalversammlung 2007

Die positive Wirkung des Namens Soennecken sollte bald noch weitreichender genutzt werden: Wenige Jahre nach der Fusion wurden die Branion-Mitglieder erneut zu einer grundlegenden Abstimmung über die Zukunft ihrer Genossenschaft aufgefordert. Auf der Generalversammlung des Jahres 2007 wollten Vorstand und Aufsichtsrat den Mitgliedern vorschlagen, die Branion eG in Soennecken eG umzubenennen. Im Geschäftsbericht war zu lesen, dass sich die wirtschaftliche Situation der Genossenschaft in den vorangegangenen Jahren äußerst positiv entwickelt habe. Branion sei ein „kerngesunde[s] Unternehmen", das seinen Mitgliedern 2006 das beste Ausschüttungsergebnis seit vielen Jahren verkünden konnte. Nun sei es an der Zeit, „mit Soennecken einem der großen Namen der Branche wieder mehr Kraft zu verleihen".[114]

Schon im Zusammenhang mit der Fusion war im Kreis der Mitglieder der Wunsch nach einer Namensänderung geäußert worden, weil sie den Namen Branion für den Außenauftritt der Genossenschaft nicht für geeignet hielten. Die vertagte das Thema damals zwecks reibungsloser Durchführung der Fusion auf einen späteren Zeitpunkt.[115] Grundsätzlich waren aber auch die Verantwortlichen der Ansicht, dass eine Umbenennung notwendig war. Aus ihrer Sicht bot der Name Branion kein positives Identifikationspotential für Mitarbeiter und Mitglieder, sondern erinnerte im Gegenteil an die schwierige Zeit der Restrukturierung.[116]

Der 1999 eingeführte „Kunstname“[117] war „zu synthetisch, zu distanziert, zu rational“ und stellte nicht das „emotionale Angebot“ nach innen und außen dar, das die Genossenschaft für die Zukunft wollte und brauchte.[118] Der Name Soennecken erschien deutlich besser geeignet, um eine positive Botschaft und Emotionen zu vermitteln, zumal er ja als Markenname bereits seit Jahrzehnten etabliert war. Insofern erhoffte man sich von der Umbenennung nicht zuletzt eine gegenseitige positive Beeinflussung von Produkt- und Unternehmensmarke.[119]

Im März 2007 stimmte der Aufsichtsrat der Umbenennung zu.[120] Im Mai folgten auch die Genossenschaftsmitglieder dem Vorschlag des Vorstands und votierten mit einer Mehrheit von 98,3 Prozent für die Umbenennung der Branion eG in Soennecken eG.[121]

Im Geschäftsbericht wurde die Umbenennung als Ende des „langen und mitunter schwierigen Prozess[es] der Zusammenführung von zwei Mitgliedergruppen“[122] gewertet – und mit Verweis auf den 1875 von Friedrich Soennecken in Remscheid gegründeten Verlag als Anknüpfen an die eigene Geschichte: „Nach über 130 Jahren kehrt Soennecken mit seinem Sortiment rund um den Schreibtisch zu seinen Ursprüngen zurück.“[123] Das spiegelte sich auch im Soennecken-Logo wider: Die zwei Ringe repräsentierten die zwei Ösen eines Ringbuchs, eine der zentralen Erfindungen von Friedrich Soennecken, die er 1905 als Warenzeichen eintragen ließ. Und sie waren zugleich ein Symbol für die Gemeinschaft der Genossenschaft mit ihrem Claim „Kraft gemeinsamen Handelns“, der bei allen Krisen und Transformationen stets handlungsleitend blieb.[124]

Soennecken
KRAFT GEMEINSAMEN HANDELNS

Mit der Umbenennung knüpfte die Genossenschaft 2007 an die eigene Geschichte an.

Bettina Fischer. Der Wandel vom klassischen Büro zur digitalen Arbeitswelt

Sina Bohnen

Bettina Fischer ist gebürtige Kölnerin, Jahrgang 1965, und arbeitet als Office Managerin in einem mittelständischen Familienunternehmen im Rheinland. Jeden Samstag fährt sie in die Kölner Innenstadt, macht einen Bummel durch die Geschäfte rund um den Neumarkt und stattet dort dem Schreibwaren- und Bürofachhandel Ortloff in der Zeppelinstraße einen Besuch ab. Schon als kleines Mädchen, es muss damals kurz nach ihrer Einschulung Anfang der 70er Jahre gewesen sein, faszinierte sie die große Auswahl an Füllfederhaltern der Marke Soennecken, die regelmäßig in der Schaufensterauslage von Ortloff zu sehen war. Als einer der wenigen letzten Fachhändler in der Domstadt ist Ortloff seit mehr als 100 Jahren eine Art feste Institution in Köln und nach seinem Firmengründer Erich Ortloff (1899–1965) benannt, der 1923 am Ursulaplatz, in der Nähe des Kölner Hauptbahnhofs, ein Fachgeschäft für Büroeinrichtung und Bürobedarf gründete.[125]

Ansicht des Schreibwarenhändlers Ortloff in Köln, 1927

Schaufenster des Fachgeschäfts für Büroeinrichtung und Bürobedarf Ortloff, 1982

Inneneinrichtung des Fachgeschäfts Ortloff, 1982

Im Frühjahr 2015 übernahm die Soennecken eG das Kölner Fachgeschäft, das seitdem unter dem Dach der Handelskooperation nicht nur als Tochterunternehmen und erstes eigenes Ladengeschäft, sondern auch als Testbetrieb und Impulsgeber für die heute rund 500 Mitglieder der Soennecken eG fungiert. Nach umfangreichen Umbau- und Renovierungsarbeiten erstrahlt das Ladenlokal heute in neuem Glanz.[126] Seitdem lässt sich Bettina vor allem im Concept-Store bei Ortloff, der sich ganz vorne im Eingangsbereich des Fachgeschäfts befindet und dessen Interior Design aus dunklem Holz und warmen Farben besteht, von neuen Ideen für ihr Homeoffice inspirieren: Hier findet sie kreative Dekorationsartikel, ausgefallene Accessoires und funktionale Designstü-

Heutige Ladeneinrichtung des Kölner Fachgeschäfts Ortloff

WorkLab der Soennecken eG am Standort Overath

cke für ihren Schreibtisch und ihr Zuhause.[127] Außerdem ist Ortloff für sie auch die erste Anlaufstelle, wenn sie hübsche Notizbücher für Meetings im Büro, Kalender oder Grußkarten für ihre Freunde und Familie benötigt. Ihre beste Freundin aus Berlin freut sich jedes Jahr aufs Neue über ihre handgeschriebene Karte zum Geburtstag!

Im Homeoffice arbeitet Bettina mittlerweile zwei Tage pro Woche – in der Regel dann, wenn an ihrem Arbeitstag nur Videokonferenzen anstehen. Vor Kurzem wurde in ihrer Firma das Konzept des *Flex Office*, auch *Shared-Desk-Prinzip* genannt, eingeführt: Mit Ausnahme von ihr als Office Managerin und wenigen Führungskräften haben ihre Kolleginnen und Kollegen keine festen Arbeitsplätze mehr im Büro; es gibt nur noch flexible Arbeitsbereiche mit Schreibtischen, die sie im Voraus online buchen können. So startet der Arbeitstag im Büro für die meisten gewöhnlich mit dem virtuellen Check-in an einem gebuchten Schreibtisch, der nur mit einem flachen Desktop-Bildschirm ausgestattet ist, an dem die Mitarbeiterinnen und Mitarbeiter ihren Laptop und ihre PC-Maus anschließen. Häufig finden dann Workshops oder Meetings mit Teamkolleginnen und Teamkollegen im neu gestalteten Kreativraum statt, in dem es neben Whiteboards und Flipcharts auch bunte Sitzhocker sowie moderne *Co-Working Places* mit bequemen Loungemöbeln gibt. Nachmittags folgen Videokonferenzen oder eine Projektbesprechung im Teamraum, der mit einer Leinwand, einem Beamer und kabellosen Presenter mit Bluetooth-Verbindung ausgestattet ist, falls sich eine Kollegin oder ein Kollege aus dem Homeoffice oder von einem anderen Standort einwählen möchte. Zwischendurch beantworten sie E-Mails am Laptop, checken ihren Terminkalender auf ihrem Smartphone und tauschen sich in der Lounge am Kaffeevollautomaten mit anderen Kolleginnen und Kollegen bei einem guten Kaffee aus. Vor dem Feierabend loggen sie sich online aus und räumen ihre Büroutensilien in ihr Schließfach im Büro. Mit ins Homeoffice nehmen sie – wie Bettina – normalerweise nur ihren Laptop und ihr Headset. Einmal pro Woche nimmt sie mit einer Kollegin abends an einem Yogakurs teil, der seit Neuestem in ihrer Firma angeboten wird – die Yogamatten werden ihnen sogar von ihrer Firma zur Verfügung gestellt.[128] Das ist für Bettina wertvolle Zeit, in der sie mal komplett abschalten kann.

Rückblick: Von der Schreibmaschine zum Bildschirmarbeitsplatz

Rückblickend stellt Bettina immer wieder fest, wie viel sich doch in den vergangenen vier Jahrzehnten seit ihrem Berufseinstieg in der Büro- und Arbeitswelt verändert hat: Nach ihrer Ausbildung zur Bürokauffrau fing

Büro mit Cubicles, 1980

sie 1983 als Sekretärin in der Buchhaltung an. Mit einer Unterbrechung von wenigen Jahren, die sie der Erziehung ihrer beiden Kinder widmete, arbeitet sie nun bereits seit mehr als 40 Jahren im selben Familienunternehmen. Als sie ihre Stelle als Sekretärin antrat, hatte sie ihren Schreibtisch neben der Chefsekretärin im Vorzimmer ihres damaligen Chefs, der als einziger aus der Abteilung ein großzügiges, repräsentatives Einzelbüro mit einem Schreibtisch aus dunklem Holz besaß, in dem er damals noch regelmäßig rauchte. Anfangs sprach er sie sogar noch mit „Fräulein" an, obwohl diese Anrede für unverheiratete Frauen bereits 1972 abgeschafft worden und im deutschen Sprachgebrauch offiziell nicht mehr üblich war.[129] Er stand kurz vor seinem Renteneintritt, also hat sie es ihm nicht verübelt.
Die anderen Kolleginnen und Kollegen aus ihrer Abteilung arbeiteten zu dieser Zeit in einem weitläufigen Großraumbüro, das

mit sogenannten *Cubicles* ausgestattet war. Cubicles waren mobile Kabinen, die durch schalldämmende Stellwände voneinander getrennt waren und dadurch private Arbeitsbereiche sowie ein strukturiertes Arbeitsumfeld erschaffen sollten. So konnten möglichst viele Mitarbeiterinnen und Mitarbeiter auf der Büroetage auf engstem Raum Platz finden.[130] Zur Unterteilung der Arbeitsflächen dienten damals zudem etliche Tröge mit Zimmerpflanzen, deren regelmäßige Bewässerung oft Bettina oblag.[131] Sie erinnert sich auch noch gut an den rötlichen Teppichboden in ihrem Büro, der mit seinen großen Mustern in den Farben Cognac und Senfgelb ebenfalls noch aus den 70er Jahren stammte.

Papier, Papier, Papier! Ihre Bürotätigkeit als Sekretärin bestand damals vor allem in der Schriftgutverwaltung, also darin, in der Flut an Papier und Schriftstücken den Überblick zu behalten, diese Unterlagen zu ordnen, aufzubewahren und jederzeit bereitzustellen. Daher legte sie jedes Schriftstück sorgfältig in die für die jeweiligen Geschäftsvorgänge vorgesehenen Aktenordner im DIN-A4-Format ab. Am liebsten waren ihr die dunkelgrau-marmorierten Ordner mit zwei Bügeln, der klassischen Hebelmechanik und dem Griffloch. Diese waren qualitativ hochwertig und derart stabil, dass sie nicht direkt umkippten, wenn sie sie mal etwas zu vollgepackt hatte.

Somit wirkten die zahlreichen Ordner, die Bettina allesamt in einem abschließbaren Aktenschrank aus Stahl hinter ihrem Schreibtisch aufbewahrte, einheitlich und übersichtlich; sie unterschieden sich lediglich durch die jeweilige Aufschrift auf den Etiketten auf den Ordnerrücken. Neben den Ordnern gab es im Schrank zudem vertikale Hängeregistraturen, die sie zusätzlich nutzte, um Schriftstücke abzulegen. Auf ihrem Schreibtisch besaß sie außerdem mehrere Formularfächer, um Unterlagen schnell ablegen zu können und diese gleichzeitig vorzusortieren. Auch Prospekthüllen und Schnellhefter nutzte sie. Täglich im Einsatz waren zudem ihr Locher und Tacker. An stressigen Tagen kam es unter Zeitdruck auch des Öfteren vor, dass sich Schriftstücke oder Protokolle auf ihrem Schreibtisch stapelten – doch spätestens zum Ende der Woche hatte sie das Chaos dank ihrer guten Registratur-Organisation beseitigt. Das war zwar mitunter mühselig, gab ihr aber immer ein gutes Gefühl, wenn sie alles thematisch und penibel nach Geschäftsvorgang geordnet und ihren Arbeitsplatz aufgeräumt hatte.[132] Erst dann konnte sie entspannt ins Wochenende starten!

Neben der Büroordnung und -organisation oblag ihr als Sekretärin in erster Linie das Erstellen von Geschäftsbriefen, Protokollen und allgemeiner Geschäftskorrespondenz, die sie zu dieser Zeit noch auf einer elektrischen Schreibmaschine des Büroartikelherstellers Brother, genau genommen einer weißen *Brother Electronic 8300* mit schwarzer Tastatur, anfertigte.[133]

Tacker und historische Locher der Marke Soennecken, 1986

Es dauerte eine gewisse Zeit und erforderte etwas Übung, bis sie das Zehn-Finger-System, ohne auf die Tasten der Schreibmaschine zu sehen, beherrschte. In ihren besten Zeiten als Sekretärin schaffte Bettina rund 300 Anschläge pro Minute; heute auf der Tastatur ihres Laptops und nach jahrelanger Routine sind es wahrscheinlich mehr. Damals benötigte man aber noch mehr Kraft, Ausdauer und Konzentration, da die Tastaturen wesentlich schwerfälliger waren und man Schreibfehler nicht ohne Weiteres korrigieren konnte – entweder das Papier musste komplett neu geschrieben werden oder es kam weißes Korrektur-Fluid der Marke Soennecken zum Einsatz.

Rechnungen besaßen damals noch Durchschlagpapier, sodass man sofort eine Kopie davon hatte. In ihrer Rolle als Sekretärin war sie also gleichzeitig auch Stenotypistin und verschriftlichte fast täglich wichtige Geschäftskorrespondenz, die ihr Chef ihr ent-

In den Büros der 80er Jahre waren elektrische Schreibmaschinen im Einsatz

weder diktierte oder zuvor auf seinem Diktiergerät eingesprochen hatte. So wurde sie beispielweise von ihm auch zum Diktat gerufen, wenn er sich auf wichtige Präsentationen vorbereitete und Notizen hierfür benötigte. Protokolle wichtiger Besprechungen schrieb sie entweder handschriftlich mit einem Kugelschreiber der Marke Soennecken mit oder direkt auf der Schreibmaschine. Sie musste zudem auch jederzeit dafür Sorge tragen, dass sowohl neue Farbbänder für die Schreibmaschine als auch genügend Ersatzbatterien und Kassetten für das Diktiergerät vorrätig waren.

Stempelkissen

Damals erhielten Geschäftspapiere nicht nur eine handschriftliche Unterschrift der Vorgesetzten, sondern oft auch einen Stempel des Unternehmens; bezahlte Rechnungen wurden ebenfalls mit einem Stempel, der das entsprechende Datum zeigte, versehen. Daher besaß Bettina einen vollen

Auswahl aus dem Produktsortiment der Marke Soennecken, 1985

Stempelträger mit diversen Stempeln sowie mehrere Stempelkissen. Was für den Versand von Geschäftskorrespondenz auch nicht fehlen durfte, war ein Anfeuchter für Briefmarken und Briefumschläge – obligatorisch rund, mit grüner Außenhülle und orangefarbenen Schwammkissen. Auf ihrem Schreibtisch stand zudem ein Tischkalender, in dem sie ihre Termine eintrug, und ein klassischer Holz-Karteikasten mit Messingrahmen für die Beschriftung und Holzgriff. Hierin befanden sich alle Adressen und Telefonnummern der Kunden und Geschäftspartner, die sie penibel auf einzelne Karteikarten schrieb und alpha-

betisch im Kasten ordnete. Denn eine der wesentlichsten Aufgaben in ihrer Bürotätigkeit bestand im Telefonieren: Ein grünes, schnurgebundenes Telefon mit Wählscheibe blieb lange ihr wichtigstes Kommunikationsmittel. Eine ihrer Lieblingsbeschäftigungen war es, während des Telefonats das Spiralkabel des Telefons um ihre Finger zu wickeln.
Unterdessen hielten ab Mitte der 80er Jahre die ersten Personal Computer (PC), damals hierzulande auch unter dem Begriff Mikrocomputer bekannt, Einzug in die Bürowelt. Rückblickend läutete diese Veränderung einen tiefgreifenden Strukturwandel ein und markierte den Anfang einer rasanten digitalen Entwicklung der Arbeitswelt, die bis heute auch als „digitale Evolution"[134] bezeichnet werden kann.
Einige von Bettinas Kolleginnen und Kollegen begegneten der Computernutzung im Büro und der neuen Technologie anfangs mit Skepsis: Einerseits fiel ihnen die Umstellung von der Schreibmaschine auf den Computer schwer und sie fühlten sich überlastet und von der neuen Technik überfordert.[135] Andererseits gab es Bedenken, dass mit der steigenden Anzahl an Geräten auch Rationalisierungsmaßnahmen einhergehen und Arbeitsplätze wegfallen würden. Zudem kam auch die Frage auf, ob die neue Technik wohl als eine Art Überwachung der Arbeitstätigkeit diene.[136]
Bevor Bettina als Sekretärin ihren ersten Computer erhielt, arbeitete sie Anfang der 90er Jahre zwischenzeitlich noch auf einer *brother LW-35*, einer Schreibmaschine der sogenannten LW-Reihe von Brother, die neben einem kleinen Display und einem Korrekturband bereits mit einem Diskettenlaufwerk ausgestattet war, sodass sie damit Texte extern auf einer Diskette speichern und auf einem Drucker ausdrucken konnte. Seit Ende der 80er Jahre waren Schreibmaschinen mit Display wahre Statussymbole. Und was war das für ein

Disketten der Marke Soennecken, 1985

Quantensprung: Nun benötigte sie keine Korrekturflüssigkeit mehr, um grobe Fehler in Schriftstücken nachträglich zu korrigieren, sondern konnte Korrekturen direkt am Bildschirm vornehmen und das Dokument im Nachgang ausdrucken. Auch besaß sie zu dieser Zeit auf ihrem Schreibtisch einen Tischrechner mit Papierrolle, mit dem sie damals nicht nur Summen addieren und diese direkt ausdrucken, sondern auch Preise in D-Mark in eine andere Währung umrechnen konnte, was in den Jahren bis zur Einführung des Euro äußerst praktisch war.[137]

Während traditionelle Büromaschinen wie Schreibmaschinen im Zuge der „elektronischen Revolution“[150] in ihrem Büro allmählich verschwanden, besaßen zur Mitte der 90er Jahre mehr als die Hälfte ihrer Kolleginnen und Kollegen im Büro einen Bildschirm oder PC – Ende der 90er Jahre dann jeder Arbeitsplatz.[151]

Die ersten Computer hatten im Vergleich zu heute jedoch zunächst noch große, kastenförmige Röhrenbildschirme mit schlechter und stark verpixelter Bildauflösung und -qualität. Doch abgesehen davon wurde der Büroalltag mit Einzug der Computer und standardisierter Programme in ihrer Firma zunehmend leichter: Von nun an konnten viele Tätigkeiten, wie Schreiben, Rechnen, Kalkulieren, Verwalten und die Bearbeitung von Dokumenten, die zuvor manuell erledigt wurden, digital und mit nur einem Gerät durchgeführt werden. Computer kamen bei Bettinas Arbeitgeber beispielsweise beim Schreiben von Geschäftsbriefen, in der Buchhaltung, im Anlegen von Kundenkarteien oder in der Lagerverwaltung zum Einsatz. Oft nahm sie in dieser

Der Einzug des Personal Computer (PC) in die Bürowelt

1941 entwickelte der deutsche Ingenieur und Unternehmer Konrad Zuse (1910–1995) mit dem Z3 einen der weltweit ersten funktionsfähigen Computer. Während die weitere Entwicklung der Computertechnik seit den 40er Jahren maßgeblich von den USA geprägt wurde, nahm die Nutzung von Computern auch in der Bundesrepublik gegen Ende der 50er Jahre sukzessive zu. Hier kamen in großen Versicherungen, Banken, Versandhäusern, Universitäten und Industrieunternehmen sogenannte Großrechner zum Einsatz, die individuell programmiert und an die Kundenbedürfnisse angepasst werden mussten und ausgesprochen kostspielig waren. Solche Großrechner stammten größtenteils von der 1911 gegründeten US-Firma International Business Maschines Corporation (IBM), aber auch

IBM 5150 Personal Computer, 1981

deutsche Computerhersteller wie etwa die Zuse KG, die Nixdorf Computer AG (beide später Siemens) und Telefunken profitierten von westdeutschen Großkunden.[138]

In den späten 70er Jahren – dem „Jahrzehnt des Mikrochips“[139] – erlebten Computer dann einen weiteren technischen Entwicklungsschub und ebneten den Weg hin zur Automatisierung der Arbeitswelt.[140] So wurden in einigen Firmen etwa Kalkulationen und Lohn- und Betriebsabrechnungen bereits an Rechnern

Zeit an Seminaren und Schulungen rund um den Computer teil; auch an die Handhabung der Computermaus samt Mauspad musste sie sich erst gewöhnen. 1995 brachte Microsoft unterdessen das neue Standardprogramm Windows 95 auf den Markt, was die Arbeitsweise am PC in den Folgejahren nochmals wesentlich vereinfachen sollte.[152]

Neben der Textverarbeitung erleichterten Computer auch die elektronische Archivierung per EDV, denn PCs und auch die dafür vorgesehenen digitalen Speichermedien wie Disketten, CD-ROMs und USB-Sticks übernahmen zusehends das Registrieren, Ordnen und Speichern. Seit den 80er Jahren bis in die frühen 2000er Jahre hinein galten Disketten als beliebtes externes Speichermedium, das eine hohe Speicherkapazität aufwies. Während als Datenträger bald der USB-Stick an die Stelle der Diskette trat, wurde zeitgleich auch die CD-ROM zusehends als Computerzubehör im Büro genutzt.[153] So nutzten Bettina und ihre Kolleginnen und Kollegen im Büro Anfang der 2000er Jahre überwiegend CDs mit Premium-Qualität der Marke Soennecken.[154]

Zur Archivierung großer Datenmengen war in ihrem Büro seit den 60er Jahren bis etwa Ende der 90er Jahre häufig auch Mikrofiche, auch als Mikrofilm bekannt, genutzt worden. Auf diesen kleinen Speicherkarten konnten Kopien wichtiger Dokumente – wie Rechnungen oder Aufträge – in verkleinerter Form als Filmmaterial gespeichert werden, um Platz zu sparen. Die gespeicherten Dokumente konnte man dann mit einem Mikrofilmscanner vergrößern und wieder lesbar machen.[155]

Rund zehn Jahre nach Bettinas Eintritt in die Berufswelt wurde indessen ihre gesamte Büroetage umfassend renoviert. Zuvor hatte es vermehrt Kritik am Großraumbüro gegeben, da sich viele Kolleginnen und Kollegen hinter den Stellwänden zunehmend isoliert und eingeengt fühlten und

mit Bildschirmen angefertigt; oft teilten sich Angestellte damals sogenannte Terminal-Arbeitsplätze, also Computerterminals, an denen Bildschirme und Tastaturen standen.[141]

Die flächendeckende Verbreitung von Computern in Büros und auch für den Privatgebrauch begann dann mit der Verkleinerung der Mikrochips und der damit einhergehenden Miniaturisierung der Computertechnologie, die in der Einführung der deutlich preiswerteren PCs resultierte: Bereits 1977 kamen die ersten PCs mit Tastatur, Monitor und Software auf den Markt, etwa von US-Firmen wie Apple

1995 brachte Microsoft das Programm Windows 95 auf den Markt

und Commodore. Am 12. August 1981 stellte schließlich IBM in den USA das Modell 5150 vor, einen Personal Computer, der mit einem Betriebssystem von Microsoft ausgestattet war, das sich als Standardprogramm durchsetzen sollte.[142]

In kürzester Zeit fand der PC viele Nachahmer: Das Angebot an Mikrocomputern zahlreicher Hersteller nahm rasant zu und führte durch die ständige Verbesserung der EDV-Hardware sowie der Standardisierung der Software zu sinkenden Preisen.

Allein in der Bundesrepublik boten 1983 bereits etwa 200 unterschiedliche Hersteller PCs für den kommerziellen Bereich, d. h. für die professionelle Ausstattung von Büros und Betrieben, an.[143] Die Preise für Computer mit Druckern und Diskettenstation rangierten zwischen 5.000 und 20.000 D-Mark.[144]

Einen noch größeren Boom und damit einhergehende wesentlich stärker fallende Preise

die engen Kabinen mitunter auch den Austausch untereinander beeinträchtigten.[156] Nach der Renovierung entstand ein modernes Kombibüro, dessen durchdachtes Bürokonzept – ursprünglich Ende der 70er Jahre in Skandinavien entwickelt – von einem Fachhandelsgeschäft für Büromöbel stammte, das wiederum Mitglied der Soennecken eG war.[157] Einerseits wurden nun deutlich mehr Einzelbüros für maximal zwei bis vier Mitarbeiterinnen und Mitarbeiter mit Tageslicht und Glaswänden eingebaut. Diese garantierten mehr Privatheit und konzentriertes Arbeiten und waren funktional ausgestattet. Andererseits entstanden nach innen liegende, offene Gemeinschaftszonen mit vereinzelten Arbeits- und Besprechungsbereichen und genügend Platz für neue Bürotechnik, wie beispielsweise ein Kopiergerät und das erste Telefaxgerät, die Bettina zu dieser Zeit mit mehreren Kolleginnen und Kollegen gemeinsam nutzte. So kam es des Öfteren vor, dass es sich vor dem Telefaxgerät staute und sie sich in einer Schlange anstellen musste, bis sie dran war. Die Wartezeit war für sie aber immer eine gute Gelegenheit, um ihre Kolleginnen und Kollegen zu treffen und den neuesten Klatsch und Tratsch auszutauschen.

Die Kabel verschwanden nach der Renovierung hinter abgehängten Decken und Doppelböden; der alte Teppichboden mit den großen Mustern aus den 70er Jahren wurde gegen einen grauen, unifarbenen Teppich ausgetauscht.[158] Und in den neuen, großen Besprechungsraum zog ein Overhead-Projektor ein, mit dem man Schriftstücke und Grafiken für Präsentationen an die Wand projizieren konnte.[159] Zudem bekam ihre Abteilung auch eine neue Teeküche, in der früher vor allem Bettina für die tägliche Zubereitung des Filterkaffees zuständig war, später die Praktikantinnen und Praktikanten. Die Teeküche war sicherlich kein Vergleich zur heutigen Lounge mit Kaffee-

gab es auf dem Markt für die damals sogenannten Heimcomputer, d. h. PCs mit geringerem Leistungsvermögen für Normalverbraucher, die sich nun erschwingliche Geräte für den privaten Gebrauch leisten konnten.[145] Vor Weihnachten 1983 gab es einen regelrechten Ansturm auf Heimcomputer; vor allem bei Kindern und Jugendlichen stand ein Computer „als neuestes Spielzeug der Elektronikindustrie“[146] auf der Wunschliste ganz oben.[147] Das SPIEGEL-Magazin sah die privaten Nutzungsmöglichkeiten für Heimcomputer als Ersatzmittel für Papier und Stift damals aber skeptisch: „Fast alles, was die Industrie dem Amateur bislang als Gebrauchsmuster für die Heimcomputer empfiehlt, entpuppt sich bei genauem Hinsehen als Spielerei. Es mag ja Spaß machen, ein Haushaltsbuch mittels Heimcomputer zu führen oder die Übersicht über die Lagerzeiten der Tiefkühltruhe mit dem elektronischen Speichergerät zu bewahren. Doch derlei läßt sich mit Papier und Bleistift genausogut, wenn nicht besser, bewältigen.“[148] Auch die Fehleinschätzung von IBM zur weiteren Entwicklung der PCs für den professionellen Einsatz in Büros und Unternehmen aus dem Jahr 1978 klingt aus heutiger Sicht fast amüsant: „It isn’t a product for big companies that use ‚real‘ computers.“[149]

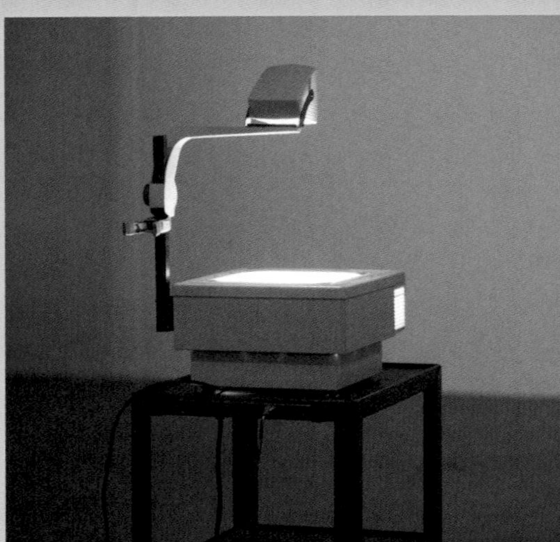

Overhead-Projektor

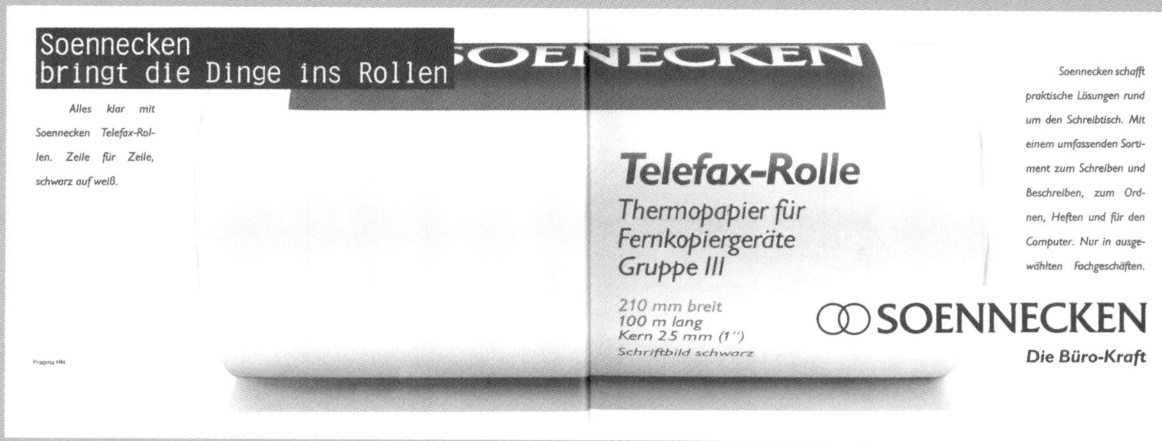

Telefax-Rolle der Marke Soennecken, 1988

automaten – vom Kaffee ganz zu schweigen!

Im Zuge der Renovierung erhielt Bettinas Abteilung auch neue Sitzmöbel für eine gesündere Sitzhaltung, die an die jeweilige Körpergröße und Bedürfnisse jederzeit angepasst werden konnten.[160] Hierfür standen ihr und ihren Kolleginnen und Kollegen zudem auch Fußstützen zur Auswahl.[161] Und um auch hohe Regale mühelos erreichen zu können, schafften sie sich im Büro außerdem einen grauen Rollhocker an, einen typischen „Elefantenfuß“, der tatsächlich bis heute noch in ihrem Büro steht.[162]

Internet, E-Mail und Smartphone erobern die Bürowelt – vom Bildschirmarbeitsplatz zum Homeoffice

Zeitgleich erlebte die Bürowelt ab Mitte der 90er Jahre einen weiteren tiefgreifenden Wandel, denn der „Internet-Boom“[163] und die zunehmende Digitalisierung hielten Einzug in Bettinas Firma. Die technischen Innovationen revolutionierten die Arbeitsprozesse und veränderten die Bürokommunikation und Arbeitswelt, die zusehends digitaler wurde, grundlegend: **Bis 1990 entwickelte eine Forschergruppe der Europäischen Organisation für Kernforschung (CERN) um den britischen Informatiker Tim Berners-Lee (*1955) das World**

Ergonomische Büromöbel für die Arbeit an Bildschirmgeräten

Die zunehmende Arbeit an Computerbildschirmen ging schließlich auch mit einem wachsenden Bewusstsein für die langfristige körperliche Gesundheit der Büroangestellten einher und rückte den Bedarf an ergonomischen Büromöbeln zur Förderung des Wohlbefindens zusehends in den Mittelpunkt. Ausschlaggebend dafür waren innerhalb der Arbeitsschutzgesetzgebung ab den 90er Jahren mitunter geltende EG-Richtlinien – darunter beispielsweise die EG-Richtlinie zu „Mindestvorschriften bezüglich der Sicherheit und des Gesundheitsschutzes bei der Arbeit an Bildschirmgeräten".[165] Die Vorschriften beinhalteten unter anderem die Bestimmung, dass Bürostühle höhenverstellbar sein und sich nach vorne und hinten neigen lassen mussten.
Dies zielte vor allem auf die Gesundheit und Entlastung des Rückens durch ergonomische Bürostühle ab.

Wide Web, das ab 1993 auch kommerziell zugänglich war, massentauglich wurde und sich als Kommunikationsmedium in Unternehmen rasant verbreitete. Während noch im selben Jahr Amazon und Ebay als erste E-Commerce-Firmen in den USA gegründet wurden, folgte wenig später die Einführung der ersten kostenlosen E-Mail-Dienste. Die E-Mail wurde zunehmend zur täglich genutzten Kommunikationsform, womit Nachrichten – statt auf dem Postweg – innerhalb weniger Sekunden beim Empfänger ankamen.[164] Bettina und ihre Bürokolleginnen und -kollegen erhielten recht schnell eine eigene E-Mail-Adresse mit der geschäftlichen E-Mail-Domain ihrer Firma, was den Austausch von Nachrichten sowohl intern als auch extern wesentlich erleichterte und Zeit sparte. Bettina wollte es anfangs gar nicht wahrhaben, wie schnell Nachrichten übermittelt wurden. Unfassbar, wie schnell das ging!
Aber auch der Umgang mit dem E-Mail-Verteiler und der „CC-Kultur" musste erst gelernt werden: Das war schon ziemlich unangenehm, wenn man vergessen hatte, einen Kollegen in CC zu setzen – heute wünscht sie sich manchmal insgeheim, weniger in CC gesetzt zu werden. Auch empfindet sie es rückblickend als wahren Luxus, dass sie damals, nachdem sie einen Brief per Post verschickt hatte, erst nach fünf bis sechs Tagen mit einer Antwort rechnen und der Vorgang in der Zeit ruhen konnte; beim Versand eines Fax waren es immerhin ein bis zwei Tage. Auch privat richtete sie sich damals schon bald eine eigene E-Mail-Adresse ein, mit einer Domain des damals größten Internetdienstanbieters AOL (ehemals America Online). Sie erinnert sich noch gut an den ikonischen Ton von AOL, sobald sie eine E-Mail erhalten hatte: **„Sie haben Post."**[166] In ihrer Entscheidung für eine private E-Mail-Adresse wurde sie nicht zuletzt auch durch den Kinofilm *e-m@il für dich* mit Meg Ryan und Tom Hanks bestärkt.

Seit ihrer Einführung Mitte der 90er Jahre wurde die E-Mail zunehmend für die tägliche Kommunikation im Büro genutzt

Die Suchmaschine Google wurde 1998 gegründet

Der kam Ende der 90er Jahre ins Kino und zählt bis heute zu ihren Lieblingsfilmen.[167] Neben der E-Mail blieb aber das Faxgerät in der Bürowelt der 90er noch das vorherrschende Medium für den schnellen Dokumentenaustausch in der Bürokommunikation. Unterdessen wurde 1998 die Suchmaschine Google gegründet, womit das Internet nicht nur im Geschäftsleben, sondern auch im alltäglichen Leben sehr bald unverzichtbar werden sollte.[168]

Im Zuge dieser digitalen Entwicklung hätte man annehmen müssen, dass der allgemeine Bedarf an Papier im Büro kontinuierlich abnehmen würde. In der Tat hatten Experten bereits seit Mitte der 70er Jahre eine Zukunft des *papierlosen Büros* für die 90er Jahre prophezeit, darunter George E. Pake, damaliger Leiter eines neuen Forschungszentrums im kalifornischen Palo Alto, wo bis heute viele Unternehmen der US-Computerindustrie angesiedelt sind.[169]

In einem 1975 erschienenen Artikel in der „Business Week“ mit dem Titel *The Office of The Future* sagte Pake voraus, dass in 20 Jahren ein Bildschirmterminal mit einer Tastatur auf seinem Schreibtisch stehen würde – und führte weiter aus:

„I'll be able to call up documents from my files on the screen, or by pressing a button, [...] I can get my mail or any messages. I don't know how much hard copy I'll want in this world. It will change our daily life, and this could be kind of scary.“[170]

Abgesehen von der digitalen Technik traten die Vorhersagen eines papierlosen Büros jedoch vorerst nicht ein, im Gegenteil: Denn obwohl es zunehmend mehr digitale Speichermedien gab, produzierte Bettinas Abteilung mit ihrer Bürotechnik, d. h. mit

Die Jahrtausendwende und die Dotcom-Blase

Infolge der zunehmenden Verbreitung von Computern und des Internet-Booms grassierte vor dem Jahreswechsel 1999/2000 weltweit die Befürchtung, dass zum 1. Januar 2000 sämtliche Computersysteme abstürzen und Festplatten gelöscht werden könnten. Niemand konnte vorhersehen, was passieren würde. In vielen Büroabteilungen wurde daher im Vorfeld in neue PC-Softwaresysteme investiert, um für die Umstellung auf das neue Jahrtausend gewappnet zu sein. Doch letztlich war die Panik völlig unbegründet, denn der flächendeckende Systemausfall blieb aus.[176]

Auch das Platzen der sogenannten Dotcom-Blase an den Börsen, an denen Anleger vor allem Internetfirmen der New Economy – abgekoppelt von den Firmengewinnen – völlig überbewertet hatten und deren Kurse kurz nach der Jahrtausendwende rapide einbrachen, sollte den Trend zur Digitalisierung nicht mehr aufhalten. Mit den Erwartungen an die New Economy des bevorstehenden 21. Jahrhunderts waren zuvor zahlreiche Gründungen von Tech-Startups einhergegangen, denen enorme zukünftige Gewinne vorhergesagt worden waren.[177]

Kopier- und Telefaxgeräten sowie Druckern, deutlich mehr Schriftstücke und Hardcopies, als sie letztlich einsparte. Dementsprechend stieg der Bedarf an Büropapier, wie etwa Faxrollen, Drucker- und Kopierpapier sowie EDV-Papier, kontinuierlich an.[171] Immerhin gab es ab Anfang der 90er Jahre in ihrem Büro eine stetig steigende Auswahl an chlorfrei gebleichtem Papier und sogar schon Recyclingpapier.[172] Ab Mitte der 90er Jahre zogen dann die ersten Tintenstrahldrucker ins Büro ein, sodass nun auch der Bedarf an Hardcopy-Produkten wie Druckerpatronen anstieg.[173] Anfang der 2000er Jahre erhielt Bettinas Firma die ersten Laserdrucker, digital vernetzbare Kopierer und Multifunktionsgeräte, die Drucker, Faxgerät, Scanner und Kopierer in einem Gerät vereinten.[174] Erst rund 15 Jahre später, Mitte der 2010er Jahre, verschwanden die letzten Faxgeräte aus ihrem Büro. Wichtiger Mailverkehr wurde bis dahin auch noch auf Papier ausgedruckt und in Aktenordnern abgelegt; Rechnungen werden für die Buchhaltung allerdings bis heute noch ausgedruckt und abgeheftet – völlig papierlos ist Bettinas Büro also bis heute nicht. Ebenfalls blieb der Versand wichtiger Geschäftsbriefe, Dokumente und Rechnungen in Briefumschlägen per Post noch lange bestehen; bis heute werden gelegentlich noch vertrauliche Dokumente an Kunden und Geschäftspartner ihrer Firma per Post verschickt.[175] Insgesamt gehörten daher das Ordnen der täglichen Papierflut und die Ablage wichtiger Dokumente und Ausdrucke noch lange Zeit zu Bettinas Hauptaufgaben.

Auch weiterhin fester Bestandteil ihres Büroalltags blieb währenddessen das Telefon mit Festnetzanschluss. Ihr grünes Schnurtelefon mit Wählscheibe wurde Anfang der 90er Jahre durch ein schnurgebundenes Tastentelefon in Weiß ausgetauscht.[178] In dieser Zeit – in den ersten Jahren nach der Wiedervereinigung Deutschlands – waren

Telefonate in die neuen Bundesländer im Osten Deutschlands nur mit Voranmeldung möglich. Das lag auch daran, dass das gesamte Telekommunikationsnetz in Ostdeutschland erst noch ausgebaut und neue Telefonanschlüsse verlegt werden mussten.[179] Das war eine aufregende Zeit! Die Vermittlung der Telefonate dauerte unterschiedlich lang, manchmal musste Bettina deshalb länger warten, bis sie verbunden wurde. Und dann kamen alle angemeldeten Gespräche hintereinander weg. Da war Geduld gefragt!

Ebenfalls Einzug in die Geschäftswelt hielten zudem die ersten Mobiltelefone, auch wenn diese angesichts der hohen Anschaffungspreise und Gesprächsgebühren als Statussymbole zunächst nur den Geschäftsführern und einigen Vorgesetzten aus dem Außendienst vorbehalten blieben.

Zwischenzeitlich galt etwa ein *Blackberry* in den 2000er Jahren als das Statussymbol im Büro schlechthin.[180] Auch Bettinas damaliger Chef besaß so ein Mobiltelefon mit einer Tastatur in Miniaturform, mit dem er erstmals unterwegs E-Mails abrufen und schreiben konnte. So erhielt sie nun auch E-Mails von ihm zu nahezu jeder Tages- und Nachtzeit, wenn ihm beispielsweise auf seinen Geschäftsreisen noch etwas Wichtiges einfiel oder er in Meetings saß.

Die weitere digitale Entwicklung von Mobiltelefonen gipfelte schließlich in der Markteinführung des *iPhone*, des ersten Smartphones mit Touchscreen-Display, das Apple-Gründer Steve Jobs (1955–2011) in seiner legendären Keynote 2007 mit den Worten „Today, Apple is going to reinvent the phone“[184] anpries. Jobs behielt recht, denn das darauffolgende Jahrzehnt war von einer rasanten Weiterentwicklung der mobilen Kommunikation und wachsenden Vernetzung mobiler Endgeräte wie Smartphones und Tablets geprägt. Heute sind Smartphones aus unserem Alltag kaum

Die ersten Mobiltelefone hielten Einzug in die Geschäftswelt

Der Startschuss für die ersten Mobiltelefone in Deutschland

Mit der Privatisierung der ehemaligen Deutschen Bundespost 1989 und der damit einhergehenden Auflösung des Monopols für Telekommunikationsendgeräte fiel in Deutschland der Startschuss für die Verbreitung der mobilen Kommunikation: Es folgte die Einführung des bis heute weltweit etablierten Standards GSM (ehemals Groupe Spéciale Mobile, heute: Global System for Mobile Communications), der als Grundlage für die ersten digitalen Mobilfunknetze D1-Netz (Telekom) und D2-Netz (ehemals: Mannesmann, heute: Vodafone) diente.[181] Eines der ersten in Deutschland erhältlichen und GSM-fähigen Handys war das Motorola International 3200, das 1992 fast 600 Gramm wog und auch aufgrund seiner Größe als „der Knochen“[182] bekannt wurde. Ende der 90er Jahre wurde es mithilfe des damals neuen UMTS-Standards möglich, mit Handys gleichzeitig zu telefonieren und im Internet zu surfen. Im folgenden Jahrzehnt und infolge der weiteren technologischen Entwicklung von Chipkarten und der damit einhergehenden Verkleinerung der SIM-Karten wurden Mobiltelefone dann kontinuierlich kleiner, leichter und leistungsfähiger.[183]

Das erste Apple iPhone kam 2007 auf den Markt und veränderte die mobile Kommunikation grundlegend

noch wegzudenken und zu digitalen Schaltzentralen geworden.[185] So hat sich das Handy vom Statussymbol zum Arbeitsmittel entwickelt: Schon seit Mitte der 2010er Jahre nutzt Bettina nun ein Smartphone als Diensthandy, was es ihr ermöglicht, völlig unabhängig vom Standort ihres Arbeitsplatzes jederzeit online zu sein und ihr Geschäftsleben komplett von unterwegs aus zu managen – sie kann damit mittlerweile nicht nur E-Mails und ihren Terminkalender abrufen, sondern auch PDF-Dokumente versenden, Geschäftsreisen buchen und an Videokonferenzen teilnehmen. Die ständige Erreichbarkeit ist zwar unabdingbar und wichtig, aber es wurden auch früh klare Regeln für den Feierabend und Urlaub getroffen.

Mit der zunehmenden Vernetzung und Verbreitung des Internets, des E-Mail-Verkehrs sowie der Mobilkommunikation zeichnete sich seit Ende der 90er Jahre und zu Anfang des neuen Jahrtausends unterdessen ein Wandel hin zu flexiblerer und ortsungebundener Arbeit ab:[186] Bereits gegen Ende der 90er Jahre wurde in Bettinas Unternehmen erstmals über Möglichkeiten der damals sogenannten *Telearbeit*, Vorreiter des heutigen Homeoffice, nachgedacht.

Zunächst nutzten nur wenige Kollegen, überwiegend Programmierer und IT-Fachkräfte, die Möglichkeit der Telearbeit. Mit dem stetig steigenden Einzug von geschäftlich genutzten Notebooks zu Anfang der 2000er Jahre entstand dann zunehmend ein breiteres Interesse am Homeoffice und auch an mobilen Büros, die aber überwiegend den Vertriebsmitarbeiterinnen und Vertriebsmitarbeitern im Außendienst ihrer Firma vorbehalten sein sollten.[187]

Obwohl die Gestaltung des Arbeitsumfelds zunehmend mehr Flexibilität zuließ und Bettina und ihre Kolleginnen und Kollegen die Möglichkeiten von Homeoffice und des mobilen Arbeitens gelegentlich nutzten, blieb das traditionelle Verständnis

von Büroarbeit in Präsenz für die meisten in ihrem Unternehmen auch in den 2000er und 2010er Jahren zunächst weiterhin bestehen. So standen vor allem Teamarbeit und der Austausch mit den Kolleginnen und Kollegen im Büro im Fokus: Nach einer Renovierung ihres Kombibüros gegen Ende der 2000er Jahre erhielt die Abteilung ihre ersten funktional gestalteten Besprechungsräume, in denen Meetings abgehalten wurden – Präsentationsutensilien wie Flipcharts, Whiteboards und passende Marker in unterschiedlichen Farben sowie Moderationskarten wurden zu täglichen Begleitern. Für den informellen Austausch untereinander, der mit einer wachsenden Verknüpfung des Arbeits- und Privatlebens einherging, nutzte Bettina seit den 2010er Jahren zunehmend das *Web 2.0* im Unternehmen: So gründete eine Kollegin von ihr 2011 eine Facebook-Gruppe, der auch abteilungsübergreifend unzählige Mitarbeiterinnen und Mitarbeiter beitraten.[188]
Im Hinblick auf den Umgang mit Social-Media-Kanälen wie Facebook gab es einige Diskussionen, da die Kanäle nicht für private Zwecke genutzt werden sollten. Zeitgleich erhielt Bettinas Firma auch ein erstes Intranet und wenig später fand sie zunehmend mehr Kolleginnen und Kollegen auf den Social-Media-Kanälen Xing und LinkedIn, wo sie sich miteinander vernetzten. Nicht zuletzt trug der informelle Austausch in den Social-Media-Kanälen dazu bei, dass sie sich auch abteilungsübergreifend öfter das Du anboten. Mittlerweile bezeichnete sich Bettina auch nicht mehr als klassische Sekretärin, sondern gab bei ihrer Berufsbezeichnung Office Managerin an. Auch der strenge Dresscode in ihrem Büro veränderte sich zusehends hin zu deutlich informellerer und legerer Kleidung wie etwa *Business Casual* – was nicht zuletzt auch den bis heute anhaltenden Trend widerspiegelte, Arbeits- und Privatleben in Einklang zu bringen. Während Bettina

Die Anfänge der Telearbeit als Vorreiter des heutigen Homeoffice

Gründe für eine Einführung der Telearbeit im Heimbüro, also ein eingerichteter Bildschirmarbeitsplatz in den heimischen vier Wänden mit digitaler ISDN-Anbindung oder per Datenübertragung über ein Modem, waren eine flexiblere Arbeitszeitgestaltung sowie geringere Reaktionszeit auf Kundenanfragen.[189] Erste Praxisbeispiele lieferten zur Mitte der 90er Jahre etwa Unternehmen aus der Telekommunikationsbranche wie die Deutsche Telekom oder IBM.[190] In ersten Pilotprojekten hatte Siemens Telearbeit sogar schon in den 80er Jahren getestet.[191] Während es in Großbritannien 1999 schon rund 15 Prozent Telearbeitsplätze gab, hinkte Deutschland auch im Vergleich zum EU-Durchschnitt mit 2,5 Prozent noch hinterher.[192]
Telearbeiterinnen und Telearbeiter konnten sich ihre Zeit generell selbst und flexibel einteilen, sodass die Erfüllung der Arbeitsaufgabe im Vordergrund stand.
Das Equipment wie Computer-Hard- und Software wurde ihnen von der Firma zur Verfügung gestellt, während die Einrichtung der Arbeitsbereiche im Homeoffice ihnen selbst überlassen war.[193] Für sogenannte „Wohnbüroprogramme“[194] gab es bald deutlich mehr Angebote im Fachhandel.
Erst 2016 wurde Telearbeit in Deutschland gesetzlich geregelt[195] – mobiles Arbeiten im Homeoffice war aber bis Anfang der 2020er Jahre in vielen deutschen Unternehmen „eher Teil organisationaler Vorteilsprogramme des flexiblen Arbeitens und zur punktuellen Nutzung gedacht“.[196]

früher wohl niemals mit Turnschuhen ins Büro gegangen wäre, sieht das heute ganz anders aus!

Homeoffice und die digitale Arbeitswelt lösen das klassische Büro ab

Eine radikale Veränderung der Bürowelt und der rasante Wandel hin zu einer *hybriden Arbeitswelt* setzten schließlich im Zuge der weltweiten Covid-19-Pandemie ab März 2020 ein, die die Digitalisierung des Arbeits- und Privatlebens weiter beschleunigen sollte: Während der bundesweiten Lockdowns und Kontaktbeschränkungen wurden das Arbeiten im Homeoffice und der Austausch per Videokonferenz schlagartig zur Normalität und gehören seitdem zu Bettinas Arbeitsalltag.[197] Das war verrückt, wie sie mit einem Mal nur noch von zu Hause arbeiten durfte und ihre Kolleginnen und Kollegen nur am Bildschirm sehen konnte! Einerseits bietet das Homeoffice eine flexible Arbeitszeitgestaltung, die mit dem heute vorherrschenden Wunsch nach einer ausgewogenen *Work-Life-Balance* einhergeht; insbesondere unter ihren jüngeren Kolleginnen und Kollegen, den sogenannten *Digital Nomads* der Generationen Y und Z, für die eine Vereinbarkeit von Arbeits- und Privatleben oberste Priorität hat. Andererseits empfindet sie ihre Arbeitstage als weniger stressig, da die oftmals langen Pendelzeiten zum Büro wegfallen. Auch arbeitet sie im Homeoffice häufig produktiver, vor allem wenn sie anspruchsvolle Aufgaben zu erledigen hat. Dennoch hat sich nach dem Abklingen der Covid-19-Pandemie unter nahezu allen ihrer Kolleginnen und Kollegen die Tendenz abgezeichnet, mindestens drei Arbeitstage in der Woche im Büro zu sein, worüber Bettina froh ist. Denn insbesondere die sozialen Aspekte, wie persönliche Gespräche und Kontakte, die informelle Netzwerkpflege und kreati-

WorkLab der Soennecken eG am Standort Overath

ve Zusammenarbeit im Team, gehören für sie zu den unerlässlichen Vorteilen des Büros.[198]

Dementsprechend wandelte sich die Rolle des Büros in der heutigen digitalen Arbeitswelt zu einem Ort der sozialen Interaktion, „des persönlichen Zusammenarbeitens an digital nur schwer umsetzbaren Aufgaben wie kreative Entwicklung und Teambuilding“[199] und einem lebendigen Treffpunkt, an dem die Unternehmenskultur erlebbar wird. Zudem ist im Rahmen des anhaltenden Trends *New Work* auch die Unternehmenskultur vieler Unternehmen tiefgreifenden Veränderungen ausgesetzt: New Work beschränkt sich nämlich nicht nur auf das Arbeiten im Homeoffice und die Einführung digitaler Technologien, sondern beinhaltet vielmehr auch den Wunsch von Mitarbeiterinnen und Mitarbeitern nach sinnstiftender Arbeit, flachen Hierarchien und Mitbestimmung bei Entscheidungen.[200]

Damit verändern sich dementsprechend auch die Anforderungen an die Büroeinrichtung, d. h. die Vernetzung und Gestaltung des Arbeitsplatzes im Hinblick auf

WorkLab der Soennecken eG am Standort Overath

WorkLab der Soennecken eG am Standort Overath

Ausstattung, Technik und Raumkonzepte – so sind Büros heute *Smart Offices*, die auf die Bedürfnisse der Mitarbeiterinnen und Mitarbeiter und deren Zufriedenheit ausgerichtet sind.[201]
Während das klassische Büro in Bettinas Firma gegen Ende der 2000er Jahre nochmals renoviert worden war und eine zeitgemäße Büroeinrichtung erhalten hatte, war es 2023 – nach rund 15 Jahren – nun endlich an der Zeit für ein neues, ganzheitliches Bürokonzept, das den modernen Ansprüchen an eine digitale Arbeitswelt gerecht wurde: Als Office Managerin und „rechte Hand" der Geschäftsführung begleitete sie das Projekt des neuen Bürokonzepts, das von einem Fachhändler für Büroeinrichtung und Mitglied der Soennecken eG geplant und umgesetzt wurde. Dabei mussten einige Vorgaben beachtet werden: Im Fokus der Gestaltung der Büroräume standen sowohl offene und helle Raumstrukturen, Nachhaltigkeitsaspekte und ergonomische Möbel als auch Wünsche nach einer freien Arbeitsplatzwahl, einem

Wechsel von Ablenkung und Konzentration in Form von Kommunikations- und Rückzugsräumen für die Mitarbeiterinnen und Mitarbeiter – und eben guter Kaffee und Yogamatten für das körperliche und mentale Wohlbefinden.
So hat sich die Arbeitswelt in den vergangenen Jahrzehnten vom klassischen Büro hin zu digitalen Bürowelten fortwährend gewandelt und wird sich auch weiterhin verändern. Ob im Büro, im Homeoffice oder auf Dienstreisen: Es sollte dabei immer im Fokus stehen, den Arbeitsalltag zu erleichtern oder **– wie der *Purpose* der Soennecken eG impliziert – *Arbeit lebenswerter zu machen.***[202]

ANMERKUNGEN

1 Soennecken-Archiv Kleist, B 90, [Rede von Geschäftsführer Gensing], „Pensionäre S'feld", 1967.
2 Soennecken-Archiv Kleist, B 96, Nr. 132, September 1967, Beiblatt 1, Zusammenarbeit Leitz-Soennecken.
3 Soennecken-Archiv Kleist, B 97, o.V., *Der Betrieb war unser zweites Zuhause*, in: Bonner General-Anzeiger, 14.2.1968.
4 Ebd., „Massenentlassung erfolgte nicht", Zuschrift von Hansgeorg Bätcher, in: Bonner General-Anzeiger, 27.2.1967.
5 Soennecken-Archiv Kleist, B 90; WA BW, B 192, V173.
6 Ebd., Protokoll Nr. 16 über die Beiratssitzung am Dienstag, 28. Januar 1969, in den Räumen der Firma F. Soennecken, Bonn, 6.2.1969, 1–2.
7 Ebd., Protokoll Nr. 18 über die Beiratssitzung am Donnerstag, 20. März 1969, in den Räumen der Firma F. Soennecken, Bonn, 28.3.1969, 23.
8 Ebd., Protokoll Nr. 19 über die Beiratssitzung am Mittwoch, 7. Mai 1969, in den Räumen der Firma F. Soennecken, Bonn, 9.5.1969, 2.
9 Ebd.
10 Ebd., Protokoll Nr. 20 über die Beiratssitzung am Freitag, 4. Juli 1969, in den Räumen der Firma F. Soennecken, Bonn, 14.7.1969, 1.
11 1967/86: 2,3 Mio. DM, 1968/69: 2,5 Mio. DM. WA BW, B 192, V174, Protokoll Nr. 22 über die Beiratssitzung am Dienstag, 30. September 1969, in den Räumen der Firma F. Soennecken, Bonn, 6.
12 WA BW, B 192, V173, Protokoll Nr. 20 über die Beiratssitzung am Freitag, 4. Juli 1969, in den Räumen der Firma F. Soennecken, Bonn, 14.7.1969, 1.
13 Ebd., V147, Argumentation für Soennecken-Austritt, 5.8.1971, 1.
14 Ebd., V146, Protokoll Nr. 6 über die Gesellschafterversammlung der Firma F. Soennecken, Bonn am Donnerstag, 25.6.1970, Beginn ca. 15.15 Uhr in einem Raum des Parkhotels des Poppelsdorfer Schlosses, 1–2.
15 Ebd., 3.; WA BW, B 192, V68, Aktenvermerk über die Sitzung der Geschäftsleitung am 15.7.70 16.00 Uhr in Frankfurt, Hotel Frankfurter Hof [und] Gesellschafterversammlung der Firma F. Soennecken am 16.7.70, 10.00 Uhr in Frankfurt, Bankhaus Bass & Herz, 20.7.1970.
16 Soennecken-Archiv Overath, Ordner 330, Zitat aus einem Bericht der Vereinigte Deutsche Treuhand-Gesellschaft über das Ergebnis einer Sonderprüfung gemäß den §§ 142 und 315 AktG bei der Elektrische Licht- und Kraftanlagen AG (Elikraft). In: Klage des Herrn Alfred Soennecken gegen 1. die gdb, 2. die Soennecken GmbH, 19.8.1985, 4.
17 WA BW, B 192, V147, Manfred Leitz an Graf Schaffgotsch, 9.11.1970.
18 Ebd., Hans Ulrich Graf Schaffgotsch an Manfred Leitz, 1.12.1970.
19 Ebd., V168, Soennecken und Schaffgotsch Berg, 27.6.1972, 3–5.
20 Ebd., V147, Vereinbarung zwischen Leitz und Forestone, 19.7.1972.
21 Soennecken-Archiv Overath, Ordner 330, Soennecken Chefbrief betr. Änderung der Gesellschafter-Verhältnisse der Firma F. Soennecken, September 1971.
22 WA BW, B 192, V147, Vereinbarung zwischen Soennecken und Leitz über Warenzeichennutzung, 10./17.8.1972.
23 Ebd., Anlage 1 zu: Vereinbarung zwischen Soennecken und Leitz über Warenzeichennutzung, 10./17.8.1972.
24 Soennecken-Archiv Overath, Ordner 330, Zitat aus einem Bericht der Vereinigte Deutsche Treuhand-Gesellschaft über das Ergebnis einer Sonderprüfung gemäß den §§ 142 und 315 AktG bei der Elektrische Licht- und Kraftanlagen AG (Elikraft). In: Klage des Herrn Alfred Soennecken gegen 1. die gdb, 2. die Soennecken GmbH, 19.8.1985, 5, 12–13.
25 Ebd., Rechtsanwälte Harmsen et al. an Rechtsanwälte Boden, Oppenhoff & Schneider, Betreff: Alf Soennecken gegen 1. die gdb 2. die Soennecken GmbH, 7.8.1985, 1. Medienberichten aus dem Jahr 1974 zufolge wurde die Firma Soennecken still liquidiert, wodurch der Schaffgotsch-Gruppe Verluste in Höhe von rund 15 Mio. D-Mark entstanden: o.V., *Die Reste kommen*, in: Der Spiegel 34 (1974), https://www.spiegel.de/wirtschaft/die-reste-kommen-a-a69f07a1-0002-0001-0000-000041651513?context=issue [letzter Zugriff 15.10.2024]; o.V., *Ende einer Dynastie*, in: Die Zeit, 16.8.1974. Geschäftsunterlagen und weitere Quellen aus dieser Zeit liegen bedauerlicherweise nicht vor, sodass eine genaue Rekonstruktion der Vorgänge nach dem Ausstieg von Leitz nicht mehr möglich ist.
26 Die Elikraft als Holding der Schaffgot'schen Unternehmensgruppe verlor in den 1970er und 80er Jahren fast das gesamte operative Geschäft und tritt heute als Eigentümerin von Parkhausimmobilien und Wasserkraftwerken auf: Elikraft AG, Profil, http://www.elikraft.de/profil/302_profil.htm [letzter Zugtiff 13.11.2024]. Das Unternehmen besitzt laut eigener Aussage keine Informationen und Unterlagen über die Soennecken-Beteiligung.
27 o.V., *Die Reste kommen*, in: Der Spiegel 34 (1974), https://www.spiegel.de/wirtschaft/die-reste-kommen-a-a69f07a1-0002-0001-0000-000041651513?context=issue [letzter Zugriff 15.10.2024].
28 Soennecken-Archiv Overath, Ordner 330, Vereinigte Deutsche Treuhand-Gesellschaft, Bericht über das Ergebnis einer Sonderprüfung gemäß §§ 142 und 315 AktG bei der Elektrische Licht- und Kraftanlagen Aktiengesellschaft, München, laut Beschluß der Hauptversammlung vom 14.2.1975.
29 Ebd., Klage des Herrn Alfred Soennecken gegen die gdb Großverkaufsvereinigung Deutscher Bürobedarfsgeschäfte eG und die Soennecken Gesellschaft für Büroorganisation mbH, 19.8.1985, 6.
30 Ebd., 6–7.
31 Soennecken-Archiv Overath, gdb, Geschäftsbericht 1983: Pressespiegel, 21.
32 Ebd., GDB, Bericht über das Geschäftsjahr 1951, darin: 25 Jahre GDB.
33 Ebd., Festrede des Vorsitzenden des Aufsichtsrats Helmut Hopmann, Braunschweig, anläßlich des Festaktes zum 25jährigen Bestehen der GDB am 27. Mai 1951 in Bad Neuenahr, 2.
34 Ebd., gdb, Geschäftsbericht 1983, 12.
35 Johannes Blome-Drees et al., *Potenziale und Hemmnisse von unternehmerischen Aktivitäten in der Rechtsform der Genossenschaft*, Berlin 2016 (Neue Kölner Genossenschaftswissenschaft, Bd. 12); Klaus Barth et al., *Betriebswirtschaftslehre des Handels*, Wiesbaden, 7., überarbeitete Auflage 2015; Willy Schneider, *Kompakt-Lexikon Handel. 444 Schlüsselbegriffe des Handels-Managements*, Norderstedt 2020, 34–35.
36 Soennecken-Archiv Overath, gdb, Geschäftsbericht 1984, 15.
37 Ebd.
38 Gespräch mit Dr. Benedikt Erdmann am 29.1.2025, Overath.
39 Soennecken-Archiv Overath, gdb, Geschäftsbericht 1984, 15.
40 Ebd., Geschäftsbericht 1985, 9.
41 Ebd., Jubiläums-Broschüre „75 Jahre Büro Actuell, Soennecken, Branion", Juni 2001, 14.
42 Ebd., Ordner 330, Klage des Herrn Alfred Soennecken gegen 1. die gdb, 2. die Soennecken GmbH, 19.8.1985.
43 Ebd., Rechtsanwälte Boden, Oppenhoff & Schneider an gdb / Soennecken GmbH, Firma und Name „Soennecken", 22.7.1985, 2–3.
44 Ebd., Ordner 330, Rechtsanwälte Harmsen et al. an Rechtsanwälte Boden, Oppenhoff & Schneider, Alf Soennecken gegen 1. gdb Großeinkaufsvereinigung Deutscher Bürobedarfsgeschäfte eG, 2. Soennecken Gesellschaft für Büroorganisation mbH, 7.8.1985, 3.
45 Ebd., Klage des Herrn Alfred Soennecken gegen 1. die gdb, 2. die Soennecken GmbH, 19.8.1985, 9–13.
46 Ebd., 14.
47 Ebd., Rechtsanwälte Boden, Oppenhoff & Schneider an gdb und Soennecken GmbH, Firma und Name „Soennecken", 22.7.1985, 3–4.
48 Ebd., Aktenvermerk, Besprechung am 17.9.1985 im Park-Hotel in Bremen, 2–3.
49 Ebd., Vertrag zwischen Herrn Alfred Soennecken und 1. der Soennecken Gesellschaft für Büroorganisation mbH, 2. der gdb Großeinkaufs-vereinigung Deutscher Bürobedarfsgeschäfte eG, 8.10.1985.
50 Ebd., Vereinbarung zwischen Herrn Alfred Soennecken und der Soennecken Gesellschaft für Büroorganisation mbH, [o.D.].
51 Soennecken-Archiv Overath, gdb, Geschäftsberichte 1988–1991.
52 Soennecken-Archiv Overath, Ordner 335, Auszug aus dem Protokoll der A.- und V.-Sitzung vom 24.10.1989, [o.D.], 5; gdb an IHK Köln, [Umbenennung], 21.9.1989.
53 Ebd., IHK Köln an gdb, Beabsichtigte Änderung der Firmenbezeichnung Ihres Unternehmens, 27.9.1989.
54 Ebd., gdb an IHK Köln, 27.9.1991.
55 Ebd., IHK Köln an gdb, Beabsichtigte Änderung der Firmenbezeichnung Ihres Unternehmens, 27.9.1989.
56 Ebd., Alf Soennecken an IHK Köln, 18.1.1990.
57 Ebd.
58 Ebd., Über die Geschäftstätigkeiten der Koblenzer Firma ist nichts bekannt.
59 Ebd., Alf Soennecken an Amtsgericht Bergisch Gladbach, 18.1.1990.
60 Ebd., gdb an Amtsgericht Bergisch Gladbach, 23.10.1991.
61 Ebd., Protokoll über die am 13.5.1992 in Amsterdam stattgefundene 62. Generalversammlung der gdb Großeinkaufsvereinigung Deutscher Bürobedarfsgeschäfte eG, [o.D.], 8.
62 Claus Stölting, *Auftakt mit Tintenfass und Gänsekiel*, in: NWZ Online, 6.1.2010, https://www.nwzonline.de/kultur/wiefelstede-heimatmuseum-auftakt-mit-tintenfass-und-gaensekiel_a_1,0,3058670640.html [letzter Zugriff 19.11.2024]; Der Hof befand sich vermutlich in Moorriem, einem Gemeindeteil der niedersächsischen Stadt Elsfleth. Siehe E-Mail von Museumsdorf Cloppenburg zur Rechercheanfrage Soennecken v. 19.11.2024.
63 Soennecken-Archiv Overath, Ordner 330, Aktenvermerk, Besprechung am 17.9.1985 im Park-Hotel in Bremen, 3.
64 Ebd.

65 Stölting, *Auftakt mit Tintenfass*; Elfriede Heinemeyer, *Schreibgarnituren aus der Sammlung Kommerzienrat F.* Soennecken, Cloppenburg 1991 (Materialien zur Volkskultur nordwestliches Niedersachsen, Bd. 17).
66 Ebd.; E-Mail von Museumsdorf Cloppenburg zur Rechercheanfrage Soennecken v. 19.11.2024.
67 Ebd. Es ist nicht bekannt, ob Alf Soennecken Nachfahren hat. In den wenigen Quellen, die zu dem ehemaligen Firmenchef vorliegen, werden mehrere Ehefrauen, aber keine Kinder erwähnt.
68 Soennecken-Archiv Overath, Schrank 2, Fusion, Ordner 3, Gemeinsamer Bericht des Vorstands der BÜRO ACTUELL eG 51491 Overath und des Vorstands der SOENNECKEN eG 51491 Overath über die Verschmelzung der beiden Genossenschaften, 3.6.2003, 9; Soennecken-Archiv Overath, Jubiläums-Broschüre „75 Jahre Büro Actuell, Soennecken, Branion", Juni 2001, 6–10.
69 Gespräch mit Dr. Benedikt Erdmann am 29. Januar 2025, Overath.
70 Ilko-Sascha Kowalczuk, *Das Ende der DDR 1989/90. Von der Revolution über den Mauerfall zur Einheit*, in: APuZ 35–37 (2019), 4–11.
71 Rainer Geißler, *Die Sozialstruktur Deutschlands. Aktuelle Entwicklungen und theoretische Erklärungsmodelle*, Bonn 2010, 16.
72 Soennecken-Archiv Overath, Jubiläums-Broschüre „75 Jahre Büro Actuell, Soennecken, Branion", Juni 2001, 13.
73 Soennecken-Archiv Overath, Soennecken eG, Geschäftsbericht 1994, 14/Geschäftsbericht 1995, 14.
74 1999 kam es zum Zusammenschluss mit *Corporate Express*, 2008 wurde die Unternehmensgruppe von *Staples* aufgekauft.
75 Soennecken-Archiv Overath, Soennecken eG, Geschäftsbericht 1996, 12; ebd., Jubiläums-Broschüre „75 Jahre Büro Actuell, Soennecken, Branion", Juni 2001, 13.
76 Soennecken-Archiv Overath. Soennecken eG, Geschäftsbericht 1998, 14; o.V., *Der Leitz-Ordner kommt künftig aus Schweden*, in: Tagesspiegel, 3.8.1998. https://www.tagesspiegel.de/wirtschaft/der-leitz-ordner-kommt-kunftig-aus-schweden-577483.html#:~:text=00%3A00%20Uhr-,STUTTGART%20(rtr%2Fhej).,Sprecher%20Joachim%20Leitz%20am%20Montag [letzter Zugriff 3.12.2024].
77 Soennecken-Archiv Overath, Jubiläums-Broschüre „75 Jahre Büro Actuell, Soennecken, Branion", Juni 2001, 14.
78 Gespräch mit Dr. Benedikt Erdmann, 29.1.2025, Overath.
79 Nadine Sammerl/Bernhard W. Wirtz, *Versandhandel – Erscheinungsformen und künftige Entwicklung*, in: Joachim Zentes (Hg.), Handbuch Handel, Wiesbaden 2006, 423–440, hier 425.
80 Im Dezember 2018 wurde nach 68 Jahren der Druck des Otto-Katalogs eingestellt, weil die Kundinnen und Kunden diesen immer weniger nutzten und überwiegend auf das digitale Angebot zurückgriffen. O.V., *Ende einer Ära: Der letzte Otto-Katalog wird gedruckt*, in: Berliner Morgenpost, 22.11.2018, https://www.morgenpost.de/wirtschaft/article401701235/ende-einer-aera-der-letzte-otto-katalog-wird-gedruckt.html [letzter Zugriff 6.2.2025].
81 DPD gehört seit 1999 bzw. 2001 zur französischen Geopost-Gruppe. Tina Morgenroth/Piotr Mazurek, *Informationen zur Branche der „Kurier- und Paketdienste". Erfahrungen aus der Beratungspraxis von Faire Mobilität*, Berlin, 15.5.2022, 3.
82 Gespräch mit Dr. Benedikt Erdmann, 29.1.2025, Overath.
83 Soennecken-Archiv Overath. Soennecken eG, Geschäftsbericht 1998, 14.
84 Soennecken-Archiv Overath, Jubiläums-Broschüre „75 Jahre Büro Actuell, Soennecken, Branion", Juni 2001, 12.
85 Soennecken-Archiv Overath, Schrank 4, Ordner Original-Protokolle Vorstands- und Aufsichtsratssitzungen ab 1996, büro actuell, Protokoll der außerordentlichen Vorstands- und Aufsichtsratssitzung vom 21. März 1997 im Hotel Maritim, Köln, 21.3.1997, 1–2.
86 Soennecken-Archiv Overath, BRANION, Geschäftsbericht 1999, 3. Der Name Branion setzt sich aus den Begriffen „Brands" (dt. Marken) und „Union" (dt. Zusammenschluss) zusammen.
87 Soennecken-Archiv Overath, Schrank 4, Ordner Original-Protokolle Vorstands- und Aufsichtsratssitzungen ab 1996, büro actuell, Protokoll der 7. Vorstands- und Aufsichtsratssitzung 1998 am 23. und 24. November 1998 im Hotel STEIGENBERGER BAD HOMBURG, 24.11.1998, 6.
88 Ebd., Ordner GF-Sitzungen 1999–2000, Protokoll über die gemeinsame Sitzung der designierten Geschäftsführung und des designierten Aufsichtsrates der Import-Bureau Deutscher Einkaufsvereinigungen für Papier-, Schreibwaren und Bürobedarf GmbH am Freitag, 12. Februar 1999, 12.2.1999, [4]; Protokoll über die Sitzung der Vorstände von BÜRO ACTUELL und SOENNECKEN am 18. Februar 1999, 23.2.1999.
89 Ebd., Protokoll der Geschäftsführungssitzung der BRANION GmbH am 2. März 2000, 22.3.2000, 1.
90 Ebd., Protokoll der Geschäftsführungssitzung der BRANION GmbH am 21. September 2000, 18.1.2001, 2; Ebd., Ordner Original-Protokolle Vorstands- und Aufsichtsratssitzungen ab 1996, Protokoll der 1. Vorstands- und Aufsichtsratssitzung 2001 vom 21. März 2001 im Hause der BRANION GmbH, Overath, 2.
91 Gespräch mit Dr. Benedikt Erdmann, 29.1.2025, Overath.
92 Soennecken-Archiv Overath, Ordner 315, Presse ab Jan. 2002, o.V., *Die Marathon-Männer*, in: Infomarkt Nr. 10/2002, 3.6.2002, 2–3.
93 Ebd.; Soennecken-Archiv Overath, Ordner 315, Presse ab Jan. 2002, o.V., *Ein rundweg harmonischer Tag*, in: boss, Juni 2002, 10–13; o.V., *Editorial*, in: boss, Juni 2002, 10–13.
94 Soennecken-Archiv Overath, Schrank 4, Ordner Original-Protokolle Vorstands- und Aufsichtsratssitzungen ab 1996, büro actuell, Protokoll der 7. Vorstands- und Aufsichtsratssitzung 1998 am 23. und 24. November 1998 im Hotel STEIGENBERGER BAD HOMBURG, 24.11.1998, 6–7.
95 Die Generalversammlungen der beiden Genossenschaften fanden unmittelbar nacheinander am gleichen Ort, im Kongresszentrum des Bundeshauses in Bonn, statt. Soennecken-Archiv Overath, Schrank 2, Fusion, Ordner 3, Ablaufplan BRANION-Tagung Außerordentliche Generalversammlungen der BÜRO ACTUELL eG und SOENNECKEN eG am 25.6.2003 Kongreßzentrum Bundeshaus Bonn, Görresstraße 15, Bonn, 24.6.2003.
96 Ebd., Bericht der Geschäftsführung der BRANION GmbH außerordentliche Generalversammlung Bonn, den 25.6.2003 Dr. Benedikt Erdmann.
97 Ebd., Ordner 2, Rheinisch-Westfälischer Genossenschaftsverband e.V., Verschmelzungsgutachten gemäß § 81 UmwG, 30.5.2003, 2; ebd., Redemanuskript des Vorstands zur Erläuterung der Verschmelzung in der Generalversammlung der BÜRO ACTUELL eG/SOENNECKEN eG, 24.6.2003, 5.
98 Soennecken-Archiv Overath, Schrank 2, Fusion, Ordner 3, Bericht der Geschäftsführung der BRANION GmbH außerordentliche Generalversammlung Bonn, den 25.6.2003 Dr. Benedikt Erdmann, 5.
99 Soennecken-Archiv Overath, Ordner 315, Presse ab Jan 2002, Kurzmitteilung für Wirtschafts- und Tagespresse, die am 25.6.2003 direkt nach der außerordentlichen Generalversammlung per Post und E-Mail versandt wurde, BRANION, Geschäftsbericht 2003, 2; die Zustimmung lag bei den Mitgliedern der Büro Actuell eG bei 98,3 %, die Soennecken-Mitglieder votierten einstimmig für die Verschmelzung. Soennecken-Archiv Overath. Schrank 2. Fusion, Ordner 3. Ablaufplan BRANION-Tagung Außerordentliche Generalversammlungen der BÜRO ACTUELL eG und SOENNECKEN eG am 25.6.2003 Kongreßzentrum Bundeshaus Bonn, Görresstraße 15, Bonn, 24.6.2003, 10, 18–19.
100 Ebd., Gemeinsamer Bericht des Vorstands der BÜRO ACTUELL eG 51491 Overath und des Vorstands der SOENNECKEN eG 51491 Overath über die Verschmelzung der beiden Genossenschaften, 3.6.2003, 3.
101 Soennecken-Archiv Overath, BRANION, Geschäftsbericht 2003, 6.
102 Ebd., Geschäftsbericht 2000, 21. Die Exklusivmarken waren Soennecken, büro actuell, on t.o.p. und biograph: ebd., 26–27.
103 Soennecken-Archiv Overath, Soennecken, Geschäftsbericht 2009, 14–18.
104 Ebd., Geschäftsbericht 2015, 17–19.
105 Ebd., Geschäftsbericht 2010, 2, 16–19; ebd., Geschäftsbericht 2018, 3.
106 Ebd., 10–11.
107 O.V., Soennecken *eG: Zwei Jahre Logistikzentrum Melsdorf*, 17.11.2021, https://office-dealzz.office-roxx.de/soennecken-eg-zwei-jahre-logistikzentrum-melsdorf/ [letzter Zugriff 12.12.2024].
108 Gespräch mit Dr. Benedikt Erdmann, 29.1.2025, Overath.
109 Soennecken-Archiv Overath, Soennecken, Geschäftsbericht 2010; ebd., Geschäftsbericht 2014, 18–20, 25.
110 Soennecken-Archiv Overath, Schrank 4, A+V-Sitzungen, 11.03.-03.04.[2003], Protokoll über die gemeinsame Sitzung der Aufsichtsräte und Geschäftsführer der BRANION Marketing + Service GmbH am 13. und 14. November 2003 im Hause BRANION, Overath, 9.
111 Ebd.; Soennecken-Archiv Overath, BRANION, Geschäftsbericht 2003, 22.
112 Ebd.
113 Ebd., 23.
114 Soennecken-Archiv Overath, Soennecken, Geschäftsbericht 2006, 3.
115 Soennecken-Archiv Overath, Schrank 2, Fusion, Ordner 3, Bericht der Geschäftsführung der BRANION GmbH außerordentliche Generalversammlung Bonn, den 25.6.2003 Dr. Benedikt Erdmann, 12–13.
116 Soennecken-Archiv Overath, Ordner 334, Soennecken Umbenennung 2006, Umbenennung der BRANION eG in Soennecken eG, 23.5.2006.
117 Ebd., Brief des Vorstands an die Mitarbeiterinnen und Mitarbeiter, Soennecken – das klingt gut!. [o.D. 2007].
118 Ebd., Economia Gesellschaft für Marketing und Werbung mbH, Markenstrategie Soennecken, [o.D. 2006], 1.
119 Ebd., Brief des Vorstands an die Mitarbeiterinnen und Mitarbeiter, Soennecken – das klingt gut!, [o.D. 2007].
120 Soennecken-Archiv Overath, Schrank 5, Branion EG, Original Protokoll AR und Vorstand, 21.03.2007, BRANION eG, Aufsichtsrats- und Vorstandssitzung, 21./22. März 2007, Beschlussfassung, Umbenennung der BRANION eG in Soennecken eG + Protokoll über die gemeinsame Sitzung des Aufsichtsrates und des Vorstandes der BRANION eG am 21. März 2007 im Hause BRANION, 51491 Overath.
121 Soennecken-Archiv Overath, Soennecken, Geschäftsbericht 2007, 2.
122 Ebd.
123 Ebd., 24.
124 Ebd., 24f.
125 Vgl. Ortloff GmbH, *Geschichte und Philosophie bei Ortloff*, www.ortloff.de/geschichte-philosophie-cms-geschichte.philosophie [letzter Zugriff 10.12.2024]; Soennecken eG, *100 Jahre Ortloff: Der Kölner Fachhändler startet ins Jubiläumsjahr*,

Pressemeldung, 27.2.2023, www.soennecken.de/presse/100-jahre-ortloff-koelner-fachhaendler-startet-ins-jubilaeumsjahr [letzter Zugriff 11.12.2024].
Zum 1. Mai 1931 zog Erich Ortloff mit seinem Fachgeschäft für Büroeinrichtung und -bedarf vom Ursulaplatz 15 in die Zeppelinstraße 4, in das Geschäftshaus der Firma Gebrüder Isay oHG (vgl. Grevens Adreßbuch der Stadt Köln und Umgegend, Adreßbuch der Kreise Köln-Land und Mühlheim a. Rh., Köln 1931, 457 und 772).
Die damaligen Eigentümer der Immobilie in der Zeppelinstraße 4 und persönlich haftende Gesellschafter der 1873 gegründeten Textilgroßwarenhandlung Gebrüder Isay oHG waren die jüdischen Unternehmer Alfred Isay (1885–1948) und Adolf Isay (1875–1956). Die Firma wurde im Mai 1932 in das Unternehmen Wistri (Gesellschaft für deutsche Wirk- und Strickwaren) GmbH umgewandelt (vgl. LAV NRW R), Gerichte Rep. 266 Nr. 1385, Beglaubigte Abschrift aus dem Handelsregister, Amtsgericht Köln, HRA 3374 und HRB 7404.
Um der Verfolgung durch die Nationalsozialisten und den Boykotten jüdischer Geschäfte zu entgehen, emigrierte Alfred Isay bereits Ende März 1933 nach Amsterdam. Im Zuge dessen veräußerte er seine Geschäftsanteile an der Wistri GmbH im April 1933 im Rahmen einer frühzeitigen „Arisierung" an Ludwig Mengel, vormals Mitarbeiter der Wistri GmbH, und Friedrich Ritter. Auch Adolf Isay sah sich, u. a. aufgrund einer willkürlichen Hausdurchsuchung, zum Verkauf gezwungen und übertrug seine Anteile an seinen nicht-jüdischen Neffen Franz Weiss, der einen Teil seines Geschäftsanteils noch im selben Jahr an Mengel und Ritter veräußerte.
Adolf Isay tauchte ab 1942 in Köln unter (vgl. ebd.; LAV NRW R, NW 1049 (SBE Hauptausschuss Regierungsbezirk Köln), Nr. 31767, Entnazifizierung Adolf Isay; LAV NRW R, Gerichte Rep. 266 Nr. 1385, Schreiben des RA Brinkmann an das Wiedergutmachungsamt beim Landgericht Köln, Rückerstattungssache Adolf Isay gegen Ludwig Mengel, 8.5.1951; Protokoll der öffentlichen Sitzung der 1. Wiedergutmachungskammer in Köln, Rückerstattungssache Isay gegen Mengel/Ritter, 2.7.1953; Elfi Pracht-Jörns, *Jüdische Lebenswelten im Rheinland. Kommentierte Quellen von der Frühen Neuzeit bis zur Gegenwart*, Köln 2011, 302.
1941 wurde das Geschäftshaus in der Zeppelinstraße 4, das bis dahin im Besitz von Alfred und Adolf Isay geblieben war, an vier neue Eigentümer übertragen, darunter Erich Ortloff, Ludwig Mengel und Friedrich Ritter (vgl. Historisches Archiv mit Rheinischem Bildarchiv [HAStK-RBA], Bestand 495, Nr. A 378 bis A 380, Schreiben 1941 an Gauleitung Köln Aachen zwecks „Entjudung des Grundstücks Zeppelinstraße 4, Gerichtsverhandlung, Genehmigung, Kaufvertrag). Im Rahmen von Restitutionsverfahren nach 1945 wurden zwischen der Familie Isay und Ortloff, Mengel und Ritter Vergleiche geschlossen (vgl. LAV NRW R, BR 336 Nr. 23661, u. a. Schreiben des Wiedergutmachungsamts beim Landesgericht Köln bzgl. Vergleich in der Rückerstattungssache 27 Rü 888/51, 23.9.1954).
Nach dem Tod von Erich Ortloff im Jahr 1965 führte seine Ehefrau Gertraud Ortloff-Roever das Geschäft gemeinsam mit weiteren Geschäftsführern bis 1990 weiter. Nach dem Verkauf des Familienbetriebs 1990 erfolgten mehrere Eigentümerwechsel, bis Ortloff 2015 von der Soennecken eG übernommen wurde (vgl. Ortloff GmbH, *Geschichte und Philosophie bei Ortloff*, www.ortloff.de/geschichte-philosophie-cms-geschichte.philosophie [letzter Zugriff 10.12.2024).

126 Vgl. Soennecken-Archiv Overath, Soennecken eG, Geschäftsbericht 2015, 2; Ebd., Geschäftsbericht 2017, 6 und 63.

127 Vgl. Ortloff GmbH, *Concept-Store bei Ortloff*, www.ortloff.de/conceptstore-cms-conceptstore [letzter Zugriff 10.12.2024].

128 In Anlehnung an Cornelia Reindl u. a., *Das hybride Büro. Gestaltungsansätze für New Work-Arbeitsumgebungen anhand eines Fallbeispiels, in:* Gr Interact Org (2022) 53, 241–249, hier 242; Soennecken eG, *Büro Inspiration. Hauptkatalog 2024 für Industrie, Handel und freie Berufe*, Overath 2024.

129 Vgl. Claudia Fromme, *Hallöchen!*, in: Süddeutsche Zeitung, 14.1.2022, www.sueddeutsche.de/leben/fraeulein-amtsdeutsch-gleichberechtigung-gender-1.5506794 [letzter Zugriff 8.11.2024].

130 Vgl. Martin Klaffke, *Erfolgsfaktor Büro – Trends und Gestaltungsansätze neuer Büro- und Arbeitswelten*, in: ders. (Hg.), Arbeitsplatz der Zukunft. Gestaltungsansätze und Best-Practice-Beispiele, Wiesbaden 2016, 2–27, hier 4f.

131 Vgl. Hans-Joachim Fritz, *Menschen in Büroarbeitsräumen. Über langfristige Strukturwandlungen büroräumlicher Arbeitsbedingungen mit einem Vergleich von Klein- und Großraumbüros*, München 1982, 143.

132 Vgl. Feldenkirchen/Hilger, *Leitz*, 17.

133 Vgl. Soennecken-Archiv Overath, Großeinkaufsvereinigung deutscher Bürobedarfshersteller (gdb), Geschäftsbericht 1982, 21.

134 Frank Bösch, *Wege in die digitale Gesellschaft. Computer als Gegenstand der Zeitgeschichtsforschung*, in: ders. (Hg.), 7–36, hier 10.

135 Vgl. ebd., 27.

136 Vgl. O.V., *„Computer – das ist wie eine Sucht"*, in: Der Spiegel, 11.12.1983, www.spiegel.de/politik/computer-das-ist-wie-eine-sucht-a-a60ed1b4-0002-0001-0000-000014024467?context=issue [letzter Zugriff 30.10.2024].

137 Vgl. Soennecken-Archiv Overath, GdB, Geschäftsbericht 1991, 13.

138 Vgl. Bösch, *Wege*, 12 ff.; Jaana Müller-Brehm u.a., *Zentrale Elemente der Digitalisierung*, in: Informationen zur politischen Bildung (izpb) 3 (2020), hier 6f.; Feldenkirchen/Hilger, *Leitz*, 18.

139 Susanne Päch, *Die D2-Story: Mobilkommunikation. Aufbruch in den Wettbewerb*, Düsseldorf 1994, 13.

140 Vgl. Andreas Rödder, 21.0. *Eine kurze Geschichte der Gegenwart*, München 2015, 21.

141 Vgl. Norbert Leckebusch, *Das Büro der 80er Jahre*, Hamburg 1981, 215ff.

142 Vgl. ebd.; Heinz Nixdorf Museumsforum (HNF), *Der PC wird 35*, in: HNF Blog, 12.08.2016, www.blog.hnf.de/der-pc-wird-35/ [letzter Zugriff 30.10.2024].

143 Soennecken-Archiv Overath, GdB, Geschäftsbericht 1983, 10.

144 Vgl. O.V., *„Computer – das ist wie eine Sucht"*, in: Der Spiegel, 11.12.1983, www.spiegel.de/politik/computer-das-ist-wie-eine-sucht-a-a60ed1b4-0002-0001-0000-000014024467?context=issue [letzter Zugriff 30.10.2024].

145 Vgl. ebd., Soennecken-Archiv Overath, GdB, Geschäftsbericht 1983, 10; Matthias Röhr, *Gebremste Vernetzung*, in: Bösch (Hg.), Wege, 250–271, hier 265; Bernd Meier, *Büroarbeit im Wandel. Daten, Trends und Argumente zur Diskussion um die Folgen moderner Bürotechnik*, Köln 1985, 51.

146 O.V., *„Computer – das ist wie eine Sucht"*, in: Der Spiegel, 11.12.1983, www.spiegel.de/politik/computer-das-ist-wie-eine-sucht-a-a60ed1b4-0002-0001-0000-000014024467?context=issue [letzter Zugriff 30.10.2024].

147 Vgl. HNF, *Weihnachten mit Computer*, in: HNF Blog, 20.12.2018, www.blog.hnf.de/weihnachtenmit- computer/ [letzter Zugriff 30.10.2024]; Thomas von Randow, *Droge Computer*, in: Die Zeit, 27.1.1984, www.zeit.de/1984/05/droge-computer [letzter Zugriff 30.10.2024].

148 O.V., *„Computer – das ist wie eine Sucht"*, in: Der Spiegel, 11.12.1983, www.spiegel.de/politik/computer-das-ist-wie-eine-sucht-a-a60ed1b4-0002-0001-0000-000014024467?context=issue [letzter Zugriff 30.10.2024].

149 *Rödder, Geschichte*, 38, zitiert nach Campbell-Kelly/Aspray, Computer, 256.

150 Soennecken-Archiv Overath, Soennecken eG, Geschäftsbericht 1998, 14.

151 Vgl. ebd.; Feldenkirchen/Hilger, *Leitz*, 18; Soennecken-Archiv Overath, GdB, Geschäftsbericht 1989, 25; Soennecken eG, Geschäftsbericht 1995, 12; Wilhelm Otto Geberzahn, *Der Arbeitsplatz im Büro. Aspekte der modernen Bürogestaltung*, Landsberg 1994, 5; O.V., *Arbeitsplatz im Wandel. Das Büro früher und heute*, in: Handelsblatt, 21.8.2017, www.handelsblatt.com/karriere/arbeitsplatz-im-wandel-das-buero-frueher-und-heute/20200030.html [letzter Zugriff 6.11.2024].

152 Vgl. O.V., *Mit einem großen Fehler: Wie Windows 95 vor 25 Jahren den PC-Boom auslöste*, in: CHIP, 24.8.2020, www.chip.de/news/Wie-Windows-95-vor-25-Jahren-den-PC-Boom-ausloeste_182923647.html [letzter Zugriff 13.12.2024].

153 Vgl. Soennecken-Archiv Overath, GdB, Geschäftsbericht 1985, 10; ebd., Geschäftsbericht 1994, 12f.; ebd., Geschäftsbericht 1997, 12; ebd., Geschäftsbericht 1998, 16.

154 Vgl. Soennecken-Archiv Overath, Branion GmbH, Geschäftsbericht 2004, 21.

155 Vgl. Feldenkirchen/Hilger, *Leitz*, 19; Lucy Beyer, *Büros im Wandel der Zeit – Teil 2: Eine Zeitreise in die Büros der 90er Jahre*, in: Büromöbel Experte, ratgeber.bueromoebel-experte.de/bueroplanung/bueros-im-wandel-90er/ [letzter Zugriff 5.11.2024].

156 Vgl. Geberzahn, *Arbeitsplatz*, 34f.

157 Vgl. Klaffke, Erfolgsfaktor, 5; Soennecken-Archiv Overath, Soennecken eG, Geschäftsbericht 1992, 18. 1992 erschien bei der Soennecken eG erstmals ein Büromöbelprospekt, der den Titel „Combi – Das Vielfalt-Büro" trug (vgl. ebd.).

158 Vgl. Geberzahn, *Arbeitsplatz*, 36ff. und 47f.; Wolfram Fuchs, *Bürogestaltung als Managementfaktor*, in: Werner Lippert (Hg.), Future Office. Corporate Identity & Corporate Culture. Geist und Stil der Firma, Düsseldorf 1997, 34–47, hier 42f.

159 Vgl. Soennecken-Archiv Overath, GdB, Geschäftsbericht 1981, 22.

160 Vgl. Geberzahn, *Arbeitsplatz*, 14ff.; Beyer, *Büros im Wandel der Zeit – Teil 2*, in: Büromöbel Experte, ratgeber. bueromoebel-experte.de/bueroplanung/bueros im-wandel-90er/ [letzter Zugriff 5.11.2024]; Soennecken-Archiv Overath, Soennecken eG, Geschäftsbericht 1995, 23.

161 Ebd., Geschäftsbericht 1993, 12.

162 Ebd.

163 Vgl. ebd., Branion GmbH, Geschäftsbericht 1999, 11.

164 Vgl. Roebers/Leisenberg, *Web 2.0*, 14; Rödder, *Geschichte*, 22f.; Anselm Doering-Manteuffel, *Die Vielfalt der Strukturbrüche und die Dynamik des Wandels*, in: Morten Reitmayer/Thomas Schlemmer (Hrsg.), Die Anfänge der Gegenwart. Umbrüche in Westeuropa nach dem Boom, München 2014, 135–145, hier 139f.

165 Vgl. Geberzahn, *Arbeitsplatz*, 23.

166 HNF, *Sie haben Post*, in: HNF Blog, 7.11.2019, www.blog.hnf.de/sie-haben-post/ [letzter Zugriff 6.11.2024].

167 Vgl. ebd.

168 Vgl. Roebers/Leisenberg, *Web 2.0*, 17.

169 Vgl. F.W. Lancaster, *Toward Paperless Information Systems*, New York 1978, 1ff. und 105ff.; O.V., *How the computer changed the office forever*, in: BBC News, 1.8.2013, www.bbc.com/news/magazine-23509153 [letzter Zugriff 13.12.2024].

170 Ebd.

171 Vgl. Soennecken-Archiv Overath, Soennecken eG, Geschäftsbericht 1989, 8f. und 18; Feldenkirchen/Hilger, *Leitz*, 19.
172 Vgl. Soennecken-Archiv Overath, Soennecken eG, Geschäftsbericht 1992, 19.
173 Vgl. ebd., Geschäftsbericht 1997, 13; ebd., Geschäftsbericht 1998, 16.
174 Vgl. ebd., Branion GmbH, Geschäftsbericht 2000, 10; ebd., Geschäftsbericht 2002, 52.
175 Vgl. Merle Wiez/Daniil Heinze, *Presseinformation: 4 von 10 Unternehmen arbeiten überwiegend papierlos*, in: Bitkom, 24.9.2022, www.bitkom.org/Presse/Presseinformation/4-von-10-Unternehmen-arbeiten-papierlos [letzter Zugriff 14.11.2024].
176 Soennecken-Archiv Overath, Branion GmbH, Geschäftsbericht 1999, 11f.; Jörg Häntzschel, *Millenium Bug: Angst fressen Software auf*, in: Der Spiegel, 7.12.1999, www.spiegel.de/kultur/k3/millennium-bug-angst-fressen-softwareauf-a-55678.html [letzter Zugriff 16.11.2024]; O.V., *Millenium-Bug: Die Nacht, in der wir alle noch einmal davonkamen*, in: Der Spiegel, 31.12.2007, www.spiegel.de/geschichte/millenniumbug-a-948986.html [letzter Zugriff 11.12.2024].
177 Vgl. Gabriel Knupfer, *Vor 20 Jahren platzte die Dotcom-Blase. Was war passiert?*, in: Handelszeitung, 17.7.2020, www.handelszeitung.ch/panorama/vor-20-jahren-platzte-die-dotcomblase-was-war-passiert [letzter Zugriff 7.5.2024].
178 Vgl. Soennecken-Archiv Overath, GdB, Geschäftsbericht 1990, 12.
179 Vgl. Veit Didczuneit, *„Endlich Telefon". Der Aufbau des Telekommunikationsnetzes in den neuen Bundesländern*, in: Das Archiv 3 (2015), 10–17, hier 11ff., https://www.mfk-berlin.de/wp-content/uploads/Endlich-Telefon.pdf [letzter Zugriff 5.2.2025].
180 Vgl. Claus Hecking, *Erst Mail, dann Fail*, in: Der Spiegel, 30.9.2018, www.spiegel.de/netzwelt/gadgets/blackberry-was-wurde-eigentlich-aus-dem-smartphone-pionier-a-1230459.html [letzter Zugriff 7.11.2024].
181 Vgl. Päch, *D2-Story*, 128 und 332ff.
182 Ebd., 301.
183 Giesecke+Devrient GmbH (Hg.), *Ein Jahrzehnt der Transformation* 2012–2022, Zoerneding 2022, 44ff.
184 Cal Newport, *Steve Jobs never wanted us to use our iphones like this*, in: The New York Times, 25.1.2019, www.nytimes.com/2019/01/25/opinion/sunday/steve-jobs-never-wanted-us-to-use-our-iphones-like-this.html [letzter Zugriff 7.11.2024].
185 Vgl. Nina Paulsen/Janine Welsch, *Presseinformation: Markt rund um Smartphones wächst auf 38.8 Milliarden Euro*, in: Bitkom, 22.2.2024, www.bitkom.org/Presse/Presseinformation/Markt-Smartphones-waechst [letzter Zugriff 7.11.2024].
186 Vgl. Soennecken-Archiv Overath, Soennecken eG, Geschäftsbericht 1997, 13; Branion GmbH, Geschäftsbericht 1999, 11.
187 Vgl. Repschlaeger, *Büros*, 92ff.
188 Vgl. Soennecken-Archiv Overath, Soennecken eG, Geschäftsbericht 2017, 17.
189 Vgl. Bernd Hendricks, *Mein Büro ist zu Hause. Ihre Chancen in der neuen Welt der Telearbeit*, Stuttgart 1996, 48.
190 Vgl. ebd., 57; empirica Gesellschaft für Kommunikations- und Technologieforschung GmbH (Hg.), *Telearbeit Deutschland ´96. Neue Formen und Wege zu Arbeit und Beschäftigung*, Heidelberg 1997, 9ff. und 16ff.
191 Vgl. O.V., *„Computer – das ist wie eine Sucht"*, in: Der Spiegel, 11.12.1983, www.spiegel.de/politik/computer-das-ist-wie-eine-sucht-a-a60ed1b4-0002-0001-0000-000014024467?context=issue [letzter Zugriff 30.10.2024].
192 Vgl. Soennecken-Archiv Overath, Branion GmbH, Geschäftsbericht 1999, 11.
193 Vgl. Soennecken-Archiv Overath, Branion eG, Geschäftsbericht 2003, 12; Geberzahn, *Arbeitsplatz*, 65ff.
194 Ebd., 67.
195 Vgl. Andrea Hammermann/Oliver Stettes, *Büroarbeit im Wandel: Analyse der Arbeitsbedingungen von Bürobeschäftigten*, IW-Report 62 (2023), 5.
196 Reindl u. a., *Büro*, 244.
197 Vgl. ebd., Geschäftsbericht 2021, 4; Reindl u. a., *Büro*, 244.
198 Vgl. ebd., 245.
199 Ebd.
200 Vgl. Andreas Reuter, *Ist New Work eine Frage des Alters?*, in: Cebra. Zeitschrift für effiziente Beschaffung rund um Büro und Arbeitswelt 4 (2024), 29.
201 Vgl. Torsten Henzelmann/Uwe Hörmann, *Das Smart Office: ein Büro, das sich nach dem Menschen richtet*, in: Roland Berger, 10.12.2021, www.rolandberger.com/de/Insights/Publications/Das-Smart-Office-ein-B%C3%BCro-das-sich-nach-dem-Menschen-richtet.html [letzter Zugriff 13.12.2024].
202 Vgl. Soennecken-Archiv Overath, Soennecken eG, Geschäftsbericht 2023, 6f.

Sœnnecke
Unübertrefflich
Gold-Füllf

Anhang

Literatur- und Quellenverzeichnis

Archive

Bundesarchiv Berlin (BArch Berlin)
Bundesarchiv-Militärarchiv Freiburg i. Br. (BArch-MA)
Goethe-Schiller-Archiv Weimar
Hessisches Wirtschaftsarchiv (HWA)
Historisches Archiv mit Rheinischem Bildarchiv (HAStK-RBA)
Landesarchiv Berlin (LArch Berlin)
Landesarchiv NRW (LA NRW)
Soennecken-Archiv Kleist
Soennecken-Archiv Overath
Stadtarchiv Bonn (StadtA Bonn)
Stadtarchiv Iserlohn (StadtA Iserlohn)
Wirtschaftsarchiv Baden-Württemberg (WA BW)

Literatur

Altmann-Radwanska, Jolanta u. a., *Zwangsarbeit in Bonn 1939–1945*, Bonn 2001.

Arndt, Bernhard, *75 Jahre Schreibreform*, in: Die neue Volksschule in Stadt und Land 3 (1950).

Barth, Klaus u. a., *Betriebswirtschaftslehre des Handels*, Wiesbaden ^{7}2015.

Bernasconi, Gianenrico/Nellen, Stefan (Hrsg.), *Das Büro. Zur Rationalisierung des Interieurs, 1880–1960*, Bielefeld 2019.

Dies., *Einleitung*, in: dies. (Hrsg.), Das Büro. Zur Rationalisierung des Interieurs, 1880–1960, Bielefeld 2019, 9–26.

Blome-Drees, Johannes u. a., *Potenziale und Hemmnisse von unternehmerischen Aktivitäten in der Rechtsform der Genossenschaft*, Berlin 2016.

Bösch, Frank, *Wege in die digitale Gesellschaft. Computer als Gegenstand der Zeitgeschichtsforschung*, in: ders. (Hg.), Wege in die digitale Gesellschaft. Computernutzung in der Bundesrepublik 1955–1990, Göttingen 2018, 7–36.

Brusatti, Alois (Hg.), *Die Habsburgermonarchie 1848–1918. Die wirtschaftliche Entwicklung*, Wien 1973.

Büttner, Christoph A./Raczkowski, Felix, *Büroarbeit und ihre Medien. Zur Einleitung*, in: AugenBlick – Konstanzer Hefte zur Medienwissenschaft 89 (2024), 5–20.

Campbell-Kelly, Martin/Aspray, William, *Computer. A History of the Information Machine*, New York 1996.

Dahlmann, Dittmar u. a. (Hrsg.), *„Schlagen gut ein und leisten Befriedigendes". Zwangsarbeiterinnen und Zwangsarbeiter in Bonn 1940–1945*, Bonn 2006.

Didczuneit, Veit, *„Endlich Telefon". Der Aufbau des Telekommunikationsnetzes in den neuen Bundesländern*, in: Das Archiv 3 (2015), 10–17, hier 11ff., https://

www.mfk-berlin.de/wp-content/uploads/Endlich-Telefon.pdf [letzter Zugriff 5.2.2025].

Doering-Manteuffel, Anselm, *Die Vielfalt der Strukturbrüche und die Dynamik des Wandels*, in: Morten Reitmayer/Thomas Schlemmer (Hrsg.), Die Anfänge der Gegenwart. Umbrüche in Westeuropa nach dem Boom, München 2014, 135–145.

Dohrn, Susanne, *Die Entstehung weiblicher Büroarbeit in England 1860 bis 1914*, Frankfurt a. M. 1986.

empirica Gesellschaft für Kommunikations- und Technologieforschung GmbH (Hg.), *Telearbeit Deutschland ´96. Neue Formen und Wege zu Arbeit und Beschäftigung*, Heidelberg 1997.

Ettighoffer, Paul C., *75 Jahre F. Soennecken, Bonn: 1875–1950*, Heppenheim a. d. B. 1950.

Etzemüller, Thomas, *Die Realität ist fast schon der Roman… Aber warum dichten Wissenschaftler dann eigentlich nicht selber? Das Beispiel einer Doku-Fiktion*, in: Werkstatt Geschichte 2 (2022), 103–114.

Ders., *Was wahr sein könnte. Plädoyer für eine fiktionale Empirie*, in: Merkur 835 (2018), 17–28.

Feldenkirchen, Wilfried/Hilger, Susanne, *Louis Leitz*, München 2000.

Fengler, Silke, *Agfa AG*, in: Historisches Lexikon Bayerns, www.historisches-lexikon-bayerns.de/Lexikon/Agfa_AG [letzter Zugriff 9.10.2024].

François, Etienne, *Alphabetisierung in Frankreich und Deutschland während des 19. Jahrhunderts. Erste Überlegungen zu einer vergleichenden Analyse*, in: Zeitschrift für Pädagogik 5 (1983), 755–768.

Frevert, Ute, *Vom Klavier zur Schreibmaschine – Weiblicher Arbeitsmarkt und Rollenzuweisungen am Beispiel der weiblichen Angestellten in der Weimarer Republik*, in: Annette Kuhn/Gerhard Schneider (Hrsg.), Frauen in der Geschichte. Frauenrechte und die gesellschaftliche Arbeit der Frauen, Düsseldorf 1979, 82–112.

Fritz, Hans-Joachim, *Menschen in Büroarbeitsräumen. Über langfristige Strukturwandlungen büroräumlicher Arbeitsbedingungen mit einem Vergleich von Klein- und Großraumbüros*, München 1982.

Fuchs, Wolfram, *Bürogestaltung als Managementfaktor*, in: Werner Lippert (Hg.), Future Office. Corporate Identity & Corporate Culture. Geist und Stil der Firma, Düsseldorf 1997, 34–47.

Gardey, Delphine, *Schreiben, Rechnen, Ablegen. Wie eine Revolution des Bürolebens unsere Gesellschaft verändert hat*, Göttingen 2018.

Geberzahn, Wilhelm Otto, *Der Arbeitsplatz im Büro. Aspekte der modernen Bürogestaltung*, Landsberg 1994.

Giesecke+Devrient GmbH (Hg.), *Ein Jahrzehnt der Transformation 2012–2022*, Zoerneding 2022.

Gottschall, Karin, *Frauenarbeit und Bürorationalisierung. Zur Entstehung geschlechtsspezifischer Trennungslinien in großbetrieblichen Verwaltungen*, Frankfurt a. M. 1990.

Grevens Adreßbuch der Stadt Köln und Umgegend, Adreßbuch der Kreise Köln-Land und Mühlheim a. Rh., Köln 1931.

Hammermann, Andrea/Stettes, Oliver, *Büroarbeit im Wandel: Analyse der Arbeitsbedingungen von Bürobeschäftigten*, IW-Report 62 (2023).

Hammermann, Andrea/Voigtländer, Michael, *Bürobeschäftigte in Deutschland*, in: Vierteljahresschrift zur empirischen Wirtschaftsforschung 47 (2020), 61–78.
Hartmann, Silvia, *Fraktur oder Antiqua. Der Schriftstreit von 1881 bis 1941*, Frankfurt a. M. 1998.
Heinemeyer, Elfriede, *Schreibgarnituren aus der Sammlung Kommerzienrat F. Soennecken*, Cloppenburg 1991.
Hellbeck, Robert, *Friedrich Soennecken, sein Leben und Werk*, [o.O.] 1925.
Hendricks, Bernd, *Mein Büro ist zu Hause. Ihre Chancen in der neuen Welt der Telearbeit*, Stuttgart 1996.
Hildt, Julia, *Russische und ukrainische Zwangsarbeiter in Bonn während des Zweiten Weltkrieges*, Bonn 2004.
Klaffke, Martin, *Erfolgsfaktor Büro – Trends und Gestaltungsansätze neuer Büro- und Arbeitswelten*, in: ders. (Hg.), Arbeitsplatz der Zukunft. Gestaltungsansätze und Best-Practice-Beispiele, Wiesbaden 2016, 2–27.
Kowalczuk, Ilko-Sascha, *Das Ende der DDR 1989/90. Von der Revolution über den Mauerfall zur Einheit*, in: APuZ 35–37 (2019), 4–11.
Lancaster, F. W., *Toward Paperless Information Systems*, New York 1978.
Landes, David S., *Die Macht der Familie. Wirtschaftsdynastien in der Weltgeschichte*, München 2006.
Leckebusch, Norbert, *Das Büro der 80er Jahre*, Hamburg 1981.
Lempert, Wolfgang, *Feilen, bis einem die Arme abfallen – Erinnerungen junger Facharbeiter an ihre metallhandwerkliche Grundausbildung in der Lehrwerkstatt*, in: Rolf Arnold/Antonius Lipsmeier (Hrsg.), Betriebspädagogik in nationaler und internationaler Perspektive. Für Joachim Munch, Baden-Baden 1989, 197–209.
Lövinson, Käthe, *Frauenarbeit in Bankbetrieben. Ein Beitrag zur Wirtschaftsgeschichte unserer Zeit*, Berlin 1926.
Loose, Ingo, *Die Juden in der Wirtschaft Schlesiens*, in: Andreas Brämer u. a. (Hrsg.), Jüdisches Leben zwischen Ost und West. Neue Beiträge zur jüdischen Geschichte in Schlesien, Göttingen 2014, 156–213.
Meier, Bernd, *Büroarbeit im Wandel. Daten, Trends und Argumente zur Diskussion um die Folgen moderner Bürotechnik*, Köln 1985.
Müller-Brehm, Jaana u. a., *Zentrale Elemente der Digitalisierung*, in: Informationen zur politischen Bildung (izpb) 3 (2020), 6–7.
Neuhaus-Siemon, Elisabeth, *Schreibenlernen im Anfangsunterricht der Grundschule*, Berlin 1984.
Oelkers, Jürgen, *Die Historizität pädagogischer Gegenstände,* in: Karin Priem u. a. (Hrsg.), Die Materialität der Erziehung. Kulturelle und soziale Aspekte pädagogischer Objekte. Weinheim 2012, 32–49.
Päch, Susanne, *Die D2-Story: Mobilkommunikation. Aufbruch in den Wettbewerb*, Düsseldorf 1994.
Pracht-Jörns, Elfi, *Jüdische Lebenswelten im Rheinland. Kommentierte Quellen von der Frühen Neuzeit bis zur Gegenwart*, Köln 2011.
Rauh-Kühne, Cornelia, *Die Entnazifizierung und die deutsche Gesellschaft*, in: Archiv für Sozialgeschichte 35 (1995), 35–70.
Reindl, Cornelia u. a., *Das hybride Büro. Gestaltungsansätze für New Work-Arbeitsumgebungen anhand eines Fallbeispiels*, in: Gr Interact Org 53 (2022), 241–249.
Reinisch, Holger u. a., *Geschichte der kaufmännischen Berufe. Studie zur Geschichte vornehmlich der deutschen Kaufleute, ihrer Tätigkeiten, ihrer*

Stellung in der Gesellschaft sowie ihrer Organisation und Qualifizierungsstrukturen von den Anfängen bis zum Ausgang des 19. Jahrhunderts, Bonn 2011.

Reitmayer, Morten/Schlemmer, Thomas (Hrsg.), *Die Anfänge der Gegenwart. Umbrüche in Westeuropa nach dem Boom*, München 2014.

Repschlaeger, Martin, *Mobile Büros, Technik, Organisation, Controlling, Wirtschaftlichkeit*, Berlin 1995.

Reuter, Andreas, *Ist New Work eine Frage des Alters?*, in: Cebra. Zeitschrift für effiziente Beschaffung rund um Büro und Arbeitswelt 4 (2024).

Rimakis, George/Kirchheimer, Daniel, *Blotting Out the Truth. The stunning discovery of a century-long cover-up of the real beginnings of L. E. Waterman's Ideal Pen Company*, [o. O.] 2014.

Roebers, Frank/Leisenberg, Manfred, *Web 2.0 im Unternehmen*, Hamburg 2010, 14.

Rödder, Andreas, *21.0. Eine kurze Geschichte der Gegenwart*, München 2015.

Röhr, Matthias, *Gebremste Vernetzung*, in: Frank Bösch (Hg.), Wege in die digitale Gesellschaft. Computernutzung in der Bundesrepublik 1955–1990, Göttingen 2018, 250–271.

Schat, Hans-Dieter, *Erfolgreiches Ideenmanagement in der Praxis. Betriebliches Vorschlagswesen und Kontinuierlichen Verbesserungsprozess implementieren, reaktivieren und stetig optimieren*, Wiesbaden 2017.

Schildt, Axel, *Neue Linke und Studentenbewegung*, in: bpb, 9.1.2008, https://www.bpb.de/themen/zeit-kulturgeschichte/68er-bewegung/51815/neue-linke-und-studentenbewegung/. [letzter Zugriff 15.10.2024].

Ders., *Die Sozialgeschichte der Bundesrepublik Deutschland bis 1989/90*, München 2007.

Schneider, Willy, *Kompakt-Lexikon Handel. 444 Schlüsselbegriffe des Handels-Managements*, Norderstedt 2020.

Schönhoven, Klaus, *Aufbruch in die sozialliberale Ära. Zur Bedeutung der 60er Jahre in der Geschichte der Bundesrepublik*, in: Geschichte und Gesellschaft 25 (1999), 123–145.

Schramm, Manuel, *Konsumgeschichte*. Version: 3.0, in: Docupedia-Zeitgeschichte, 2.9.2020, http://docupedia.de/zg/Schramm_konsumgeschichte_v3_de_2020 [letzter Zugriff 15.10.2024].

Schulz, Günther, *Die Angestellten seit dem 19. Jahrhundert*, München 2000.

Soennecken eG, *Büro Inspiration. Hauptkatalog 2024 für Industrie, Handel und freie Berufe*, Overath 2024.

Soennecken, Friedrich, *Die Aufschrift am Reichstagsgebäude „Dem deutschen Volke"*, Bonn 1915.

Ders., *Wohlfahrtseinrichtungen für Arbeiter. Vortrag*, Frankfurt 2022 (Original: 1898).

Ders., *Das deutsche Schriftwesen und die Notwendigkeit seiner Reform*, Bonn 1881.

Strnad, Maximilian, *Privileg Mischehe? Handlungsräume „jüdisch versippter" Familien 1933–1949*, Göttingen 2021.

Suhr, Susanne, *Die weiblichen Angestellten. Arbeits- und Lebensverhältnisse*, Berlin 1930.

Thamm, Imke, *Der Anspruch auf das Glück des Tüchtigen. Beruf, Organisation und Selbstverständnis der Bankangestellten in der Weimarer Republik*, Stuttgart 2006.

Vaupel, Elisabeth, *Vom Gänsekiel zur Stahlfeder*, in: Kultur Technik 3 (1986), 146–152.

von Schlippe, Arist u. a., *Die beiden Seiten der Unternehmerfamilie. Familienstrategie über Generationen*, Göttingen 2017.

Vogt, Helmut, *Die Wirtschaftsregion Bonn/Rhein-Sieg im Industriezeitalter*, Bonn 1991.

Ders., *Industrieunternehmen in Bonn während des Ersten Weltkriegs*, in: Zeitschrift für Unternehmensgeschichte 3 (1987), 166–182.

Ders., *Die Anfänge der Bundesrepublik Deutschland in der provisorischen Hauptstadt Bonn 1949/1950*, in: Internetportal Rheinische Geschichte, https://rheinische-geschichte.lvr.de/Epochen-und-Themen/Themen/die-anfaenge-der-bundesrepublik-deutschland-in-der-provisorischen-hauptstadt-bonn-19491950/DE-2086/lido/57d130731aba22.31860853#related-objects [letzter Zugriff 27.1.2025].

Ders., *Friedrich Soennecken*, in: Internetportal Rheinische Geschichte, https://www.rheinische-geschichte.lvr.de/Persoenlichkeiten/friedrich-soennecken/DE-2086/lido/57c952c9acb883.70053404 [letzter Zugriff 09.11.2024].

Weise, Jürgen, *Soennecken, Friedrich*, in: Neue Deutsche Biographie 24 (2010), 534–535, www.deutsche-biographie.de/pnd117452416.html#ndbcontent.

Wörwag, Sebastian, *Arbeitsräume – eine lange und wechselreiche Geschichte*, in: ders./Christian Reutlinger (Hrsg.), Arbeitsräume. Geschichte – Modelle – Visionen, Wiesbaden 2021, 27–76.

Wörwag, Sebastian/Reutlinger, Christian (Hrsg.), *Arbeitsräume. Geschichte – Modelle – Visionen*, Wiesbaden 2021.

Bildnachweis

Alamy Stock Foto:
S. 220 (STOCKFOLIO®/Alamy Stock Foto/Fotograf: STOCKFOLIO 656)
BPK Bildagentur:
S. 27 (Bpk/20045053)
Bundesarchiv:
S. 65 (Bild 105-DOA3469/Fotograf: Walther Dobbertin)
S. 143 (B 145 Bild-F091785-0028A/Fotograf: Georg Munker)
S. 163 (B 145 Bild-F046124-0001/Fotograf: Walter Vollrath)
Deutsche Fotothek:
S. 26 (TU Dresden/Kustodie/Unbekannter Fotograf)
S. 47 (Deutsche Fotothek/Brück und Sohn)
S. 149 (SLUB/Deutsche Fotothek/Möbius, Walter)
Deutsche Messe AG, Hannover:
S. 145/S. 145/S. 148
Deutsches Design Museum/Sammlung Rat für Formgebung, Frankfurt am Main:
S. 166/S. 167/S. 168/S. 178/179
Historisches Archiv der Stadt Köln:
S. 69 (Foto: Historisches Archiv der Stadt Köln mit Rheinischem Bildarchiv, RBA-Nr.: 019 188)
S. 79 (Foto: Historisches Archiv der Stadt Köln mit Rheinischem Bildarchiv, RBA-Nr.: 019 189)
S. 118 (Foto: Historisches Archiv der Stadt mit Rheinischem Bildarchiv, RBA-Nr.: 003 784)
Landesarchiv NRW:
S. 140 (NW 1051, Nr. 1789)
Picture Alliance:
S. 89 (picture alliance/brandstaetter images/Archiv Seemann)
S. 94 (picture alliance/brandstaetter images/Archiv Seemann)
S. 146/147 (picture alliance/ASSOCIATED PRESS)
Sammlung Werkbundarchiv – Museum der Dinge:
S. 161 (Fotograf: Armin Hermann)
Soennecken-Archiv Kleist:
S. 150 (A26)
Soennecken-Archiv Overath:
S. 20/21 (©Rebecca Peetz)
S. 23 (Abt. 3, Nr. 18, Fasz. 7)
S. 26 (Abt. 3, Nr. 18, Fasz. 7)
S. 27 (Abt. 3, Nr. 18, Fasz. 7)
S. 28 (Abt. 3, Nr. 18, Fasz. 7)
S. 29 (Abt. 3, Nr. 18, Fasz. 7)
S. 29 (Abt. 3, Nr. 54, Fasz. 1)
S. 30 (Abt. 3, Nr. 54, Fasz. 1)
S. 30 (Abt. 3, Nr. 54, Fasz. 1)
S. 31 (Abt. 3, Nr. 18, Fasz. 7)
S. 31 (Abt. 3, Nr. 52, Fasz. 6)
S. 32 (Abt. 3, Nr. 18, Fasz. 7)
S. 32 (Abt. 3, Nr. 18, Fasz. 7)
S. 33 (Abt. 3, Nr. 54, Fasz. 1)
S. 35 (Abt. 5, Nr. 51, Fasz. 2)
S. 36 (Abt. 5, Nr. 50, Fasz. 17)
S. 40 (Abt. 3, Nr. 52, Fasz. 6)
S. 43 (Abt. 3, Nr. 25, Fasz. 3)
S. 44/45 (Abt. 2, Nr. 12, Fasz. 6)
S. 46 (Abt. 3, Nr. 18, Fasz. 7)
S. 47 (Abt. 3, Nr. 18, Fasz. 7)
S. 48 (Abt. 3, Nr. 18, Fasz. 7)
S. 49 (Abt. 3, Nr. 18, Fasz. 7)
S. 49 (Abt. 3, Nr. 18, Fasz. 7)
S. 50 (Abt. 3, Nr. 18, Fasz. 7)
S. 51 (Abt. 3, Nr. 37, Fasz. 10)
S. 54 (Abt. 3, Nr. 51, Fasz. 9)
S. 54 (Abt. 3, Nr. 18, Fasz. 7)
S. 55 (Abt. 3, Nr. 18, Fasz. 7)
S. 56 (Abt. 5, Nr. 51, Fasz. 12)
S. 59 (Abt. 2, Nr. 12, Fasz. 2)
S. 60 (Abt. 5, Nr. 51, Fasz. 48)
S. 61 (Abt. 3, Nr. 52, Fasz. 1)
S. 62 (Abt. 3, Nr. 37, Fasz. 10)
S. 63 (Abt. 2, Nr. 24, Fasz. 4)
S. 64 (Abt. 2, Nr. 24, Fasz. 4)
S. 70 (Abt. 5, Nr. 52, Fasz. 8)
S. 74/75 (Abt. 5, Nr. 49, Fasz. 13)
S. 77 (Abt. 5, Nr. 49, Fasz. 13)
S. 80 (Abt. 2, Nr. 3, Fasz. 5)
S. 82 (Abt. 1, Nr. 50, Fasz. 1)
S. 83 (Abt. 10, Nr. 7, Fasz. 4)
S. 87 (Abt. 2, Nr. 8, Fasz. 3)
S. 88 (Abt. 2, Nr. 25, Fasz. 1)
S. 90 (Abt. 2, Nr. 25, Fasz. 1)
S. 92 (Abt. 2, Nr. 25, Fasz. 1)
S. 95 (Abt. 2, Nr. 25, Fasz. 1)
S. 98/99 (Abt. 5, Nr. 50, Fasz. 2)
S. 105 (Abt. 1, Nr. 31, Fasz. 5)
S. 107 (Abt. 1, Nr. 31, Fasz. 5)
S. 109 (Abt. 5, Nr. 50, Fasz. 2)
S. 110 (Abt. 5, Nr. 50, Fasz. 2)
S. 113 (Abt. 1, Nr. 31, Fasz. 5)
S. 115 (Abt. 2, Nr. 3, Fasz. 6)
S. 120 (Abt. 5, Nr. 51, Fasz. 16)
S. 121(Abt. 5, Nr. 51, Fasz. 33)
S. 122 (Abt. 5, Nr. 50, Fasz. 18)
S. 124 (Abt. 1, Nr. 10, Fasz. 2)
S. 126 (Abt. 3, Nr. 35, Fasz. 10)
S. 127 (Abt. 3, Nr. 37, Fasz. 10)
S. 128 (Abt. 3, Nr. 37, Fasz. 10)
S. 129 (Abt. 2, Nr. 23, Fasz. 1)
S. 130 (Abt. 3, Nr. 37, Fasz. 10)
S. 131 (Abt. 3, Nr. 36, Fasz. 8)
S. 133 (Abt. 1, Nr. 8, Fasz. 1)
S. 138/139 (Abt. 5, Nr. 51, Fasz. 45)
S. 142 (Abt. 5, Nr. 52, Fasz. 7)
S. 146 (Abt. 5, Nr. 51, Fasz. 45)
S. 151 (Abt. 5, Nr. 52, Fasz. 6)
S. 151 (Abt. 1, Nr. 8, Fasz. 3)
S. 153 (Abt. 5, Nr. 44, Fasz. 30)
S. 153 (Abt. 3, Nr. 54, Fasz. 11)
S. 157/S. 158/S. 160
S. 158 (Abt. 3, Nr. 61, Fasz. 13)
S. 163 (Abt. 3, Nr. 54, Fasz. 11)
S. 164 (Abt. 3, Nr. 54, Fasz. 8)
S. 164
S. 165 (Abt. 3, Nr. 55, Fasz. 16)
S. 166
S. 167 (Abt. 3, Nr. 54, Fasz. 7)
S. 168 (Abt. 3, Nr. 55, Fasz. 13)
S. 169 (Abt. 3, Nr. 54, Fasz. 7)
S. 170/S. 170
S. 171 (Abt. 3, Nr. 54, Fasz. 13)
S. 172 (Abt. 2, Nr. 3, Fasz. 7)
S. 181/ S. 185/ S. 186
S. 187 (Geschäftsbericht 1987)
S. 188 (Geschäftsbericht 1986)
S. 190 (Geschäftsbericht 1989)
S. 192 (Geschäftsbericht 1992)
S. 194 (Geschäftsbericht 1988)
S. 197
S. 200 (Geschäftsbericht 1990)
S. 203 (Geschäftsbericht 1998)
S. 207 (Geschäftsbericht 1999)
S. 208/S. 209/ S. 210/ S. 211/S. 211/ S. 211/S. 213/S. 213
S. 214 (Geschäftsbericht 2007)
S. 217 (Foto: mauricecoxfotografie)
S. 217 (Foto: mauricecoxfotografie)
S. 219 (©Rebecca Peetz)
S. 224 (Geschäftsbericht 1985)
S. 225 (Geschäftsbericht 1985)
S. 229 (Geschäftsbericht 1988)
S. 237 (©Rebecca Peetz)
S. 238/239 (©Rebecca Peetz)
S. 240 (©Rebecca Peetz)
S. 246/247 (Abt. 2, Nr. 12, Fasz. 2)
Stadtarchiv Bonn:
S. 22 (DA01_07019-31/Fotograf: unbekannt)
S. 76 (DA01_07019-04/Fotograf: unbekannt)
S. 132 (DA01_07330-03/Fotograf: unbekannt)
S. 132 (DA01_07330-02/Fotograf: unbekannt)
Stadtgeschichtliches Museum Leipzig:
S. 43 (Inv.Nr. V/2011/761)
Shutterstock:
S. 223 (Joaquin Corbalan P)
S. 223 (Olga Mazo)
S. 227 (CapturePB)
S. 228 (J. Robert Williams)
S. 231 (Pixel 4 images)
S. 233 (Kristi Blokhin)
S. 234 (MarleyPug)
Süddeutsche Zeitung Photo:
S. 91 (Rue des Archives/Tallandier/Süddeutsche Zeitung Photo)
S. 154 (brandstaetter images/Votava/Süddeutsche Zeitung Photo)
S. 155 (Fritz Neuwirth/Süddeutsche Zeitung Photo)
S. 156 (Amerika Haus/Süddeutsche Zeitung Photo)
S. 226 (Science Museum/SSPL/Süddeutsche Zeitung Photo)
VG Bild-Kunst:
S. 215 (Mantz, Werner, Ortloff, 1927/ © VG Bild-Kunst, Bonn 2025)
Wikimedia Commons:
S. 38/S. 39
S. 71 (Fotograf: A. Savin, Wikipedia)
S. 86 (Fotograf: Nicolas17)
S. 141 (Foto: Eckhard Henkel / Wikimedia Commons / CC BY-SA 3.0 DE)
S. 196/S. 231
www.grevenarchivdigital.de:
S. 216 (www.grevenarchivdigital.de | Kölnische Rundschau | Hansherbert Wirtz)
S. 216 (www.grevenarchivdigital.de | Kölnische Rundschau | Hansherbert Wirtz)

Autorinnen und Autoren

Kai Balazs-Bartesch, M. A., studierte Geschichte, Politikwissenschaft und American Studies an der Goethe-Universität Frankfurt mit Schwerpunkt auf Geschichte des Kolonialismus im 19. Jahrhundert. Während seines Studiums war er als studentische Hilfskraft im Projekt „Die Hanse und ihr Recht" des Sonderforschungsbereichs 1095 „Schwächediskurse und Ressourcenregime" sowie am Lehrstuhl für Mittelalterliche Rechtsgeschichte tätig. Seit Ende 2019 ist er wissenschaftlicher Mitarbeiter und Archivteamleiter bei der Gesellschaft für Unternehmensgeschichte.

Sina Bohnen, M. A., studierte Betriebswirtschaftslehre und Geschichte in Dortmund, Genf, Mannheim und Taipeh. Als wissenschaftliche Mitarbeiterin der Gesellschaft für Unternehmensgeschichte ist sie aktuell für das Unternehmensarchiv und die Geldscheinsammlung des Familienunternehmens Giesecke+Devrient (G+D) tätig und Autorin der Publikation Giesecke+Devrient 2012–2022. Ein Jahrzehnt der Transformation. Im Auftrag der GUG veröffentlichte sie zuvor bereits Beiträge für die Eugen-Gutmann-Gesellschaft e.V. der Commerzbank AG und das Familienunternehmen Storch-Ciret Group.

Dr. Benedikt Erdmann studierte BWL mit den Schwerpunkten Handel und Absatz sowie Finanzwissenschaften an der Universität zu Köln. Nach Abschluss des Studiums arbeitete er als wissenschaftlicher Mitarbeiter im Institut für Handelsforschung. Nach seiner Promotion leitete er das Institut von 1992 bis 1996 als Geschäftsführer. Seit 1996 ist er Mitglied des Vorstands der Soennecken eG in Overath bei Köln, von 2005 bis 2021 als Sprecher des Vorstands und seit 2021 als Vorstandsvorsitzender.

Dr. Raphael Hennecke ist Wissenschaftlicher Mitarbeiter bei der GUG. Er studierte Geschichte und Anglistik an der Universität Bielefeld und dem University College Cork. Er promovierte an der Universität Bayreuth zur Kartellrechtspraxis in Westdeutschland nach dem Zweiten Weltkrieg unter den alliierten Dekartellierungsgesetzen. Seine Dissertation wurde 2023 mit dem Preis für Unternehmensgeschichte ausgezeichnet und in der Schriftenreihe zur Zeitschrift für Unternehmensgeschichte veröffentlicht.

Ronja Kieffer, M. A., ist Wissenschaftliche Mitarbeiterin bei der Gesellschaft für Unternehmensgeschichte. Sie studierte Geschichte und Spanisch an der Johannes Gutenberg-Universität Mainz, die Ergebnisse ihrer Masterarbeit zum Umgang der deutschen Vertriebenenverbände mit Migration in die Bundesrepublik wurden 2021 in der Zeitschrift für Geschichtswissenschaft veröffentlicht. Nach dem Studium promovierte sie zur Kaliindustrie im Werra-Revier in der Zeit des Kalten Kriegs.

Dr. Jörg Lesczenski studierte Geschichte, Politik und Soziologie an der Ruhr-Universität Bochum, wurde mit einer Biografie zu August Thyssen promoviert und ist wissenschaftlicher Mitarbeiter bei der Gesellschaft für Unternehmensgeschichte. Zu seinen Forschungsschwerpunkten gehören die Geschichte von Familienunternehmen und die Sozialgeschichte von Unternehmern. Er hat zahlreiche Veröffentlichungen zur Wirtschafts- und Unternehmensgeschichte vorzuweisen, u. a. 100 Prozent Messer. Die Rückkehr des Familienunternehmens. 1898 bis heute (2019), Guter Geschmack aus Wandsbek. Die Geschichte des Hefespezialisten Ohly GmbH (2024).